本书由广东省教育厅及湛江师范学院学术著作出版基金资助

Western Philosophy Studies Series

西方哲学研究丛书

以赛亚·伯林
自由理论研究

刘明贤　著

中国社会科学出版社

图书在版编目(CIP)数据

以赛亚·伯林自由理论研究/刘明贤著. —北京:中国社会
科学出版社,2014.6

ISBN 978-7-5161-4919-5

Ⅰ.①以… Ⅱ.①刘… Ⅲ.①伯林, I.(1909~1997)—
自由主义-思想评论 Ⅳ.①D095.61

中国版本图书馆 CIP 数据核字(2014)第 228877 号

出 版 人	赵剑英	
责任编辑	凌金良	
责任校对	王佳玉	
责任印制	王炳图	

出 版	中国社会科学出版社	
社 址	北京鼓楼西大街甲 158 号 (邮编 100720)	
网 址	http://www.csspw.cn	
	中文域名:中国社科网 010-64070619	
发 行 部	010-84083685	
门 市 部	010-84029450	
经 销	新华书店及其他书店	

印 刷	北京君升印刷有限公司	
装 订	廊坊市广阳区广增装订厂	
版 次	2014 年 6 月第 1 版	
印 次	2014 年 6 月第 1 次印刷	

开 本	710×1000 1/16	
印 张	15.75	
插 页	2	
字 数	258 千字	
定 价	48.00 元	

序言一

    20 世纪 90 年代中后期以来，伴随着中国社会政治气氛的日益宽松和中国经济体制改革的不断深入，自由主义思潮在中国国内思想理论界也日益成为显学之一。在中国国内的自由主义思想研究过程中，西方自由主义大师以赛亚·伯林的思想日益引起了自由主义者与学界同仁的关注。刘明贤同志的专著《以赛亚·伯林自由理论研究》一书，以此为背景，运用马克思主义的立场、观点和方法，深入研究了伯林的自由理论。这是一个现实性很强、问题尖锐，也有一定难度的题目。

    该书的写作是在刘明贤同志的博士毕业论文《伯林与马克思自由理论比较研究》的基础上修改而成的。2002 年 6 月他在南京大学哲学系获得博士学位后，又于 2003 年 8 月进入中国社会科学院哲学研究所西方哲学研究室进一步从事博士后研究工作。我是他这一研究工作阶段的指导老师。在进入哲学所以前，他的研究方向是马克思主义哲学。在哲学所的两年多时间内，他一方面继续刻苦钻研学问，另一方面又能虚心向各位老师请教。因此，他在西方政治哲学领域的研究方面取得了明显的成绩。他进一步充实了其博士论文，并以《以赛亚·伯林自由理论研究》为题作为博士后研究工作报告顺利出站。他在出站后，由于受到了哲学所各位老师严谨学风的影响，并没有急于出版此书，而是继续认真地加以修改。如今，该书即将由中国社会科学出版社出版，作为他的博士后出站报告的指导老师，我很高兴为之作序。

    该书整体结构严谨合理，体系完整，材料丰富，论证翔实。全书共分六章：第一章作者首先梳理了伯林思想发展的过程和背景及国内外关于伯林思想研究的现状。第二章研究了伯林的历史观，在分析了历史决定论的历史形态和产生根源之后，从决定论与自由选择、决定论与责任两方面批判地研究了伯林的历史决定论。第三章研究了伯林的自由观。作者将马克思与伯林在自由观上的异质性作为比较性研究的讨论平台，首先指出了消极自由和积极自由这两种自由概念的划分并非伯林首先提出，消除了在这一问题上的一些误解，进而分析了伯林形成两种自由概念过程中两个阶段（即"自由"与"浪漫"、消极自由与积极自由）的自由观念。第四章研究了伯林的价值多元论思想，分别从价值多元论对自由主义的辩护与背离两方面进行了相关理论的探讨。最后两章分别从两个角度阐述了如何超越伯林的自由理论。其中，第五章探讨了共和主义的自由观对伯林自由观的挑战，揭示了在过去几十年中伯林自由观在现代西方政治哲学中一家独大的现象是如何被打破的，从而拓展了人们在自由观问题上的视域。第六章提出了当代中国自由主义的研究方略，强调任何研究都应当结合各个民族和国家的历史和现实，不能食洋不化，论证了建立和谐社会与实现自由和公正的关系。

总体来看，该书的研究具有以下几个特点：第一，具有重大的理论价值和现实意义。作者并没有简单地站在西方自由主义的立场上立论，而是着眼于现实，运用马克思主义的自由观，旗帜鲜明地分析和批判了近年来中国思想界对西方自由主义思潮盲目崇拜的现象，澄清了人们在这个重大原则问题上的一些糊涂认识，避免我们走入西方思想文化霸权的桎梏之中，体现了作者较强的社会责任感和对反马克思主义思潮的警惕，做到了学术性与政治性的统一。这对于我们研究如何建构科学的自由观和进一步加强当代中国意识形态的建设具有一定的指导意义。

第二，具有原创性。首先，在分析伯林的自由观时，与其他学者的论证角度不同的是，作者没有一味地从分析哲学的角度或者是从纯粹的西方政治哲学的角度，对消极自由与积极自由这两种自由概念进行分析，而是独辟蹊径地从个人自由与社会自由的角度，比较分析了伯林与马克思对自由观念的不同理解，从而阐发了马克思自由观的科学性，剖析了伯林自由观的内在矛盾和局限性。其次，作者在论证价值多元论如何证成自由主义时，提出伯林悲剧观的独特性在于他把自古希腊以来的西方悲剧理论移植到了政治哲学视域中，指出伯林的政治哲学是一种充满了悲剧色彩的自由主义理论。在此基础上，作者进一步比较分析了伯林与马克思的观点的不同。最后，作者将本书的最后两章命名为超越伯林自由理论的上、下两章，分别从分析共和主义的第三种自由概念与探讨当代中国自由主义的研究方略的角度进行了论证。前一章的分析使我们洞悉了西方政治哲学界对伯林自由概念的批判性研究现状，而后一章的分析则使我们进一步明白了只有突破自由主义的狭隘视野，才能建构起科学的自由观。这是一条颇具学术特色、颇见哲学抽象思维能力的研究思路，有效地避免了国内有些人对自由主义做简单的"政治大批判"的粗暴学风。

第三，具有完整性。一方面，作者将理论性分析与现实性研究密切结合，既分析了伯林的自由理论本身，又关注到了该理论在现实中的影响力以及我们的应对之策。另一方面，作者把对伯林思想自身的分析与国内外理论界对其的批判性超越研究统一起来。这样一来，既坚持了理论与实际相结合的原则，又能够在理论上大胆创新。

总的来说，尽管该书有些观点还有待雕琢，如对伯林思想的批判在个别地方有情绪化的痕迹，一些批判仍流于表面断言，对国内自由主义思潮的理论剖析尚有待加强，但是作者可嘉的理论勇气、敏锐的学术思维、严密的逻辑推理、流畅的行文风格、坚定的政治立场都是毋庸置疑的。我相信，该书的出版对于促进我国西方政治哲学的研究将会有所裨益。

谢地坤

中国社会科学院哲学研究所所长、研究员

2014 年 1 月 30 日

序言二

　　自由问题一直是思想和学术的聚焦点。这不仅因为，任何一种哲学从归根到底的意义上来说都是关于自由的观点，而且还因为，自由问题既是反马克思主义的自由主义意识形态的基石，同时又是马克思主义的核心价值追求，因而是当代意识形态冲突的胶着点。当代中国正处于新的历史起点，一方面中国特色社会主义的既有成就已举世公认，中国共产党的"两个百年"奋斗目标已经曙光初现，确立了道路自信、理论自信和制度自信的基础；而另一方面，中国的改革发展步入了深水区，"好吃的肉都吃掉了，剩下的都是难啃的硬骨头"，凝聚共识继续开创前行的任务空前艰巨。在基本价值观上展开深入的学术探讨，既是繁荣学术、推进理论创新的需要，也是社会生活中不可回避并关系到中国社会未来走向的实践创新的需要。因此，在当下中国，对自由理论本质的研究具有特殊的意义。

　　20世纪90年代以来，自由主义意识形态的兴起是一个很值得关注的现象。对于中国学界来说，这是一个有必要厘清概念、整理线索、辨明是非的问题。以赛亚·伯林作为西方思想界自由主义三剑客之一，其与波普尔、哈耶克对社会主义的驳斥和对自由观念的阐释共同构成了20世纪自由主义政治思想的哲学基础。如果不考虑弗里德曼等人的自由主义经济学说，那么这三位是马克思主义最值得批判的对手。但由于众所周知的原因，这项工作基本上展开得并不好，尤其是对伯林的批判。伯林不仅是当代西方自由主义的主要代表人物之一，而且他还是此类代表人物中唯一精心研究过马克思的生平，并以马克思传记作家而著称的思想家。他在其1939年出版的《卡尔·马克思：他的生平和环境》一书及其之后的著作中，以自由问题为核心对马克思主义进行了全面的曲解，并在西方思想界以及当代中国知识界产生了广泛的影响。正因为如此，刘明贤同志选择以伯林自由理论作为研究对象，并坚持在马克思主义的立场上做出批判，显然是抓住了问题的关键点。这类研究目前在国内学界还未充分展开，该书的主题选择应获得充分的肯定。

无论是从历史还是现实的视角，对于自由主义的批判考察，都必须抓住其"普世性"外观下的内在矛盾展开。西方自由主义从一开始就以"普世"的面貌出现，"天赋人权"就是其原初形态。虽然"人生而自由平等"的人权观曾以前所未有的震撼力呼啸而来，推动了近代以来资产阶级革命的浪潮，但是，由于其无法跨越理想与现实之间的鸿沟，事实上的双重标准，以及由此而折射出的其人权理念本身的悖谬，在此后跌宕起伏的历史潮流冲刷中不断地显露出其阶级本性，从而最终导致了这一"普世人权"理念的幻灭。我拟就作序之机对这一问题谈点看法。

一

"普世人权"观的一大心病是喊了几百年，却始终无法兑现。尽管西方自由主义的主流已经将其中的"平等"退缩到了"机会平等"上，然而从现实方面看，不要说"事实平等"，即便是"机会平等"，在当今最为成熟的资本主义国家也仍然谈不上，人的自由全面发展则更是无从谈起。美国前总统尼克松承认："付得起千百万元的法律费用的人在法庭中有的机会比付不起这么多钱的人在法庭中有的机会好。在布朗克斯南区的贫民窟出生的孩子拥有的机会比不上在斯卡斯代尔别墅里出生的孩子拥有的机会。"① 虽然西方自由主义今天仍然高调地把"普世人权"作为"一手好牌"来打，但是普遍的疑惑已经形成：如果永远只能停留在应然状态而不能成为现实，那么这种"应然"本身就不需要检讨吗？它真的如同其鼓吹者所描述的那么美好和强大吗？

从根本价值理念上看，"普世人权"观最为尖锐的内在冲突在于"自由"和"平等"的价值关系上。说到底，用"自由"压制甚至否定了"平等"，是"普世人权"观的要害。尽管西方自由主义曾连篇累牍地试

① ［美］理查德·尼克松：《角斗场上——尼克松回忆录》，刘炳章、卢珮文、隋丽君译，新华出版社1990年版，第344页。

图协调自由原则和平等观念，试图证明唯有自由主义才具有真正的世界主义胸怀、才能真正地平等对待他人和异族、异教，然而，由于作为其首要价值的"自由"是夸大个体的先天差异并使之在社会中得到充分认可，从而把市场经济下的社会差别归结为人的自然差别，因而蕴含着承认人的"等级差别"的倾向。

一些自诩为彻底自由主义者的人曾公开提醒人们："发人深省的是，在'生命、自由和财产'这一美国古老的格言中，并未提到平等这两个字。这是因为：生命是不平等的，自由与平等是两个相互冲突的目标；而财产权与平等这两者之间又没有什么关系。"[①] 不仅如此，在古典自由主义鼻祖洛克那里，财产权还公然和奴役权相联系着。他写道，我的马吃的青草，我的仆人铡的干草，我挖的矿成为我的财产而不必有任何人的同意。这种在论证自己私有财产合理性的同时却剥夺了一部分人（仆人等）对于自己劳动产品的占有权的矛盾，之所以没使洛克感到为难，原因在于他所崇尚的"自由"同平等确实是相悖的。这就使得同样崇尚自由主义的伯特兰·罗素也不得不承认这是"洛克及其信奉者的重大政治缺点"[②]。丹尼尔·贝尔则称其为"自然的贵族"原则，"能者统治"原则，而"在社会实际上，能者统治就是以另一套等级原则来取代一套等级原则，以成就的原则取代归属承袭的原则"[③]。约翰·杜威坦率地承认："民主可悲的崩溃就由于这一事实：把自由和在经济领域内，在资本主义财政制度之下最高程度的无限制的个人主义活动等同起来了，这一点注定了不仅使得平等不能实现，而且也使得一切人们的自由不能实现。"[④]

杜威所承认的这个事实，揭示了自由主义的一个最深刻的矛盾：作为自由主义立足点的个人主义，必定以个人"自由"侵犯他人自由，其结果是绝大多数人在"自由"面前丧失了平等。自由主义原来声称要解放

---

① ［美］罗伯特·J. 林格：《重建美国人的梦想》，章仁鉴、林同奇译，上海译文出版社1983年版，第91页。

② ［英］伯特兰·罗素：《西方哲学史》下卷，马元德译，商务印书馆1976年版，第180页。

③ ［美］丹尼尔·贝尔：《后工业社会的来临——对社会预测的一项探索》，高铦、王宏周、魏章玲译，新华出版社1997年版，第466页。

④ ［美］约翰·杜威：《人的问题》，傅统先、邱椿译，上海人民出版社1965年版，第93页。

个人的潜力，给每一个人以新的机会和力量，结果却几乎把个人的自由和获得经济成功的能力完全等同起来，因而只给少数幸运者提供了机会和自由；自由主义原来声称每个人的自由是天生的、因而是不可剥夺的，结果却由于把自由和私有财产权加以等同，从而导致少数人的自由必定侵犯和剥夺大多数人的自由；自由主义原来声称"生命、自由、财产以及幸福的追求"为不可让渡的权利，目的在于否定任何不加限制的公共权力，然而事实上，"关于自由的权利，不论怎样作详细规定，都往往会威胁到财产权；反过来，后者也往往会威胁到前者。而这两者之中，有时是有一种、有时是两种全都和追求幸福的权利相冲突"，结果只能是，"不论两种权利之间发生冲突时采取什么方式解决，其中有一种权利必须是可以让渡的。要不然的话，不可让渡的权利就必须是无限制的权利"①。这种矛盾使得"普世人权"在实践中必然采取各取所需、多重标准的做法。

马克思主义对西方自由主义作了釜底抽薪式的透彻批判，指明"普世人权"的人绝非所谓一般的人类个体，而是在十分具体的资本主义历史条件下、体现了资本主义经济关系的"社会人"。因此，人权不是天赋的，而是历史地形成的，人权的诉求体现的不是"普世权利"，而是历史的权利，把自由作为排他性首要价值的不是人的需要，而是资本作为世界性统治力量的需要。这样，"普世人权"就奠立了资产阶级现代国家的基础，成为西方"普世价值观"的内核。虽然如同"工资"的形式掩盖了雇佣劳动对于工人剩余劳动的剥削一样，"普世人权"也起着掩盖现代国家资产阶级性质的作用，但是这种"抽象的普遍性"恰恰成为资产阶级统治的特征。因此，按照"普世人权"所建立的国家，就绝不是人人自由平等的新世界，而是"现代的奴隶制"。《德法年鉴》已经指出，现代国家承认人权和古代国家承认奴隶制具有同样的意义。就是说，正如古代国家的自然基础是奴隶制一样，现代国家的自然基础是市民社会以及市民社会中的人，即仅仅通过私人利益和无意识的自然必然性这一纽带同别人发生联系的独立的人，即为挣钱而干活的奴隶，自己的利己需要和别人的

---

① ［美］悉尼·胡克：《自由的矛盾情况》，何光来译，载《哲学研究》编辑部编《资产阶级哲学资料选辑》第十六辑，上海人民出版社1964年版，第14页。

利己需要的奴隶。现代国家通过普遍人权承认了自己的这种自然基础本身。"①马克思主义关于人权和现代资产阶级国家的关系，至今仍是颠扑不破的真理。

二

对于"普世人权"的根本颠覆来自"革命的"、"实践批判的"历史活动。"普世人权"的力量就在于它初始作为一种理想的力量曾点燃了人们历史行动的激情，然而真正使人们产生历史热情的并不是那种抽象的"自由至上"，而是消除压迫、剥削并最终消灭阶级这一具体的平等要求。领导革命的资产阶级和人民大众的这种实质上的分歧，使得革命的预期和实际结果存在巨大的反差，也使得"普世人权"在历史的实践活动中越来越暴露出其作为阶级权利的本性。行动的结果并没有如愿产生"自由平等"的社会现实，相反，却出现了阶级矛盾空前尖锐的资产阶级社会。资产阶级启蒙学者"把民主共和国看作千年王国，他们完全没有想到，正是在资产阶级社会的这个最后的国家形式里阶级斗争要进行最后的决战"②。"普世人权"下的第三等级分裂、资产阶级和无产阶级两极分化及阶级对抗，使得西方自由主义面临空前的理论危机。

否定革命、崇尚改良是西方自由主义进行自保的一次历史转型，保守的自由主义由此成为其思想主流。它把理想和现实的巨大反差归结为革命的罪过，归结为革命所激发的群众狂热、所产生的"民主暴政"及其破坏性，以不能"一蹴而就"的去革命化迫使人们屈从现实，以利己主义个人本位去阶级斗争化，把社会矛盾归结为个人自由和公权力的抗争。这样，原来还包容了革命原则的"普世人权"，就完全蜕变为粉饰现实的辩护工具。于是，"宪政民主"成为政治楷模，自由放任的市场经济成为最优经济秩序，追求自利最大化成为自由的核心价值。西方自由主义自以为只要浇灭了革命的激情和反抗意志，就可以通过继续兜售其"普世人权"维护自身的既得利益，但是，阶级斗争的历史作用、革命的功过是非，不

---

① 《马克思恩格斯文集》第 1 卷，人民出版社 2009 年版，第 312—313 页。
② 《马克思恩格斯选集》第 3 卷，人民出版社 1995 年版，第 315 页。

是可以随意评说的玩偶，而是经由实践检验的历史事实。

历史表明，不要说一种社会形态取代另一种社会形态不可避免地要发生革命，就是同一种社会形态内部的利益调整，也主要是阶级斗争而不是统治阶级恩赐的结果。以资本主义社会工人的工资为例。马克思之所以批判拉萨尔的观点，是因为拉萨尔认为工人的工资是由人口数量自然决定的，是由劳动力的市场供求关系决定的。这一观点之所以站不住脚，一方面，资本主义社会始终保持着失业大军，不存在劳动力绝对匮乏的情况；另一方面，等到市场上找不到劳动力的时候再去鼓励生育，还来得及吗？因此，"拉萨尔并不懂得什么是工资，而是跟着资产阶级经济学家把事物的外表当做事物的本质"①。在马克思看来，"雇佣劳动制度就是奴隶制度"，它决定了工人被残酷剥削的命运，但直接决定工人报酬波动的就是劳资关系，就是无产阶级的组织程度及其可能对资产阶级施加的压力。这说明在阶级社会里面，阶级力量对比和阶级斗争对生产关系的调整具有直接的作用。

由资本主义的全球扩张所造成的压迫民族和被压迫民族的对立，并由此而引发的根深蒂固的种族歧视和不平等，更是在民族解放和反抗运动中才得以改观，而不是压迫者良知的发现。美国已故著名黑人人权领袖马丁·路德·金号召久被歧视的黑人群众说："我们要抵抗，因为自由从来不靠恩赐获得。有权有势的欺压者从不会自动把自由奉献给受压者。……权利和机会，必须通过一些人的牺牲和受难才能得到。"他的著名演说《我有一个梦想》至今已过去五十年，美国大多数有色族裔都认为这一梦想仍没有实现。新加坡前总理李光耀先生回忆说，种族歧视在第二次世界大战后的欧洲仍然根深蒂固，朝鲜战争前他在欧洲旅行，人们常对华人持歧视态度，可是新中国出兵朝鲜并连获胜利后，西欧海关人员一见华人便肃然起敬。历史证明，"普世人权"只有同一定的阶级、民族解放相联系，才能发挥其合理的历史作用；而当它一旦同革命、阶级斗争、民族运动切断了联系，就不仅成为空洞伪善的口号，更是成为霸权主义维护自身利益的得力工具。

---

① 《马克思恩格斯文集》第3卷，人民出版社2009年版，第441页。

三

西方自由主义"普世"理念在中国的破产，是中国近代以来历史发展的客观逻辑，就是说，资本主义解决不了中国近代以来历史的主题，即民族独立、人民解放、国家富强、人民富裕。走资本主义道路，中国不是没想过，也不是没做过。跟着资本主义走，只能是国家一天比一天更糟，人民一天比一天更苦。民族在世界上不能受到平等、公正的对待，人民在生活中不能摆脱屈辱贫困的命运。鸦片战争的一声炮响，不但没能让中国得到转机，反而陷入了更深的苦难，真是"长夜难明赤县天"。西方自由主义的"普世人权"之光，为什么就总照不进神州大地？既然如此，这算哪门子的"普世价值"？毛泽东对此有过这样经典的描述："那时，求进步的中国人，只要是西方的新道理，什么书也看。向日本、英国、美国、法国、德国派遣留学生之多，达到了惊人的程度。国内废科举，兴学校，好像雨后春笋，努力学习西方。……帝国主义的侵略打破了中国人学西方的迷梦。很奇怪，为什么先生老是侵略学生呢？中国人向西方学得很不少，但是行不通，理想总是不能实现。多次奋斗，包括辛亥革命那样全国规模的运动，都失败了。国家的情况一天比一天坏，环境迫使人们活不下去。怀疑产生了，增长了，发展了。……就是这样，西方资产阶级的文明，资产阶级的民主主义，资产阶级共和国的方案，在中国人民的心目中，一齐破了产。"①

西方自由主义"普世"理念在中国的破产，首先是唯心主义历史观的破产。这种历史观的要害是把资本主义文明永恒化，以为其是人类"历史的终结"。因此，它无视资本主义进行全球的扩张尤其是发展到帝国主义在全球瓜分殖民地是资本主义文明衰落、社会主义新型文明兴起的征兆，它极力美化鸦片战争以来列强对中国的侵略，力图把中国纳入资本主义发展的版图。近代以来中华民族的深重灾难、屈辱命运和艰难抗争，无不和以"鸦片战争"为起始的西方列强的入侵紧密联系。如何看待这种入侵，成为全部道路之争的焦点。在唯心史观看来，入侵尽管也伴随着

---

① 《毛泽东选集》第 4 卷，人民出版社 1991 年版，第 1469—1471 页。

血腥和压迫，但带来了现代文明，总是历史的进步，因而"西化"是唯一的出路，反抗侵略、搞革命和社会主义则背离了人类文明发展大道；而在马克思主义看来，这种入侵虽然依靠了现代文明，却不能使被侵略国享受现代文明成果，因而不仅本质上是野蛮的，而且预示了资本主义文明的衰落和社会主义文明的兴起。马克思在谈到英国对印度入侵的后果时指出："印度人失掉了他们的旧世界而没有获得一个新世界，这就使他们现在所遭受的灾难具有一种特殊的悲惨色彩，使不列颠统治下的印度斯坦同它的一切古老传统，同它过去的全部历史，断绝了联系。"① 处在没落阶段的资本主义，不仅自己逐步偏离了人类文明发展的主流，而且裹挟着依附于它的国家走邪路。殖民地半殖民地国家不仅在政治、经济上是帝国主义宗主国的附庸，而且在文化上处在"无根"状态，既丧失了自己的文化传统，又无力建立新的文化根基，因而只能如殖民主义所愿，奴性成为国民的普遍人格。由此而不难理解毛泽东何以特别推崇鲁迅，因为"鲁迅的骨头是最硬的，他没有丝毫的奴颜和媚骨，这是殖民地半殖民地人民最可宝贵的性格"②。

西方自由主义"普世"理念的悖谬在于，它一方面很顺利地转化成了殖民主义奴役他人的特权，而另一方面却又无法成为被压迫民族反抗侵略的武器，由此而不断暴露出其所谓的"普世性"确实就是资本主义性。毛泽东曾叙述过中国人利用"普世人权"反抗侵略而未果的经历，他指出："不得已，中国人被迫从帝国主义的老家即西方资产阶级革命时代的武器库中学来了进化论、天赋人权论和资产阶级共和国等思想武器和政治方案，组织过政党，举行过革命，以为可以外御列强，内建民国。但是这些东西也和封建主义的思想武器一样，软弱得很，又是抵不住，败下阵来，宣告破产了。"③ 这一历史实践证明，以个人主义为核心的"普世人权"，是维护居优势地位的个体，也就是少数人特权的工具，而不是人民大众争取解放的武器。

西方自由主义及其推行的资本主义道路的破产，使社会主义成为中国

① 《马克思恩格斯选集》第 1 卷，人民出版社 1995 年版，第 762 页。
② 《毛泽东选集》第 2 卷，人民出版社 1991 年版，第 698 页。
③ 《毛泽东选集》第 4 卷，人民出版社 1991 年版，第 1514 页。

人民必然的历史选择。邓小平在谈到这种历史必然性时指出："中国从鸦片战争起沦为半殖民地半封建社会，中国人成了世界著名的'东亚病夫'。从那时起的近一个世纪，我国有识之士包括孙中山都在寻求中国的出路。孙中山开始就想学习西方，所谓西方即资本主义。后来，孙中山觉得资本主义西方不行了，提出'以俄为师'，学习十月革命后的俄国，开始了国共合作，导致北伐战争的胜利。孙中山逝世以后，国民党的统治使中国继续处在半殖民地半封建社会的悲惨地位，在日本侵华期间大片国土沦为殖民地。在帝国主义、封建主义和后来发展起来的官僚资本主义压迫下，中国继续贫穷下去。这个历史告诉我们，中国走资本主义道路不行，中国除了走社会主义道路没有别的道路可走。一旦中国抛弃社会主义，就要回到半殖民地半封建社会，不要说实现'小康'，就连温饱也没有保证。"①

为什么自由主义在中国行不通？从历史观上说，西方自由主义的颠倒之处就在于：尽管它打着"普世性"的旗号，然而它并非真正立足于人民大众，而是把个人游离于阶级、民族之外，因而最终是替现实中的少数人说话，成为他们统治多数人的工具。它所谓的"普世人权"，其实是一定历史条件下的资产阶级诉求，因而始终存在着阶级性和人民性的内在冲突；它所谓的"启蒙"，着眼于个人的理性和良知的觉醒，可是如果没有阶级的觉醒、民族的觉醒，大多数民众又如何觉醒？谁都知道"唤醒民众"的重要性，马克思主义之所以使中国革命的面貌焕然一新，就因为它发现了人类历史发展的客观规律，发现创造历史的活动主体不是抽象的人，而是由革命阶级引领的劳动群众，因而在每一时代，人民都是十分具体的历史范畴。在现代无产阶级产生以前，革命领导阶级和劳动群众并不统一，而革命领导阶级一旦上升为统治阶级，就实际上不属于人民的范畴了。这种内在矛盾使得历史上的统治阶级都喜欢模糊阶级界限，使用抽象的人类或人性话语。只有马克思主义不仅发现了群众划分为阶级、人民由革命阶级及其政党领导这一历史事实，而且指明只有无产阶级及其政党进行的历史活动，才能最终终结历史主体的这种内在分裂，并推动历史进入无阶级的共产主义社会。只有在以消灭阶级为追求的历史实践中，个人自

---

① 《邓小平文选》第 3 卷，人民出版社 1993 年版，第 205—206 页。

由和个性觉醒才不会成为少数人进行统治的工具。

四

西方自由主义的"普世"理念的破产历史，是我们今天抵御西方"普世价值"渗透的宝贵资源。它使我们能够清醒地看到，西方自由主义的普世性话语，从来就不是空谈人类的所谓共性，而是其掌控意识形态话语权的方式。因此，面对西方自由主义在今天通过宣扬"普世价值"进行的渗透，我们要抓住其本质，在争夺意识形态话语权上下工夫，巩固马克思主义在我国意识形态中的指导地位。

最为关键的是，我们观察、分析形势、现实格局及变化趋势，思考和应对重大的实践和理论问题，解释和阐发世界及其历史发展的整体面貌，必须以马克思主义的立场、观点、方法，在马克思主义的话语体系和分析框架中提出问题和回答问题，而不是相反，用西方自由主义的话语方式去提出问题和思考问题，把人们引入邪路。比如无产阶级政党及其执政的合法性问题，马克思主义与西方自由主义就有着完全不同的说法。从表面上看，现代国家都标榜自己在执行民意、代表着大多数人，即体现民主。然而，怎样才叫作代表大多数呢？在西方自由主义看来，国家的基础是个人，因而获得多数个人的选票就获得了民意，代表了大多数；而在马克思主义看来，国家的基础是阶级，个人在自发状态下必然依附于具有阶级意识的统治阶级，因而无论有无普选制、选票多少，国家必定执行统治阶级的意志，社会主义之前的国家都是少数人统治多数人的工具。

这就是说，人民群众要真正成为历史主体、自己解放自己，只是在现代无产阶级出现后才成为可能。这不但是因为这个时候才具备实现解放的客观历史条件，而且只有现代无产阶级才具备认识本阶级地位和解放条件的历史主体条件。但是无产阶级也并非天生就能做到这点，它是依赖马克思主义，才获得了本阶级的阶级意识，由自在阶级上升为自为阶级。原因在于，任何少数剥削者统治多数人的国家，必然利用其自身在经济上、政治上和思想上的优势地位，使被统治者处在"自发"状态，使其成为政治上、经济上、思想上的附庸，从而认同这种统治。尤其是在资产阶级民主形式下，"有产阶级是直接通过普选制来统治的。只要被压迫阶级——

在我们这里就是无产阶级——还没有成熟到能够自己解放自己，这个阶级的大多数人就仍将承认现存的社会秩序是唯一可行的秩序，而在政治上成为资本家阶级的尾巴，构成它的极左翼"①。因此，要自己解放自己，必须"让思想冲破牢笼"，提出不同于剥削阶级的阶级要求，这就需要接受先进理论的武装。

恩格斯在谈到马克思的伟大功绩时指出，"正是他第一次使现代无产阶级意识到自身的地位和需要，意识到自身解放的条件"②。邓小平在谈到必须坚持毛泽东思想的指导地位时重申了恩格斯的观点，他强调："毛泽东同志的事业和思想，都不只是他个人的事业和思想，同时是他的战友、是党、是人民的事业和思想，是半个多世纪中国人民革命斗争经验的结晶。这正如马克思的情况一样。恩格斯在评价马克思的时候说，现代无产阶级只是依赖马克思才第一次意识到本身的地位和要求，意识到本身的解放条件。"③

这一自我意识集中表现在对资产阶级普选制的破解上。资产阶级普选制并不是真正的人民民主，更不是人类理智的极限和历史的终点，而是资产阶级统治的完备形式，是适应资产阶级经济发展要求的政治形式，本质上仍然是阶级对立社会作为剥削阶级统治工具的国家制度。但是，它表现出来的却是不依赖于任何阶级的独立和普遍性外观，"正是国家制度、法的体系、各个不同领域的意识形态观念的独立历史这种外观，首先迷惑了大多数人。……而自从出现了关于资本主义生产永恒不变和绝对完善的资产阶级幻想以后，甚至重农主义者和亚当·斯密克服重商主义者，也被看作纯粹的思想胜利；不是被看作改变了的经济事实在思想上的反映，而是被看作对始终普遍存在的实际条件最终达到的真正理解"④。

因此，工人阶级的根本利益，不是跟随资产阶级后面空喊"自由、平等、博爱"，而是提出与资本自由扩张根本不同的阶级要求，形成本阶级的核心价值观，这就是"消灭阶级"。"消灭阶级是我们的基本要求，不消灭阶级，消灭阶级统治在经济上就是不可思议的事。我提议不用

---

① 《马克思恩格斯选集》第4卷，人民出版社1995年版，第173页。
② 《马克思恩格斯选集》第3卷，人民出版社1995年版，第777页。
③ 《邓小平文选》第2卷，人民出版社1994年版，第172—173页。
④ 《马克思恩格斯选集》第4卷，人民出版社1995年版，第727页。

'为了所有人的平等权利'代之以'为了所有人的平等权利和平等义务'等等。平等义务，对我们来说，是对资产阶级民主的平等权利的一个特别重要的补充，而且使平等权利失去地道资产阶级的含义。"① 马克思主义的不可替代的作用，就在于用科学的理论武装工人阶级，使之把"消灭阶级"的独特要求，变成本阶级的自觉行动。就此而言，马克思主义本质上是工人阶级的世界观和阶级意识。只有坚持马克思主义的指导，工人阶级才能认识和履行自己的历史使命。

由此不难看出，当今天有人不厌其烦地要中国共产党由阶级政党"转型"为选民党、要"善于利用选票"加强自己执政的合法性时，是一种多么严重的误导。正是因为共产党执政是工人阶级和人民的委托，所以其自身的建设就不仅是政党自身的自律行为，而且还是工人阶级和人民群众主体地位的维护过程，是人民不断地学习当家做主的过程，因而是自律和他律相统一的一种历史使命，不能用所谓的他律高于自律来制造党和人民的对立并以此否定党的领导；正是因为共产党执政是履行工人阶级的使命，所以建设社会主义、超越资本主义并最终实现共产主义就是其坚定不移的目标，不是维护现状而是建设一个新世界，决定了共产党不能以争取胜选获得执政机会，而要以引领历史前进作为自己的根本任务，这就必须要以先进理论武装、以先进性和纯洁性为要求建设党。相反，如果以选票为中心，就要迁就选民的情绪，迎合不断膨胀的欲望，放弃引领群众提高其觉悟的责任；以选票为中心，就只能代表现实中的某些利益群体，而不可能从大多数人的长远利益出发去整合全社会的利益，多党制将在所难免；以选票为中心，就要学会八面玲珑、随波逐流、实用主义，丢弃一元化的指导思想和鲜明的理论旗帜，其结果是党蜕变为少数政客的乐园。

历史经验证明，坚持马克思主义在意识形态领域的话语权，就是要坚持党的指导思想的一元化。只要搞指导思想的多元化，即便原来是工人阶级政党（如社会民主党），也会蜕变为资产阶级政党。原因在于，在指导思想上搞多元化，看似各种思想平起平坐，但在资本主义占优（包括今天的"西强东弱"）的形势下，实际上就是取消了马克思主义对于占统治地位的思想体系的独立存在，也就谈不上对其进行抵制和超越，而必然成

① 《马克思恩格斯选集》第4卷，人民出版社1995年版，第409页。

为资产阶级思想的俘虏。这就是说，在今天坚持马克思主义的话语权，思想"独立"高于思想"包容"。思想独立，才能拥有思想阵地，才能获得认同、凝聚共识，才有可能去"包容"。就社会主义核心价值观而言，当然不排斥非资本主义专有的价值观，如自由、平等、民主、人权等，但我们不能止步于这种"共有"的状态，而是要从我们能够有效吸纳中外优秀文化成果的立足点出发，从我们能够成功改造并重新阐发并非资本主义专有的价值思想的根据出发，也就是从我们共产党人的根本价值追求和价值理念出发，去提炼和概括社会主义核心价值观。例如平等，恩格斯指出，对于无产阶级而言，平等要求的实际内容只能是"消灭阶级"，"任何超出这个范围的平等要求，都必然要流于荒谬"[1]。因此，消灭阶级就是无产阶级的比平等更为核心的价值追求。社会主义核心价值观的提炼，必须体现社会主义所独有的（因而也是具有广阔前景和现实包容性的）价值追求。

社会主义的核心价值观是反映社会主义制度本质及国家核心利益的观念体系，它应该根本区别于资本主义的核心价值体系。以马克思主义为指导构建社会主义核心价值观，必须首先把握住建立在社会主义基础上的、与社会主义制度相符合的、得到广大人民群众认同和践行的，并与资本主义社会的基本价值观相对立的社会价值规范和行为选择标准。因此，社会主义核心价值观的基本内核应是"劳动优先、人民至上、共同富裕"。

本书的写作雏形是作者在南京大学攻读博士学位时的学位论文《伯林与马克思自由理论比较研究》，我是他的指导老师。当时由于伯林的大量著作尚未出版，且相关的研究成果也甚少，所以他的博士论文无论是从内容上看还是从篇幅上看都略显单薄。2002年6月他在南京大学哲学系获得博士学位后，又于2003年8月进入中国社会科学院哲学研究所西方哲学研究室进一步从事博士后研究工作。在此后的两年多时间内，随着伯林著作的不断出版和相关研究成果的不断涌现，再加上哲学所西方研究室几位老师尤其是谢地坤研究员的悉心指导，他进一步充实了他的博士论文，并以《以赛亚·伯林自由理论研究》为题作为博士后研究工作报告顺利出站。我此时恰好也调到了中国社会科学院工作，参与了他博士后出

---

[1] 《马克思恩格斯选集》第3卷，人民出版社1995年版，第448页

站的考核，了解了他的研究工作的进展情况。如今本书即将由中国社会科学出版社出版，作为他的老师，我深表祝贺并很高兴为之作序。

总体来看，本书的研究具有以下特点：第一，具有重大的理论价值和现实意义。本书不仅仅局限于一般的学理分析，还直面国内的自由主义思潮，纠正了国内学界伯林研究的非批判化倾向，有助于克服马克思主义研究界长期存在的"伯林研究失语"现象，澄清了人们在这个重大原则是非问题上的一些模糊认识，从而申明了作者的学术立场和对当代中国意识形态领域马克思主义导向的责任感，这是应该充分肯定的研究态度。

第二，作者学风扎实，在文献阅读和学术规范上做得好。作者不仅尽可能地利用了能收集到的关于伯林的一切中外文资料，而且对国内外关于伯林研究的成果也尽可能详尽地了解，并在自己的利用过程中明确地加以注释，使人一目了然地获知作者在这一过程中究竟做了何种工作、有何新观点或有特色的理论阐发。

第三，研究方法多样并具有较强的理论性和现实性。作者除了在宏观上坚持马克思主义的立场、观点和方法外，在学术探讨过程中，还强调应以历史的、全面的立场来理解伯林与马克思这样的思想家，要结合现实来研究他们所提出的问题，从而把自由问题与历史研究结合起来。这就体现出了本书厚重的历史现实意义。具体来说，首先是比较研究的方法。作者在评析伯林与马克思关于自由的思想时，不是作注释式的解读和简单的附和，而是以马克思的历史辩证法和阶级分析法为武器，分析伯林思想的精神实质和方法，这对于解构自由主义的霸权话语，深化人们对自由本质的认识具有积极意义。本书批判了伯林对马克思的以下非难：（1）伯林责难马克思的决定论排斥了个人的自由选择和相应的责任，其实是伯林错误地将马克思的辩证决定论混同于机械决定论。（2）伯林责难马克思的积极自由观会导致极权主义，从而泯灭个人自由。作者为此指出两点：其一，个人自由不是概念的抽象，而是个人实际的社会性权利，个人必须具有享受这种权利的社会能力。其二，伯林之所以认为社会层面上的积极自由会由于其设定的共同目标而扼杀个人自由，进而反对共同目标的存在，是由于他把人的实践理性仅仅限制在狭隘的个体范围内。而他这样做，无非是为了否定马克思主义关于社会主义必然代替资本主义的社会发展规律学说，以达到否定马克思主义理论在国家政治生活中起指导作用的目的。

　　再就是史论结合，论从史出的方法。作者在分析伯林的两种自由概念时，先回顾了这两种自由概念在伯林之前及在伯林自身形成的历史，然后具体分析了伯林两种自由概念的理论内涵。作者在研究第三种自由概念时，采用了斯金纳的"历史语境主义"方法，并从此出发，理论分析了斯金纳如何打破现代西方政治哲学在过去几十年中存在的伯林自由观一家独大现象，从而拓展了人们在自由观问题上的视域。此外，作者在探讨中国自由主义现象时，先阐述了其历史分期问题，然后又从理论上探讨了当代中国自由主义的研究方略。

　　第四，内容翔实，具有创新性。本书的创新性主要体现在以下几个方面：其一，在分析伯林的两种自由概念时，作者从个人自由、社会自由的角度来分别定位和探讨消极自由与积极自由；其二，作者较全面地分析了伯林关于浪漫主义的自由理论；其三，作者提出和分析了伯林政治哲学视域中所蕴含的深刻的悲剧观；其四，作者站在马克思主义的立场上，对马克思主义与自由主义展开了分析批判的比较研究，等等。这些都达到了较高的学术水平，显示了作者具有扎实的马克思主义理论功底和较强的科研能力。当然，对于自由主义这个老对手，要做的工作还很多，决不能希冀"毕其功于一役"。

　　我相信，本书的出版将会促进我国西方政治哲学的研究，同时，它对加强马克思主义对学术研究的指导以及当代中国意识形态的建设也会有所裨益。

　　是为序。

侯惠勤

中国社会科学院马克思主义研究院教授

2014 年 2 月 19 日

目　　录

前　言

全部人类文明史，就是一部人类争取自身解放的自由的发展史。恩格斯曾经指出："最初的、从动物界分离出来的人，在一切本质方面是和动物本身一样不自由的；但是文化上的每一个进步，都是迈向自由的一步。"① 人们一般总是把自由同人的独立、自主、民主、平等及解放联系在一起，而且也总是把最美好的理想作为自由的基本内涵，作为最崇高的目标或宗旨去执着地追求。然而，纵观整个人类思想史，我们可以看到，事情远非这样简单。如同有十个人就有十种关于哲学的定义一样，自由的含义也是如此。19 世纪致力于研究人类自由史的阿克顿勋爵曾经收集了200 多个关于自由的定义。以赛亚·伯林在其《两种自由概念》一文中也提到过这一点。②

本书主要是研究以赛亚·伯林的自由理论。它是在笔者的博士毕业论文《伯林与马克思自由理论比较研究》的基础上写成的。笔者之所以要继续深入地研究伯林，主要是出于两个原因：第一，由于当时博士毕业论文的着眼点主要是从马克思主义的立场出发，对伯林与马克思的自由理论进行比较研究，所以，对于伯林自由理论在西方哲学领域中，尤其是在西方政治哲学领域中的地位及理论意义等许多问题都没有展开讨论。由此，许多相关的资料也就没有能够涉及。第二，伯林的许多英文原著在当时还没有发表，更不用说中译本了，他的一些观点只能从诸如《伯林传》之类的文献中零星地看到，而无法较系统和全面地把握。此外，还有一些有关的伯林研究专著由于各种原因而尚未搜集到。因此，在笔者的博士毕业

① 《马克思恩格斯选集》第 3 卷，人民出版社 1995 年版，第 456 页。

② ［英］以赛亚·伯林：《自由论》，胡传胜译，译林出版社 2003 年版，第 189 页。

论文中，伯林自由理论方面的一些内容就无法广泛而深入地展开讨论。然而，以上两个原因在随后的几年中都发生了很大的变化，正是这些变化最终促成了本书的产生：第一，在中国社会科学院哲学研究所西方哲学研究室各位老师的亲切教诲下，笔者将伯林自由理论的研究置于西方政治哲学的背景下来进行，而将博士毕业论文的主干部分作为了其中的一部分；第二，近些年来笔者又搜集到了许多国内外出版和发表的伯林著作、有关的研究专著及论文。

选择伯林作为研究对象，笔者是经过了慎重考虑的。西方自由主义理论从诞生至20世纪初，经历了从古典自由主义向现代自由主义的转变。约翰·密尔是转变过程中承前启后的人物，而托马斯·格林则真正使其转变成为现实。古典自由主义把自由理解为不受强迫、限制和阻碍，把国家干预视为对自由设置障碍。这是一种消极意义上的自由。现代自由主义则开始强调国家的干预和扩大政府的职能。这是一种积极意义上的自由。从20世纪40年代开始，西方自由主义理论出现了向古典自由主义的复归，从而拉开了向当代自由主义转变的序幕。推动这次转变的重要人物除了哈耶克与波普尔之外，还包括伯林。

与哈耶克和波普尔相比，伯林在西方学术界，尤其是在英美知识界，也是具有毫不逊色的重要地位的。我们可以从以下几方面来印证这一点。这也是笔者之所以要研究伯林的第一个原因。首先，伦敦《经济学人》杂志在20世纪70年代初，列举20世纪自由主义的经典名著时，曾将伯林的《自由四论》与哈耶克的《自由宪章》（又译作《自由秩序原理》）、波普尔的《开放社会及其敌人》相提并论，并且认为，在阐述自由理念的内涵与外延方面，这三本巨著鼎足而立，代表了20世纪知识分子对人类自由思想发展史的重大贡献。其中，伯林的《自由四论》尤其被推举为继19世纪英国自由主义者约翰·密尔发表《论自由》一书以来，最能重新厘清自由的意涵与界域，并赋予自由以崭新向度与诠释的力作。[①] 伯林的重要地位由此可见一斑。然而，从以上三人发表当代自由主义的标志性著作的时间来看，伯林无疑又是最晚的。哈耶克的《通往奴役之路》

---

① ［英］以赛亚·伯林：《自由四论》，陈晓林译，台湾联经出版事业公司1988年版，译序第iv页。

发表于 1944 年；波普尔的《历史主义贫困论》虽于 1957 年才正式发表，但它早在 30—40 年代时就已经在讲习班和杂志上发表了；《历史主义贫困论》的姊妹篇《开放社会及其敌人》于 1945 年出版；而伯林《自由四论》中的三篇文章《二十世纪的政治观念》、《历史的必然性》和《两种自由概念》则分别发表于 1949 年、1953 年和 1958 年。因此，在推动当代自由主义的转向上，伯林谈不上是开路先锋。我们只能说，他与哈耶克和波普尔一道"分享"了这个"荣誉"。其次，伯林的《历史的必然性》和《两种自由概念》这两篇文章发表后，立即在英美学术界引起了热烈的争论，伯林也因此成为 20 世纪 50—60 年代颇有影响的人物。伯林的自由主义大师的地位主要就是由他的《两种自由概念》一文的发表而确立起来的。伯林自由观念的独特性在于：尽管在他之前消极自由与积极自由这两种自由概念已经有人提出来了，但由于它们当时都是在形而上学的意义上提出来的，故不太为人所知；相反，由于伯林是在东西方两大社会阵营处于冷战的特定时期，以讨论政治自由的形式提出这两种自由概念的，而且他的目的又是揭破所谓的"斯大林主义和共产主义行话"中所持有的"关于真正的自由的那些空谈"，于是，这两种自由概念就在特定的时期引起了西方资产阶级学者的兴趣，伯林因此而声名鹊起。伯林的影响并不在于有多少人崇拜他，而是在于他提出了问题，引起了人们热烈而持久的争论和思考。对于这一点，伯林在 1969 年《自由四论》结集出版时进行了总结。最后，伯林的影响还可以从许多名人为他的 70 岁和 80 岁生日而专门出版的两本纪念文集中看出来。这些人中，有理查德·罗蒂、德沃金、查尔斯·泰勒、威廉斯、莫顿·怀特和汉普什尔等。

　　第二个原因是伯林与哈耶克和波普尔由于学术背景的差异，使他们的学术成就各有千秋。哈耶克本身是一位经济学家，所以他更多地是从经济与社会政策方面来阐述自己的观点。从某种意义上说，哈耶克的思想其实很简单，"他几十年著书立说只是为了一个十分单一的目标。这种目标的单一性，有时甚至使他的思想显得重复而乏味。他不断扩大视野，不懈地调动各个领域中的知识，惟一的动机就是他终生未变的一种强烈关切，即论证市场秩序的形成与个人自由的关系和这种文明受到威胁的原因。可以说，他的思想不管涉及什么知识领域，只能是因为它同这一目标有关"①。他专门论述自由概念的《自由秩序原理》一书发表于1960年，比伯林《两种自由概念》一文的发表时间要晚。他在该书中赞成并发展了伯林关于消极自由的概念，反对把自由建立在获得物资资源的基础上，反对以经济再分配的手段来增进穷人的自由。波普尔本身是一位科学哲学家，所以他更注重从科学性的角度来批判对手。他在政治哲学方面的"成就"是他对历史决定论的批判。与这两人不同，伯林是一位思想史家，所以他更注重从西方文化的思维角度来阐述自己的观点。② 伯林的自由理论既有对历史决定论的批判，又有对自由概念的专门分析。可以说，他是把哈耶克与波普尔的有关研究集于一身了。正是出于对这一点的考虑，笔者选择伯林作为自己的研究对象。

第三个原因是伯林在国内的影响日见盛隆。他对历史必然性、对积极自由观、对所谓整齐划一的制度、对高悬的单一目标等的批判，对消极自由和个人自由的维护，对价值多元论的极力倡导，使得许多人将他的自由理论奉为圭臬。对此，笔者认为必须从马克思主义的基本原则和立场出发，对之予以充分的学理批判。

总结伯林的思想，其核心就是一点：以多元论对抗一元论。作为一名在西方很有影响力的自由主义者，伯林对马克思的自由理论进行了许多攻击。由于人们对伯林自由理论的理解莫衷一是，再加上马克思本人又没有专门论述自由理论的著作，而是散见于他的各种著作当中，因此，本书的内容之一就是围绕着伯林与马克思在历史观和自由观这两大方面的对立来对他们的自由理论进行比较研究，从而揭示出伯林等西方自由主义者在自由理论上的失误之所在。本书的内容之二就是把伯林放在西方哲学（尤其是在西方政治哲学）的背景之下，试图阐释其自由理论在西方自由主义发展史中的地位、作用与意义。本书的内容之三是从两个角度着手，分析和阐述我们应该如何超越伯林的自由理论：一是探讨第三种自由概念；二是从我国自由主义思潮的历史沿革出发，提出当代中国自由主义的研究

---

① ［英］F. A. 哈耶克：《致命的自负》，冯克利、胡晋华译，中国社会科学出版社2000年版，"译者的话"，第3页。

② 胡传胜：《自由的幻像——伯林思想研究》，南京大学出版社2001年版，第1页。

方略，并由此推演出建立和谐社会与实现自由和公正之间的关系。

具体来说，本书拟分六章来展开对伯林自由理论的研究。第一章是导论，概述伯林的自由理论及其研究现状；第二章考察伯林的历史观；第三章考察伯林的自由观；第四章研究伯林的价值多元论思想；第五章分析第三种自由概念；第六章探讨当代中国的自由主义思潮。

这里要说明的一点是，目前无论是在国外还是在国内，对伯林自由理论进行研究的论著都已大量出现。这表明学界对伯林的思想越来越重视。与笔者的博士论文时期相比，资料搜集方面的丰富自是不用赘言。这给本书的写作带来了很大的便利之处，但因此也就使笔者面临着一个巨大的挑战。因此，本书希冀能够在前人研究的基础上，为进一步推动和深化对伯林自由理论的研究尽一点微薄之力。

第一章　导　论

第一节　伯林的自由理论概述

一　伯林的思想之路

以赛亚·伯林（Isaiah Berlin，1909—1997）是英国哲学家和政治思想史家。1909 年，伯林出生于今日拉脱维亚共和国的首府里加。1915 年，伯林一家迁往彼得格勒。在那里，他目睹了俄国的二月革命和十月革命。1988 年 6 月，晚年的伯林在接受伊朗哲学家拉明·贾汉贝格鲁采访时声称：苏维埃政权留给他的是很不愉快的印象，因此，马克思主义和苏联对他来说从来没有什么吸引力。[①] 这就不难理解为什么伯林一家在 1921 年要迁往英国了。[②] 到了英国，伯林就读于圣保罗学校，后获得奖学金而进入牛津大学基督圣体学院。因学业优异，他于 1935 年获硕士学位。在此期间，伯林就在牛津大学新学院开始任哲学讲师（1932—1938），后成为该校评议会会员（1938—1950）。在第二次世界大战期间，他曾在英国外

---

① Isaiah Berlin and Ramin Jahanbegloo, *Conversations with Isaiah Berlin*, New York: Charles Scribner's Sons, 1991, p. 9. 该书目前有两个中译本：《以撒·伯林对话录——思想的瀚海》，杨孝明译，台北正中书局 1994 年版；《伯林谈话录》，杨祯钦译，译林出版社 2002 年版。我们要研究某一思想家，首先就要准确而完整地把握其思想，这是最起码的要求。但《伯林谈话录》译本第 8 页中却用一个省略号来取代了这里所引用的伯林对马克思主义和苏联的观点。这种做法显然是不妥当的。

② 有一件事对伯林的触动很深。布尔什维克革命后，许多报纸相继消失。其中，有一家由自由党人创办的报纸《日报》的命运极其富有戏剧性：在革命后所存在的这段时间内，它屡次更名，相继叫作《晚报》、《夜报》、《子夜报》、《最黑暗的夜报》，又过了几天，它就被彻底查封了。参见 *Conversations with Isaiah Berlin*, p. 3。

交使团服务过一段时间，工作卓有成效。他还曾以专家身份供职于英国新闻处驻纽约办事处，后任英国驻华盛顿大使馆一等秘书（1942—1945）。从 1945 年 9 月至 1946 年 1 月，伯林被临时派驻莫斯科大使馆。其后他返回牛津大学，执教于万灵学院（1950—1966）。伯林曾任牛津大学沃尔夫森学院首任院长（1966—1975），并从 1975 年起为万灵学院教授。多年来，伯林一直是万灵学院和新学院的研究员、牛津大学齐契利（Chichele）社会和政治理论讲座教授（1957—1967）。他还担任过不列颠科学院的院长（1974—1978）。伯林以其出色的工作赢得了众多的荣誉：他因战时的贡献于 1946 年荣膺不列颠帝国勋章，1957 年被授予爵士，1971 年获特殊功绩勋章。

伯林的学术成就主要体现在他对思想史的深入研究上。然而，他却算不上是一个著述等身的学者。"无需讳言，以理论建构的韧性和宽广来说，伯林不如罗尔斯、哈耶克、哈贝马斯；论思想的深邃与力道，他当然无法望海德格尔、维特根斯坦的项背；论以思想介入时代的影响力，他也难与杜威、萨特之类人物并论。用这些尺度来衡量，伯林分明是一位次要的思想家。"① 英美学术界一致认为，伯林如同苏格拉底一样很少发表作品，但他的思考和言论却对我们的时代有莫大的影响。②

从伯林已经出版的作品来看，他实际上"像一头以狐狸的方式行事的刺猬"③。所谓"狐狸与刺猬"的说法，是伯林对希腊诗人阿其洛库斯（Archilochus）的残诗"狐狸多知，而刺猬有一大知"的绝妙发挥。伯林以此来比喻两种类型思想家之间的差异：一类是追求一元论的思想家，他们力图找出一个唯一性的绝对真理，并将之贯透于万事万物之理，恰如刺猬凡事均以一招应之：竖起它那满身的倒刺；另一类则是承认多元论的思想家，他们体察世间事之复杂微妙，万难以不变应万变，因此宁可自己思想矛盾，亦不强求圆融一统之理，恰如狐狸遇事之机智多变。以此分类观西方思想史，则但丁属第一类，莎士比亚属第二类；柏拉图、卢克莱修、帕斯卡尔、黑格尔、陀思妥耶夫斯基、尼采、易卜生、普鲁斯特等是程度

---

① 钱永祥：《"我总是活在表层上"》，《读书》1999 年第 4 期。
② ［伊朗］拉明·贾汉贝格鲁：《伯林谈话录》，杨祯钦译，译林出版社 2002 年版，封底。
③ 陈少明：《作为狐狸的刺猬——伯林思想性格的启示》，《南方周末》1997 年 11 月 28 日第 16 版。

不同的刺猬；而希洛多德、亚里士多德、蒙田、伊拉斯默、莫里哀、歌德、普希金、巴尔扎克、乔伊斯则是狐狸。①

那么，伯林自己属于哪一类呢？正如有的学者正确地指出的那样，伯林与哈耶克、波普尔等自由主义思想家有一个共同点，就是激烈抨击以黑格尔为代表的、以历史决定论为原则而建立起来的思想体系。他们把这种体系看作各种法西斯政治或极权体制的哲学基础，是自由主义的敌人。"所以我们也许能够说，伯林的行为方式是狐狸的，但抱负则是刺猬的。"② 那么，伯林的思想究竟是如何形成的呢？这里，我们有必要去追溯一下他的思想发展历程。

作为一名俄裔英籍犹太人，伯林最初接受的是 19 世纪中叶俄国作家们（如托尔斯泰等）的思想。后来，当伯林在牛津大学读书时，他发现无论是古希腊的哲学家（如苏格拉底、柏拉图和斯多葛派等），还是犹太教徒、基督徒或穆斯林，以及 17 世纪的理性主义者、18 世纪的经验主义者，他们都与这些俄国作家们有着根本的共同之处，即所谓"柏拉图式的理念"③。他们都认为："首先，像在科学中一样，所有真正的问题都应该有且只有一个真正的答案，而其他的答案都必然是错误的；其次，必定有一条可靠的途径导向这些真理的发现；第三，真正的答案，如果找到了话，必定彼此融洽、俱成一体，因为真理不可能是相互矛盾的。"④ 以上观点其实也就是伯林自己早期的信念。

然而，正当伯林在牛津大学读书时，他遇到了柯林武德。柯氏向伯林介绍了意大利思想家的思想，从而使他接触到了马基雅维里和维柯。马基雅维里的思想深深地动摇了伯林的早期信念，使他产生了一种仿佛康德遇到卢梭似的解放作用。在伯林看来，马基雅维里在其《君主论》和《史论》中指出，世界上存在着两种不可调和的生活，而其中只有一种才能创造出并支撑他所推崇的国家。伯林认为，马基雅维里是第一个提出世界

---

① ［英］以赛亚·伯林：《俄国思想家》，彭淮栋译，译林出版社 2001 年版，第 26—27 页。

② 陈少明：《作为狐狸的刺猬——伯林思想性格的启示》，《南方周末》1997 年 11 月 28 日第 16 版。

③ ［英］以赛亚·伯林：《扭曲的人性之材》，岳秀坤译，译林出版社 2009 年版，第 6—9 页。

④ 同上书，第 9—10 页。

上至少存在两种生活的思想家。在马基雅维里看来，人们可以选择其中一种，可以寻求在今世或来世得到拯救。这两种世界之间不能融合。因此，马基雅维里认为在世上建立一个完美的基督教联邦的设想本身就是一个矛盾。① 马基雅维里的观点根本地动摇了伯林先前的一元论世界观。从此，伯林开始走上了以多元论来对抗一元论的思想发展之路。

伯林在牛津大学读书时，除了一般性地支持所有自由运动与进步势力以外，没有什么非常明显的政治观点。② 他与当时牛津大学的很多学生一样，热衷于选修哲学课程。他对这一领域的兴趣持续不减，并且最终在1932 年获得了一份教授哲学的职位。此时的伯林，在哲学观点上受他的牛津同事们所讨论问题的影响很深。在 20 世纪 30 年代中后期，伯林与他的牛津同事们共同开创了日常语言哲学中的"牛津学派"。

我们知道，分析哲学是从批判牛津的唯心主义开始的。它在 20 世纪的发展过程中，有两个学派十分出名，即理想语言学派和日常语言学派。它们都主张通过语言分析来解决哲学问题。但是，理想语言学派认为日常语言有歧义，主张抛弃自然语言，构造形式语言，即精确的逻辑语言，从而用后者来解释世界的结构，其主要的代表人物是罗素、早期维特根斯坦和卡尔纳普等人。而自然语言学派则认为形式语言反映不了日常语言，主张通过分析日常语言而澄清其混乱和谬误，其主要的代表人物是后期维特根斯坦、摩尔、奥斯汀、赖尔和斯特劳森等人。其中，日常语言学派又可以再分为两派：剑桥学派和牛津学派。剑桥学派形成于 20 世纪 30 年代中叶，其主要代表人物是威斯顿姆。牛津学派则形成于 20 世纪 30 年代中后期，其影响远比剑桥学派大。事实上，在维特根斯坦逝世之后，英国哲学的中心就从剑桥转移到了牛津，并且在很大程度上，正是在牛津才使得维特根斯坦所开创的分析哲学一直发展到今天。牛津哲学家群的代表人物是奥斯汀和赖尔，以他们两人为首形成了世称为"牛津哲学"的运动。这个群体中的成员还包括哈特、斯特劳森、汉普什尔以及伯林等人。③ 人们一般认为牛津学派是日常语言学派的主流派。至 20 世纪 60 年代，由于奥

---

① Isaiah Berlin and Ramin Jahanbegloo, *Conversations with Isaiah Berlin*, p. 53.

② Ibid., p. 7.

③ ［美］麦克斯韦·约翰·查尔斯沃斯：《哲学的还原——哲学与语言分析》，田晓春译，四川人民出版社 1987 年版，第 273 页。

斯汀的去世、赖尔和威斯顿姆的退休以及斯特劳森研究重点的转移，使牛津学派因影响下降而消失。但日常语言哲学在英美的分析哲学界乃至整个当代西方哲学界，仍然占有极其重要的地位。

伯林曾经是牛津学派的主要代表人物之一。实际上，后来被称为"牛津哲学"的思想就是在伯林的万灵学院的寓所中开始形成的。伯林描述过牛津哲学的气氛，提到了有关的聚会和讨论会。[①] 这个活动始于1936年，一直持续到第二次世界大战开始。与会的只有几人，其中包括后来声名大振的哲学家艾耶尔、奥斯汀和汉普什尔。伯林说，他和他们几人是某些重要真理的最初发现者。在他们讨论问题的过程中，如果可以相互说服对方，他们就认为自己的目的达到了，而根本没有必要告诉他人或是去发表什么东西。因此，"述而不作"正是牛津哲学家们的态度。这也就不难理解为什么伯林没有什么大部头的著作了。然而，尽管伯林活跃于这些讨论，但他对于其他人来说，却始终是个异端，因为他从来没有偏离过他当时就已形成的看法，即言语所能表达的必然是经验主义意义上的经验，但可证性并不是唯一的判断知识、信仰或假说的标准，相反倒可能是最似是而非的判断标准。所以，他并没有真正融入他们之中。[②] 他认为这种理论势必将人类的艺术、音乐和宗教情感视为无意义的东西。正因为如此，尽管伯林在创立牛津学派时也作出了他的贡献，但他在分析哲学领域中实际上并未占据一席之地。然而，这段经历却使伯林具有了一种分析哲学家的素质，他以后的自由理论研究也充分地利用了分析哲学的方法。

伯林在万灵学院教学和探讨哲学问题之余，还接受别人委托撰写了一本马克思的传记。[③] 伯林当时认为，马克思主义很明显会越来越重要，影响会越来越大。所以，尽管《资本论》很难懂，但他还是想搞懂马克思究竟说了些什么，为何马克思的追随者越来越多。伯林的《卡尔·马克

---

① Isaiah Berlin, "J. L. Austin and the Early Beginnings of Oxford Philosophy", *Personal Impressions*, ed. Henry Hardy, London: The Hogarth Press, 1980, pp. 101 – 115. See also Isaiah Berlin and Ramin Jahanbegloo, *Conversations with Isaiah Berlin*, pp. 152 – 153.

② Isaiah Berlin, "My Intellectual Path", *The Power of Ideas*, ed. Henry Hardy, Princeton: Princeton University Press, 2000, p. 2.

③ 伯林说，该传记先后请了哈罗德·拉斯基等人来写，但这些人都拒绝了。最后，找到了伯林的头上，他答应了。参见 Isaiah Berlin and Ramin Jahanbegloo, *Conversations with Isaiah Berlin*, p. 11。

思：他的生平与环境》一书于 1939 年出版。这是一本站在自由主义的立场，针对一般读者而写的介绍和分析马克思生平及著作的书。① 通过写马克思传记，伯林有机会去阅读 18 世纪法国哲学，列宁、托洛茨基和乌托邦社会主义者的作品，并表现出了对这些学说和观点的兴趣。② 总的来说，伯林在对马克思的思想内容的把握上还是比较准确的。然而，伯林的"成功"之处仅仅在于，他能够把自己的恶意巧妙地隐藏在客观研究的外表之下。他在全书中一以贯之的是对马克思人格的污蔑，把马克思说成是一个冷酷无情、刚愎自用、不喜欢与人沟通的"导师"。与梅林、梁赞诺夫等人所写的马克思传记③相比较，伯林的独特之处，除了他的自由主义论调之外，就在于他描绘了一个犹太人形象的马克思。④

　　第二次世界大战期间，在英军中服役和苏联之行的经历改变了伯林的思想方向。他退役回到牛津后，就从过去的纯哲学研究转到了对政治哲学的研究，开始为自由主义价值进行激烈的辩护。此时，伯林完全被两个重要问题吸引住了：一是一元论，他认为这是从柏拉图至今的西方哲学的中心议题；二是自由概念的含义和应用。伯林在这两个题目上投入了很大的精力，从而真正形成了伯林以后的思想观念。⑤ 伯林在这一时期的学术活动，除发表了一些文章外，还作了几次重要的演讲：一是 1952 年 2—3 月间，伯林作了玛丽·弗莱克斯娜（Mary Flexner）系列讲座，阐述了浪漫主义的自由观念，这部分内容于 2002 年以《自由及其背叛》为书名出版；二是 1953 年伯林作了关于《历史的不可避免性》的演讲；三是 1958 年 10 月伯林作了牛津大学齐契利社会与政治理论教授的就职演说《两种

───────────

　　① 《卡尔·马克思：他的生平与环境》一书的出版一举奠定了伯林在英美学术界的地位。该书是战前西方自由派思想家研究马克思的最重要成果之一，几被译成所有西方语言并多次重版。参见甘阳《自由的敌人——真善美统一说》，《读书》1989 年第 6 期。

　　② Isaiah Berlin and Ramin Jahanbegloo, *Conversations with Isaiah Berlin*, pp. 11 – 12.

　　③ 苏珊·沃特金斯在英国《新左翼评论》杂志 2000 年第 1 期上发表了题为《马克思传记九种》的文章。文中提到了包括梅林、梁赞诺夫、麦克莱伦等九人所写的马克思传记，但该文并没有把所有马克思传记都包括进去，至少是忽视了奥古斯特·科尔纽所写的《马克思恩格斯传》以及伯林写的马克思传记。有关《马克思传记九种》一文内容的评论，参见王宏伟《"被摘除心脏的"马克思——对惠恩著〈卡尔·马克思〉的评论》，《国外理论动态》2001 年第 1 期。

　　④ 胡传胜：《自由的幻像——伯林思想研究》，南京大学出版社 2001 年版，第 8 页。

　　⑤ Isaiah Berlin, "My Intellectual Path", *Conversations with Isaiah Berlin*, p. 5.

自由概念》，以上这两个演讲被收进了 1969 年出版的《自由四论》一书中；四是 1965 年伯林作了梅隆（A. W. Mellon）系列讲座，进一步论述了浪漫主义的思想观念，这部分内容于 2000 年以《浪漫主义的根源》为书名出版。伯林的《自由四论》一书所收集的四篇论文基本上都是在 20 世纪 50 年代发表的。其中，《历史的不可避免性》和《两种自由概念》这两篇文章成为 20 世纪 50—60 年代英美学术界热烈讨论的话题。当《自由四论》一书结集出版时，伯林对此做了全面总结。

伯林在这个时期还相继发表了一些有关俄国思想传统的文章。这些文章后来结集为《俄国思想家》一书于 1978 年出版。伯林从自由主义立场出发，探讨了俄国革命的思想起源。在他看来，俄国知识分子的思维方式也是一元论的。他们对单一的救世之道的执着，从一开始就预示着俄国革命的未来走向。在这本书中，与"自由"论题直接相关的文章最重要的有两篇：《刺猬与狐狸》（1951）[①] 以及《赫尔岑与巴枯宁论自由》（1955）。在《刺猬与狐狸》一文中，伯林把思想家分类为狐狸型（强调多样性）与刺猬型（强调单一至上性），这和他的一元论与多元论、消极自由与积极自由观念的对立是直接相关的。在《赫尔岑与巴枯宁论自由》一文中，伯林阐释了自由概念。到了《两种自由概念》一文时，伯林就系统地提出了自己的两种自由概念，后来又通过与学术界同仁（如爱德华·H. 卡尔等人）的论战进一步阐明了自己的观点。到 20 世纪 80 年代时，伯林对自由概念又有了进一步的论述，这时他提出了"基本自由"[②] 的概念。

伯林作为一位思想史家的地位是由他在 20 世纪 70 年代以后的学术转向所确定的。他之所以要注重思想史的研究，是因为他认识到人类历史上的一切革命或运动都是观念的产物。他曾经说："约一百年前，德国诗人海涅提醒法国人，不要轻视观念的影响力：教授在沉静的研究中所培育出来的哲学概念可能摧毁一个文明。"[③] 他后来又说，有两个因素改变了整

---

① 当时发表的题目是《托尔斯泰的历史怀疑论》，后来经过增补，以现在的题目于 1953 年由 Simon & Schuster 重印于纽约。

② Claude J. Galipeau, *Isaiah Berlin's Liberalism*, Oxford: Clarendon Press, 1994, p. 86.

③ 伯林：《自由论》，第 187 页。类似的观点还可参见伯林《哲学引论——与艾赛亚·伯林的对话》，载布莱恩·麦基编《思想家——当代哲学的创造者们》，周穗明、翁寒松译，生活·读书·新知三联书店 1987 年版，第 13 页。

个 20 世纪的人类历史，那就是"自然科学和技术的发展"和"意识形态大潮"，而它们都"肇始于人们头脑中的某些观念"①。伯林这一时期的文章被结集为以下几本书：《反潮流：观念史论文集》（1979）、《扭曲的人性之材》（1990）、《现实感：观念及其历史研究》（1996）和《北方的巫师：哈曼与现代非理性主义的起源》（1993）。

二　伯林自由理论的基本内容

伯林自由理论的基本致思取向是以价值多元论对抗价值一元论。他在《两种自由概念》一文中，把结论部分的小标题定为"一元与多元"②，可以说，这就是伯林在自由理论问题上的一个中心论题。

1988 年，伯林在意大利都灵歌剧院举行的阿涅利奖的颁奖仪式上发表了题为《理想的追求》的演说，对自己一生的"追求"做了全面的概括。③ 这次演说的目的是要阐明：寻求单一的、最终的、普遍的解决人类矛盾的答案无异于追逐海市蜃楼。以为对于所有的人类问题，可以找到万事大吉的解决办法，如果有许多人反对的话，还可以采取必要的强制措施以确保实现之，这种理想只会导致流血，增加人类的苦难。④ 对此，伯林提出了所谓的"炒蛋论"。他说："最后解决的设想，不仅仅是不可实践的，而且，如果我说得对，其中所包含的不同价值，还会彼此冲突，不够圆融。……假如真的有人相信这种解决是可能实现的，那么他们就会以为

---

① ［英］以赛亚·伯林：《扭曲的人性之材》，岳秀坤译，译林出版社 2009 年版，第 5 页。

② 有人将此小标题译为"一人及众人"，这是不准确的，因为伯林在此讲的始终是"一元与多元"之间的关系。该译法见萨尔沃·马斯泰罗内主编《当代欧洲政治思想，1945—1989》，黄华光译，社会科学文献出版社 1998 年版，第 99 页。胡传胜所译的《自由论》一书中，将此小标题译为"一与多"是可以接受的，但笔者仍然认为译作"一元与多元"更符合伯林的本意。

③ 直接出自伯林之手、反映其一生思想发展脉络的作品有两篇，其中之一是《理想的追求》这篇演说，而另外一则是《我的思想之路》这篇文章。后者写作的起因是这样的：1996 年 2 月，伯林收到了来自中国武汉大学的哲学教授欧阳康的一封信，信中请求伯林提供一篇有关他思想的概要，以便译成中文，收入介绍当代英美哲学的集子里。伯林很珍视这批新的读者，感到有义务对他们说些什么。他在回信中答应中国教授会尽力写些东西。他先写了一遍草稿，然后将初稿口述到了录音带上。这个录音稿后来由编辑作了一些修改。书的编者要求撰稿人向那些希望进一步研究其作品的读者提供一篇导读性的文章。伯林要求他们阅读一下他的下面这两篇文章，一篇是《理想的追求》，另一篇是 1975 年写的《浪漫意志的神化——反抗理想世界的神话》。这两篇文章均收于伯林 1990 年出版的文集《扭曲的人性之材》。参见《书城》1999 年第 1 期。

④ Isaiah Berlin and Ramin Jahanbegloo, *Conversations with Isaiah Berlin*, p. 47.

无论付出怎样的代价都不为过：让人类从此获得永远的公平、快乐、创造力、和谐美满，还有什么样的代价可以说太高呢？为了制作这样一个煎蛋，肯定是打破多少鸡蛋都无所谓了——这就是列宁、托洛茨基等的信念。"① 在伯林看来，一旦人们形成了打破鸡蛋的习惯，他们就不会罢手了。结果，鸡蛋都被打破了，而炒蛋却未做成。因此，一切有关最终答案可能找到的狂热信仰无论是以什么方式去实现，最终都必然是一种受苦、流血的下场。②

伯林认为，"炒蛋论者"的思维方式是："既然我知道的是通向社会问题的最后解决的、唯一正确的道路，那么我就知道怎么来驾驶人类这辆大篷车；而且，为了到达目的地，既然你不懂我所知道的东西，你就不应该有选择的自由，哪怕是最低限度的也不行。你断定某一种政策会让你更幸福，更自由，或者给你呼吸的空间，但是我知道你是错误的，我知道你需要的是什么以及所有人需要的是什么；而且，如果遇到了因为无知或者因为恶意而做出的抵制，那就必须坚决打击，为了数亿人的永远幸福，成百上千人的毁灭也许是必须的。我们能有什么选择呢？谁会拥有知识，却又心甘情愿地把他们自己牺牲掉呢？"③ 这正是主宰两千年来人类思想的核心信念（一元论）的思维方式，也正是欧洲文艺复兴以来，启蒙运动和理性主义的思维方式。

在伯林看来，一元论是从柏拉图直至黑格尔和马克思的最后信徒所持的、在整个西方思想中存在的一种形而上学的幻想。这种信念认为，存在着最终的答案，而且在其中，人类的所有价值都能够相互和谐地融合为一个整体。对于这个答案，我们可能暂时一无所知，但是，在原则上这个答案肯定是存在的，而且，肯定有一种正确方法找到该答案。如果我们不知道这个答案，原因可能是：第一，我们太愚昧、太软弱、太无知；第二，我们被原罪压得抬不起头来。若问题确实存在，则答案就肯定存在。你我可能找不到它，但有朝一日，他人会发现它。若连亚当或天使都不知，就只有上帝才知道了。对于寻找答案的正确方法，我们可能不知道是什么，

① ［英］以赛亚·伯林：《扭曲的人性之材》，岳秀坤译，译林出版社 2009 年版，第18—19 页。

② Isaiah Berlin and Ramin Jahanbegloo, *Conversations with Isaiah Berlin*, p. 143.

③ ［英］以赛亚·伯林：《扭曲的人性之材》，岳秀坤译，译林出版社 2009 年版，第19 页。

但我们可以在《圣经》、革命、教堂、数学、实验室、舆论，或像卢梭所做的那样在普通农民或孩子的纯朴心灵中去寻找。①

　　伯林把马基雅维里视为突破西方一元论传统的第一人。马基雅维里深刻地指出，古罗马人的道德观与基督教的道德观不相容。他认为罗马共和国或早期执政者时期的罗马帝国可以恢复。要做到这一点，就需要有一个勇敢、机智、理智、有天赋的人的阶级以及受到充分保护的、爱国的、集中体现男子汉气概和异教徒美德的公民。但马基雅维里同时又提出了基督教德行的概念，即谦卑、接受苦难、出世、希望死后得救。尽管他希望复兴罗马共和，但他并不就此谴责基督教，而只是指出这两种道德是不相容的。他不承认任何我们可以用来决定正确生活的统一的标准。罗马的美德和基督教价值的统一对他来说是不可能的。因此一切问题只取决于意大利人自己的"选择"。马基雅维里只是指出不同的"选择"会有不同的结果。② 马基雅维里对"道德和宗教"的差异性和多元性的观点，在维柯那里发展为关于"文明"的差异性和多样性的观点。维柯以"人创造自己的历史"为理论出发点，强调不同的"文明"是由不同时代不同地区的人民自己创造的，每一种文化都有它自己的看法，而这些看法彼此之间不可通约，因此不可能有某种统一性及统一标准给各个文明进行排序。赫尔德则进一步提出了不同"民族文化"之间的差异性和多样性，认为每一民族文化都有它自己的重心及其自身的参照点，应当根据每个社会自身的内部标准来对该社会做出判断。他强调，不同文化之间为什么会彼此竞争是找不到理由的，而统一必然导致毁灭。这就好比世界是一个大花园，其中百花齐放，众树齐长，各有其道，各有其资格和权利。由此必然得出的结论就是：不同民族文化之间固然有很多共性，但并不存在什么普适的、唯一正确的答案。一个民族文化的独特价值就在于自家独有而别人没有的文化创造。因此，独特性才是至关重要的。

　　伯林指出，一元论以及对单一标准的信仰之所以能够盛行，是因为无

---

① Isaiah Berlin and Ramin Jahanbegloo, *Conversations with Isaiah Berlin*, p. 68.
② 同是思想史家，同是对马基雅维里著作的解读，但结果是伯林走向了价值多元论，而昆廷·斯金纳则走向了公民共和主义。其原因之一，恐怕与他们的研究领域（一个是哲学家和政治思想史家，另一个是历史学家）有一定关系；原因之二，也与他们的学术成熟期所处的历史背景（一个生活在意识形态激烈斗争的冷战时期，另一个则生活在新自由主义走向衰落、社群主义兴起时期）以及他们本人的政治倾向有一定的关系。

论是从理智上还是从情感上来讲，它们都是使人获得最深刻的满足感的东西。然而，"不管判断的标准，是……来自于对完美的未来的某种先见之明，还是……扎根于过去，它都注定要遭遇人类的某种无法预见也不可预见的发展，如果这种标准太僵化，它便不可能适应这种发展；进而……为把现实的人类社会强行纳入某种固定的模式辩护，这种模式出自于我们对多半是想像性的过去或全然是想像性的未来的那种易错的理解"①。伯林的结论是："以人类的生命为代价来保持我们的绝对的范畴与理想，同样违反科学与历史的原则；它是一种可以同等地在我们时代的左右翼中发现的态度，是与那些尊重事实的人所接受的原则无法相容的。"② 因此，伯林致力于倡导多元主义。在他看来，多元主义 "更真实也更人道。它是更真实的，因为它至少承认这个事实：人类的目标是多样的，它们并不都是可以公度的，而且它们相互间往往处于永久的敌对状态"③。既然道德、政治问题或任何有关价值观的问题都不可能只有一个最终答案，则生活中就必须为那些可能出现的不同标准留有余地。若人们想免于毁灭性的冲突，就必须互相妥协。因此，最低限度的容忍不可少。④

　　总之，在有关人类终极价值的问题上，伯林说："我们不可能拥有一切，这是个必然的而不是偶然的真理。"⑤ 他的意思是，完美世界、所有美好事物都可以圆满实现的观念不仅是一种乌托邦，而且总是自相矛盾的。人类多样性的目标并非都能相容，因此也就无法排除冲突的可能。于是，人类就存在一种价值选择的必要性。然而，任何一种选择都会导致一些损失，这是无奈之举，也是一种无法圆满的圆满。伯林说，在已趋没落的西方资本主义文明中，能够自由地选择目的而不主张目的永远正确的理想，以及与此相关的价值多元主义，或许只是一种晚近的果实，又或许永远也不会为人类所理解，但也不必悲观。原则不是神圣的，因为它们的有效期限是不能保证的。⑥ 从本质上看，伯林的价值多元论既是一种价值中

---

① 〔英〕以赛亚·伯林：《自由论》，胡传胜译，译林出版社 2003 年版，第 244 页。

② 同上。

③ 同上书，第 244—245 页。

④ Isaiah Berlin and Ramin Jahanbegloo, *Conversations with Isaiah Berlin*, p. 44.

⑤ 〔英〕以赛亚·伯林：《自由论》，胡传胜译，译林出版社 2003 年版，第 243 页。

⑥ 同上书，第 245 页。

立论，因为它在多元的幌子下取消了价值的判断；同时，它又是一种价值一元论，因为它始终将个人主义的价值观摆在首位。

　　伯林在其自由理论的中心论题之下，从两个角度进一步论证了自己的观点。其一，他批驳了形形色色的决定论，主张选择论。在这个问题上，伯林的失误主要在于把机械决定论等同于一切决定论形式。其二，伯林提出了著名的"两种自由概念"，即消极自由和积极自由。这两部分内容本书在后面都有专章进行论述，这里先简单地指出在研究这两种自由概念时，我们应该注意和考虑的问题。

　　首先，关于两种自由概念的翻译问题。遍观国内有关学术刊物、专著及译著，我们发现，在两种自由概念的翻译上存在着不统一的混乱现象。这种情况会使人以为它们是指不同的"自由"。具体来讲，主要有以下几种翻译方式：消极自由和积极自由；正面自由和反面自由；肯定的自由和否定的自由；甚至还有参与的自由和拒绝的自由。就笔者目前掌握的资料来看，只有吴玉章和邓正来两人提到了关于两种自由概念的翻译问题。吴玉章认为，消极自由的译法似乎不太准确，因为根据伯林的意思，这种自由一点也不消极。与积极自由相比，它甚至可以说是更为终极性的价值，而且伯林把它看作是自由主义的精华。因此，吴玉章主张把这两种自由译为肯定的自由和否定的自由。他接着又说：若再进一步，还可以翻译为参与的自由和拒绝的自由。[①] 邓正来也基本持此观点，他主张译为消极性自由与积极性自由。[②] 这样的混乱情况完全是由于 Positive 与 Negative 这两个词的多义引起的。当然，这与译者的理解也是直接相关的。我们认为，这两种自由还是以消极自由和积极自由的译法为好。第一，学术界大多数人现在都已采用这种译法。第二，这种译法非常准确地道出了这两种自由的要旨之所在："积极"者，进取也；"消极"者，防范也。从"积极自由"的含义来看，这种自由是指一种以要做自己主人为要旨的自由，这种自由的确有一种"积极"的意味；而从"消极自由"的意义来看，这种自由是指免于强制的自由，其重点在于防范外界的侵犯，于是这种自由

---

　　① 吴玉章：《论自由主义权利观》，中国人民公安大学出版社 1997 年版，第 84 页。
　　② ［英］F. A. 哈耶克：《自由秩序原理》上册，邓正来译，生活·读书·新知三联书店 1997 年版，第 14 页，脚注。

就有了一种消极的意味。因此，我们不赞成以伯林是否把消极自由当作自由主义的精华来作为判断这种自由有无消极之意的标准。

其次，我们要清醒地认识到，伯林之所以提出这两种自由概念是有其政治意图的。伯林的两种自由概念受到了贡斯当在 1819 年发表的演说《古代人的自由与现代人的自由之比较》的巨大影响。伯林认为贡斯当的这篇演说是讨论这两种自由的最好的作品。[①] 如果说在贡斯当那里，使"非雅各宾主义的自由思想"重新获得思想的尊严的意图很明显的话，那么在伯林这里，以自由主义的消极自由去反对共产主义的积极自由的意图同样是明显的。伯林自己后来在回忆起 20 世纪 50 年代时的政治气氛时重申，他的《两种自由概念》不是"中性的概念性分析的一次演练，而是一种坚决的、反马克思主义的政治信息"，其目的是要揭破"斯大林主义和共产主义行话"中所持有的"关于真正的自由的那些空谈"[②]。这与哈耶克发表《通往奴役之路》以及波普尔发表《开放社会及其敌人》和《历史主义贫困论》的初衷如出一辙。

最后，我们在研究伯林的自由概念时，不能仅仅局限于《两种自由概念》一文，而应当注意从他一生的有关论述来系统地进行分析和批判，要避免以偏概全。实际上，伯林对自由概念的理解是有一个过程的。

第二节　伯林的自由理论研究现状

伯林思想研究的首要资料是伯林本人的著作。作为伯林著作的编辑和版权遗嘱的执行人之一，亨利·哈代（Henry Hardy）编写了有关伯林著作的详细目录。[③] 曾经有人批评伯林说，他从来没有写出过一部有权威性

---

① Isaiah Berlin and Ramin Jahanbegloo, *Conversations with Isaiah Berlin*, p. 42.

② 转引自萨尔沃·马斯泰罗内主编《当代欧洲政治思想，1945—1989》，黄华光译，社会科学文献出版社 1998 年版，第 92 页。

③ 载于以下两本书的附录中：《反潮流：观念史论文集》，冯克利译，译林出版社 2002 年版；Alan Ryan, ed., *The Idea of Freedom: Essays in Honour of Isaiah Berlin*, Oxford: Oxford University Press, 1979. 其中，前者在 1979 年第一次出版时，只记录了伯林在 1980 年以前的著作情况，而在 2001 年再次出版时这个书目得到了更新。时时更新的书目情况可以通过英国牛津大学沃尔夫森学院的网站查找到，其网址为：http://www.wolfson.ox.ac.uk/。在这里不仅可以看到伯林本人的著作目录，还可以找到研究伯林思想的有关文献的目录情况。

的大部头作品①，还有人认为他只不过是一个"沙龙学者"②。从某种意义上说，事实的确如此。在哈代出现以前，伯林唯一的"大部头作品"是1939年出版的《卡尔·马克思：他的生平与环境》一书。1956年，伯林编著出版了一本资料选注，即《启蒙的时代：十八世纪哲学家》。1969年与1976年，伯林分别编订出版了《自由四论》与《维科与赫尔德：观念史研究二题》这两本书。除此以外，伯林已经发表的文章分散在数十部纪念文集、专题论丛、学术期刊、小册子和结集出版的讲座稿中。正是由于哈代重新编辑并出版了伯林已经发表的著作，这才使伯林的公众形象得以大为改观。③ 1988年末，哈代发现了伯林尚未发表的演说稿和文章约有一百多万字，外加数百万封信件。于是，他在沃尔夫森学院建立了伯林档案，并且负责将之尽数出版。④ 目前，经哈代整理并出版的伯林著作有：《俄国思想家》（1978）、《概念与范畴：哲学论文集》（1978）、《反潮流：观念史论文集》（1979）、《个人印象》（1980）、《扭曲的人性之材》（1990）、《北方的巫师：哈曼与现代非理性主义的起源》（1993）、《现实感：观念及其历史研究》（1996）、《人类专门研究文选》（1997）、《浪漫主义的根源》（1999）、《最初的与最后的》（1999）、《观念的力量》（2000）、《启蒙运动的三个批评家：维柯、哈曼、赫尔德》（2000）、《自由及其背叛》（2002）、《自由论》（由《自由四论》扩充而来，2002）、《苏联的心灵：共产主义时代的俄国文化》（2004）与《以赛亚·伯林书信集·卷1，飞扬年华：1928—1946》。目前，伯林的著作还在被不断地发掘与整理之中。

一　国外研究现状

国外学者研究伯林思想的成果很多。首先，就专著来看，主要有以下四本：罗伯特·科西斯的《以赛亚·伯林的政治哲学评价》、C. J. 加利波的《以赛亚·伯林的自由主义》、约翰·格雷的《伯林》、乔治·克劳德

---

① ［加拿大］伊格纳季耶夫：《伯林传》，罗妍莉译，译林出版社2001年版，第375页。
② 同上书，第383页。
③ 同上书，第380—384页。
④ 同上书，第383—384页。

的《以赛亚·伯林：自由与多元主义》。[1]

　　其次，就文集来看，主要有以下三本：第一本文集是献给他的七十岁生日，由亨利·哈代倡议、艾伦·莱恩编辑，这本书奠定了他作为自由主义哲学家的中心地位；第二本文集则是献给他的八十岁寿诞，由阿维沙伊和埃德娜·马加利特编辑，探讨了他关于道德多元论哲学的著作；第三本文集是在伯林去世一年后的 1998 年秋，由纽约人文研究院组织的一场关于伯林思想遗产的研讨会之后结集出版的，它由里拉、德沃金和西尔维斯编辑。[2]

　　最后，就论文来看，有两种情况：第一种，研究者在自己的专著或论文中就某个主题而写伯林，比如，约翰·格雷所著的《后自由主义：政治思想研究》中的"伯林的竞争的自由主义"；萨尔沃·马斯泰罗内所编的《当代欧洲政治思想，1945—1989》中的"伯林：个人与政府"；昆廷·斯金纳在罗蒂等人所编《历史哲学》中的"消极自由观的哲学与历史透视"等。[3] 第二种，研究者以论文形式探讨伯林某一方面的思想。对此，伊安·哈里斯在 2002 年由牛津大学出版社出版的《自由论》一书中有较为详细的书目提要。他根据学者们讨论伯林思想的不同内容和角度来分类说明有关的成果情况。它可以说是目前可以看到的有关国外伯林思想研究状况的比较详尽的资料。具

----

[1]　Robert Kocis, *A Critical Appraisal of Sir Isaiah Berlin's Political Philosophy*, Lewiston, NY: Edwin Mellen Press, 1989; Claude J. Galipeau, *Isaiah Berlin's Liberalism*, Oxford: Clarendon Press, 1994; 约翰·格雷:《伯林》, 马俊峰等译, 昆仑出版社 1999 年版; George Crowder, *Isaiah Berlin: Liberty and Pluralism*, Cambridge, UK; Malden, USA: Polity Press, 2004。

[2]　Alan Ryan, ed., *The Idea of Freedom: Essays in Honour of Isaiah Berlin*, Oxford: Oxford University Press, 1979; Edna and Avishai Margalit, eds., *Isaiah Berlin: A Celebration*, London: The Hogarth Press, 1991; 里拉、德沃金、西尔维斯:《以赛亚·伯林的遗产》, 刘擎、殷莹译, 新星出版社 2006 年版。其中, 前两本文集是由伯林的学生、朋友和崇拜者们为他出的纪念文集, 而第三本文集中不仅包括了与会学者们所提交的论文, 而且还收入了他们之间当时现场交流讨论情况的文本记录, 这些探索与讨论显示了伯林思想在当今社会与政治辩论中依然持续存在的活力和相关性。

[3]　John Gray, *Post—Liberalism: Studies in Political Thought*, London: Routledge, 1993; Quentin Skinner, "The Idea of Negative Liberty: Philosophical and Historical Perspectives", *Philosophy in History: Essays in the Historiography of Philosophy*, eds; Richard Rorty, B. Schneewind and Quentin Skinner, Cambridge: Cambridge University Press, 1984; 萨尔沃·马斯泰罗内主编:《当代欧洲政治思想, 1945—1989》, 黄华光译, 社会科学文献出版社 1998 年版。

体来说，哈里斯从以下几方面提供了有关信息：第一，有关伯林《历史的不可避免性》一文的研究成果；第二，有关伯林《两种自由概念》一文的研究成果；第三，有关伯林价值多元论思想的研究成果；第四，有关伯林民族主义思想的研究成果；第五，有关伯林智识史思想的研究成果；第六，有关伯林思想的广泛性讨论的研究成果。总之，对于研究伯林思想的人来说，这篇文章是不可不读的参考资料。当然，正如哈里斯本人所讲的那样，这篇书目提要只评论了研究伯林思想的一小部分文献。有关伯林研究的详细文献情况可以在英国牛津大学沃尔夫森学院定期更新的"以赛亚·伯林作品托管会"的网站中找到，其中也包括了全部的二手文献。不过，在这里，它们是按照文献作者名字的字母顺序来排列的。

二　国内研究现状

我国学术界的伯林思想研究状况，可以 2002 年为界划分为前后两个阶段：在前一阶段，处于"敲门探洞状态"①；在后一阶段，开始向纵深发展。我们之所以要以 2002 年为标准来划分，其依据是伯林著作的中译情况、有关论文的发表情况及专著的出版情况等，在这两个阶段无论是在质上还是在量上都有着明显的差异。

首先是伯林著作的翻译情况。在 2002 年以前，台湾学者翻译了四本伯林的著作。② 同一时期的中国大陆，除了在 2001 年由译林出版社重印出版了以上四本译作之一——由彭淮栋所译的《俄国思想家》一书外，唯一一本被中国大陆学者翻译过来的伯林著作是《启蒙的时代：十

---

① 2002 年 6 月 9 日在我的博士毕业论文答辩会上，来自江苏省委党校的评委周毅之教授就是这样评论当时国内的伯林研究现状的。他当时是这样说的："目前西方自由主义研究处于拉锯状态，中国在这个问题上是敲门探洞状态。今后一段时期，像伯林这样一些人物将可能成为比较热门的话题，与国内的政治气候、经济发展都有密切关系。"事实证明了他的判断是非常准确的。

② 《俄国思想家》，彭淮栋译，台湾联经出版事业公司 1987 年版；《自由四论》，陈晓林译，台湾联经出版事业公司 1988 年版；《卡尔·马克思：他的生平与环境》，中译本又名《马克思传》，赵干城、鲍世奋译，台湾时报文化出版企业有限公司 1990 年版；《以撒·伯林对话录——思想的瀚海》，杨孝明译，台北正中书局 1994 年版。

八世纪哲学家》。① 除此之外，大陆方面翻译过来的就只是伯林著作的零星片段了。② 以上情况从 2002 年起发生了很大改观。译林出版社得到了在中国大陆发行伯林著作中译本的授权后，这些年来已经陆续出版了 10 本伯林著作的中译本。③

其次是有关研究文集的出版情况。国内学界部分学者编译了几本相

① 伯林：《启蒙的时代：十八世纪哲学家》，孙尚扬、杨深译，光明日报出版社 1989 年版。这是一本对 18 世纪哲学家的评注。该书广泛摘选了洛克、伏尔泰、贝克莱、休谟等人的重要著作，并以富于洞察力的导言和评论阐释了这些哲学家的思想、所处的时代及其核心概念，揭示了他们在 18 世纪和今日的意义。

② 《决定论、相对主义和历史的判断》，陈荣生译，载《现代西方历史哲学译文集》，上海译文出版社 1984 年版；《政治理论还存在吗？》，周琪译，载《现代政治思想——关于领域、价值和趋向的问题》，詹姆斯·A. 古尔德、文森特·V. 瑟斯比编，商务印书馆 1985 年版；《哲学引论——与艾赛亚·伯林的对话》，周穗明、翁寒松译，载布莱恩·麦基编《思想家——当代哲学的创造者们》，生活·读书·新知三联书店 1987 年版；《两种自由概念》，陈晓林译，载《公共论丛》第一、二辑，生活·读书·新知三联书店 1996 年版；《伟大的外行》，钱文忠译、《哲学与人生——以赛亚·伯林访谈录》，杨孝明译、《两种民族主义概念——以赛亚·伯林访谈录》，陆建德译，以上三篇文章均载于《万象译事》（卷一），辽宁教育出版社 1998 年版；《论追求理想》，玲玲译，《哲学译丛》1998 年第 3 期；《马基雅维里的原创性》，冯克利译、《穆勒与人生的目的》，陈晓林译、《刺猬与狐狸》，彭淮栋译，以上三篇文章均载于《学术思想评论》第四辑，辽宁大学出版社 1998 年版；《民族精神再兴——论民族主义之善与恶（与伯林对谈）》、《伯林与自由民族主义思想》、《当代俄罗斯的政治自由主义》，以上三篇文章以"悼念以塞亚·伯林逝世"为专题，均载《公共论丛》第五辑，生活·读书·新知三联书店 1998 年版；《民族主义——过去对它的忽视以及它现在的力量》，观澜译、《现实感》，冯克利译，以上两篇文章均载于《学术思想评论》第五辑，辽宁大学出版社 1999 年版；《乌里茨基之死》，郑乐平译，《书城》1999 年第 1 期；《我的思想道路》，郑乐平译，《书城》1999 年第 1—6 期；《浪漫主义革命——现代思想史的一个危机》，宋念申译、《威尔第的"素朴"》，王琛译，以上两篇文章均载于《消极自由有什么错》，文化艺术出版社 2001 年版，等等。

③ 《反潮流：观念史论文集》，冯克利译，2002 年版；《伯林谈话录》，杨祯钦译，2002 年版；《自由论》，胡传胜译，2003 年版；《自由及其背叛》，赵国新译，2005 年版；《启蒙的时代：十八世纪哲学家》，孙尚扬、杨深，2005 年版；《现实感：观念及其历史研究》，潘荣荣、林茂译，2004 年版；《扭曲的人性之材》，岳秀坤译，2009 年版；《苏联的心灵——共产主义时代的俄国文化》，潘永强、刘北成译，2010 年版；《浪漫主义的根源》，吕梁等译，2011 年版；《以赛亚·伯林书信集·卷 1，飞扬年华——1928—1946》，陈小慰、叶长缨译，2012 年版。其中，《俄国思想家》与《启蒙的时代：十八世纪哲学家》两书为重印。

关的研究文集①，这项工作对于伯林思想研究的深入开展无疑起到了一定的促进作用。其中，《消极自由有什么错》一书主要分三部分，第一部分是伯林对浪漫主义的探讨；第二部分是当代重要的理论家对伯林的两种自由概念的讨论；第三部分着力于伯林的生活和生平。《第三种自由》一书的编者在该书封底的"内容提要"中指出，西方政治哲学过去三十余年的发展基本上是在消极自由与积极自由二分法的理论框架之中展开的，同时也出现了超越自由二分法的种种尝试。因此，该书以编者对自由概念、形而上学的自由概念与政治哲学的自由概念之关系的认识为指导，组织、编选了其中十五篇具有代表性的文献，首次译成中文发表。《后伯林的自由观》一书的编者在"编选说明"中指出："以赛亚·伯林在战后自由主义政治哲学的复兴和重构中发挥了举足轻重的作用，……伯林的工作为自由主义者调和政治现代性内部自由的价值和平等的价值设置了更高的智识要求。……具体来说，无论是对消极自由的深入规定，还是对积极自由的正面辩护；无论是对自由和平等之关系的重新理解，还是对自由之度量的全新探索，都已经深入到自由概念的各个维度，从根本上推进了既有的理论水准。毫无疑问，这场讨论已经极大地深化了人们对自由主义的理论基础和价值理想的认识，对于曾经而且相当程度上依然被自由和平等的抽象对立所撕裂的中文智识界当深具启迪。"② 为此，该书编选了 19 篇文章。

再次是有关研究论文的发表情况。在 2002 年以前，中国学术界研究伯林思想的学术论文比较少。大陆方面最早提到伯林思想的是甘阳于1989 年在《读书》杂志第 6 期上所发表的《自由的敌人：真善美统一说》一文。在这篇文章中，作者主要分析了伯林的价值多元论与价值一元论之间的分歧。国内伯林思想研究的第一个高潮出现在 1997 年 11 月伯林逝世以后。当时，《读书》与《南方周末》等报刊相继发表了一些有关

---

① 达巍、王琛、宋念申编：《消极自由有什么错》，文化艺术出版社 2001 年版；应奇、刘训练编：《第三种自由》，东方出版社 2006 年版；刘训练编：《后伯林的自由观》，江苏人民出版社 2007 年版，等等。

② 刘训练编：《后伯林的自由观》，江苏人民出版社 2007 年版，"选编说明"第 1—2 页。

伯林思想研究的文章。① 此外，张文显、吴玉章与石元康在他们的专著中以独立的章节研究了伯林的两种自由概念；陆象淦在其专著中用马克思主义的观点分析和批判了伯林的反历史决定论立场。② 从 2002 年开始，伴随着大量伯林著作中译本的出版，国内的伯林思想研究出现了第二个高潮，有关的学术研究论文如雨后春笋般地发表。与此同时，国内高校研究伯林思想的硕士学位论文和博士学位论文也不断出现。③ 这些情况的出现标志着国内的伯林思想研究正在不断地走向深入。

最后是专著的出版情况。目前只有三本，即由胡传胜博士所著的《自由的幻像——伯林思想研究》、《观念的力量：与伯林对话》以及李石博士所著的《积极自由的悖论》。④ 胡博士在《自由的幻像——伯林思想研究》一书中阐述了这样一种观点：在英美现代自由主义向当代自由主义的转变过程中，伯林起到了承上启下的关键性作用；在《观念的力量：与伯林对话》一书中，胡博士借对中国近代启蒙观念的梳理，表达了他

---

① 钱永祥：《纪念伯林之死》、陈少明：《作为狐狸的刺猬——伯林思想性格的启示》、朱学勤：《伯林去矣》，以上三篇均载于《南方周末》1997 年 11 月 28 日第 16 版；郝立新：《伊赛尔·伯林与当代西方政治哲学》，《哲学动态》1998 年第 1 期；甘阳：《伯林与"后自由主义"》，《读书》1998 年第 4 期；李欧梵：《伯林——狐狸型的思想家》，《书城》1999 年第 1 期；钱永祥：《"我总是活在表层上"》，《读书》1999 年第 4 期；张汝伦：《伯林和乌托邦》，《读书》1999 年第 7 期；应奇：《两种自由的分与合——一个观念史的考察》，《哲学研究》1999 年第 11 期；李明华：《多元化的自由理想及其实现》，《天津社会科学》2000 年第 1 期；俞吾金：《自由概念两题议》，《开放时代》2000 年第 7 期；马德普：《价值多元论与普遍主义的困境——伯林的自由思想对自由主义政治哲学的挑战》，《天津师范大学学报》2001 年第 6 期，等等。

② 张文显：《第十六章 自由、平等与法律》，载《二十世纪西方法哲学思潮研究》，法律出版社 1996 年版；吴玉章：《伯林论自由》，载《论自由主义权利观》，中国人民公安大学出版社 1997 年版；石元康：《柏林论自由》，载《当代西方自由主义理论》，上海三联书店 2000 年版；陆象淦：《第四章 决定论与历史的意义》，载《现代历史科学》，重庆出版社 1991 年版。

③ 陈玮：《伯林政治哲学述评——以两种自由概念为核心》，硕士学位论文，中国人民大学，2001 年；李岳：《超越单一理性 倡导多元价值——伯林价值多元论述评》，硕士学位论文，北京师范大学，2003 年；谷疆：《从一元到多元——由以撒亚·伯林的俄罗斯思想探究其多元价值观意涵》，硕士学位论文，中山大学，2003 年；蒋柳萍：《多元主义与自由——伯林的自由主义思想研究》，博士学位论文，复旦大学，2005 年；曹文宏：《伯林自由主义政治思想研究》，博士学位论文，苏州大学，2008 年，等等。

④ 胡传胜：《自由的幻像——伯林思想研究》，南京大学出版社 2001 年版；胡传胜：《观念的力量：与伯林对话》，四川人民出版社 2002 年版；李石：《积极自由的悖论》，商务印书馆 2011 年版。

在公共理论方面的思考，并试图对 20 世纪 90 年代以来的思想界做出某种回应。李博士在其著作中，深入分析了伯林所谓积极自由理论的两个悖论（幸福的奴隶悖论与强迫他人自由悖论），并且回答了为什么积极自由理论所要求的行为者做自己真正想做的事，并不会陷入伯林所说的两个悖论中。

第二章 伯林的历史观

在 20 世纪上半叶，伯林并非反对历史决定论的第一人。在他之前就有大名鼎鼎的卡尔·波普尔。波普尔的《历史主义贫困论》一书的初稿早在 1935 年就已经形成了。1936 年他以此为题宣读了两篇论文：第一篇是在布鲁塞尔的一个哲学讨论会上，第二篇是在伦敦由哈耶克所主持的一个讲习班上。1944 年，这篇稿子分两期刊登在由哈耶克任主编的《经济学》杂志上，但一直到 1957 年它才以专著的形式正式出版。1945 年它的姊妹篇《开放社会及其敌人》出版。后者的第一卷"柏拉图的符咒"是对前者第十节"本质论"部分的发挥。波普尔说，这两本书"是我为战争而作的努力。我认为自由又可能成为一个中心问题，尤其是在历史决定论的影响重新复活和大规模'规划'（或'统制主义'）的思想之下；因而这些书意味着反对极权主义的和独裁主义的思想以保卫自由，以及作为防止迷信历史决定论的危险的警告。这两本书……可以说是关于政治哲学的书"①。在此之后，伯林于 1949 年才发表了《二十世纪的政治观念》一文，而《历史的不可避免性》一文则是在 1953 年才发表。波普尔写作和发表《历史主义贫困论》的初衷是反对马克思主义以及周密地证明"历史决定论"如何激励法西斯主义。② 对于伯林来

---

① ［英］卡尔·波普尔：《无尽的探索——卡尔·波普尔自传》，邱仁宗译，江苏人民出版社 2000 年版，第 120—121 页。

② 同上书，第 119 页。

说，情况也是如此。英国历史学家爱德华·H. 卡尔①也曾经指出，波普尔的以上两本书是在反黑格尔和反对一种相当肤浅的马克思主义的强烈情绪影响下写成的，其主要的攻击目标是所谓黑格尔和马克思的历史宿命论哲学。在卡尔看来，"历史主义"一词在波普尔那儿已经带有侮辱性，他的这两本著作使该词不再具有确切含义；他把这个词"当作一个杂物箱来使用，盛上他不喜欢的任何关于历史的意见，其中包括一些在我看来是很健全正确的意见，也包括一些据我猜想今天真正的作家不再持有的意见"②。对于伯林的《历史的不可避免性》一文，卡尔的评价也不高。他认为，与波普尔不同的是，伯林放弃了对柏拉图的攻击，增加了一种新的论证，即黑格尔和马克思的"历史主义"之所以要遭到反对是因为通过原因来解释人的行动，便意味着否定了人的自由意志，从而怂恿历史学家逃避对拿破仑、斯大林等历史人物进行道德谴责的义务。除此之外，该文既没有多少改变，又没有什么新的东西。卡尔不无讽刺地说，伯林即便是在说一些荒谬的话的时候，也说得动人而有吸引力，所以能够使人着迷。③ 无论是波普尔、伯林还是哈耶克等，这些西方学者们都有一个共同之处：他们都是戴着鲜明的意识形态的有色眼镜来讨论所谓的历史必然性问题。他们无一例外地把集体主义、社会主义、极权主义和法西斯主义混为一谈，认为它们有着同样的思想基础。他们也都是把马克思主义作为论战和批判的主要对象。他们否定历史决定论，归根到底就是要否定马克思主义关于人类社会发展规律的学说。这是我们在研究和分析伯林思想时应该充分意识到的问题。

---

① 在决定论问题上，与伯林争论最多、持续时间最久的非卡尔莫属。1961 年 1 月至 3 月间，卡尔在剑桥大学特里维廉系列讲座中，作了《历史是什么?》的讲演，其中有一部分内容是专门针对伯林的《历史的不可避免性》一文。卡尔的演说受到了公众的高度关注，在英国 BBC 电台作了重播，并在 BBC 电台主办的《听众》杂志上进行了每周连载，最后还被整理编入了极富影响力的教科书《历史是什么?》当中。同年 4 月至 6 月间，卡尔与伯林两人在《听众》上展开了公开的辩论。此外，两人还通过私人通信来阐述自己的观点。1969 年，伯林在《自由四论》一书的《导论》中总结了两人之间的争论。

② ［英］爱德华·H. 卡尔：《历史是什么?》，吴柱存译，商务印书馆 1981 年版，第 98 页，脚注②。

③ 同上书，第 99—100 页。

第一节　历史决定论概况

一　历史决定论的含义及其历史形态①

历史决定论不仅是马克思主义唯物史观的一个极其重要的理论内涵，而且也是当代西方哲学、自然科学哲学以及社会实践所普遍关注的热点问题之一。然而，对于历史决定论的内涵，学界却莫衷一是。② 我们知道，决定论是关于事物因果性、必然性和规律性的哲学理论，它在哲学理论体系中占有重要的地位。因此，自然决定论就是以自然事物和现象的因果性、必然性和规律性为研究对象的哲学理论；而历史决定论则是考察人类社会历史中历史规律与人的活动之间辩证关系的哲学理论。也就是说，历史决定论的内涵和观点虽然庞杂，但其最关键的内容是如何看待历史规律、能否预测历史进程。所以，历史决定论的基本含义就是承认历史运动具有内在的规律性，以及肯定人们能够在认识这种规律的基础上对社会历史做出预言。

对于决定论的含义，伯林并没有明确地说过。但我们从他把决定论与人的自由意志及选择论绝对地对立起来这一点上，完全可以判断出他是如何给决定论下定义的。伯林说："一方面断言所有事件的存在状态总体上都由其他事件决定……而另一方面又断言人至少能在两种可能的行动路线间做出自由选择……这两种断言在我看来明显是自相矛盾的。如果主张每一个意志行为或选择都完全由它的相应的前件决定，那么在我看来，这种信念仍然与普通人和哲学家在他们不是有意识地为一种决定论做辩护时所持有的选择观念不相容。"③ 很明显，在伯林看来，所谓决定论就是指严格的、机械的决定论。我们在后文还可以进一步地看到，伯林就是以严格

① 本书不准备就此问题展开详细的讨论和论证，因为那样会使本章内容过于冗长，从而影响对伯林有关思想的研究，所以，笔者只是简单地提出自己对历史决定论的含义及其历史形态的观点。

② 沈耕：《历史决定论与选择论讨论会概述》，《哲学动态》1988 年第 9 期；孙飞行、邓荣庭：《历史决定论研究争论述要》，《争鸣》1992 年第 2 期；张廷国：《历史决定论讨论综述》，《社会科学战线》1994 年第 4 期。

③ ［英］以赛亚·伯林：《自由论》，胡传胜译，译林出版社 2003 年版，第 5—6 页。

的、机械的决定论来指称一切形式的决定论的。

对于历史决定论历史形态的划分方法，学界观点纷呈，多达七八种。① 在这些划分方法中，有的是根据所属哲学的基本性质，把历史决定论划分为两个基本类型：唯心主义的历史决定论和唯物主义的历史决定论；有的是从人、自然与人类社会的关系角度来划分的，把历史决定论分为三种基本类型：自然决定论、精神决定论和基于实践的辩证的自我决定论或实践决定论；还有的是根据历史决定论的辩证性程度，把历史决定论划分为机械的历史决定论和辩证的历史决定论，等等。这些划分方法，当然都有它们的可取之处，但同样也有其不足。有的是过于简单，如上面第一种；有的是概括不全面，如上面后两种划分法，它们至少都没有提到中世纪的神学决定论。

对于历史决定论历史形态的划分问题，如果我们从它的广义角度及历史发展进程的角度出发，将其判断依据定为社会历史发展中是否具有决定性因素的话，笔者认为这样来划分是比较全面的：古代朴素决定论、中世纪神学决定论、近代机械决定论、德国古典理性决定论与马克思主义辩证决定论。②

古希腊罗马的朴素决定论奠定了西方决定论史的开端。由于历史条件的局限性，古希腊哲学家还不能把自然与社会区分开来。他们对决定论问题的研究主要体现在自然领域，"始基"问题就是他们对所面临的世界的因果性问题的一种探索和解答，而因果观念正是决定论的核心内容。但是，如同他们的朴素唯物论与朴素辩证法一样，他们的决定论思想也具有直观性、猜测性和辩证性的特征。

欧洲中世纪，基督教神学目的论的历史决定论把社会历史中的因果性联系归结为隐藏在冥冥之中的上帝、天命或天意预先安排的结果，历史的过程和结局完全由这种神秘的东西来决定。无论是奥古斯丁的上帝意志决定论，还是阿奎那的上帝理性决定论，其实质均是如此。于是，历史的必然性问题就首次被提出来了。这种观点虽然在表面上主张神或上帝是一切

---

① 张廷国：《历史决定论讨论综述》；孙飞行、邓荣庭：《历史决定论研究争论述要》；商逾：《自然决定论历史演进的深层逻辑》，《东岳论丛》1995 年第 3 期；商逾：《马克思历史决定论及其历史命运》，山东大学出版社 2003 年版，第 2—20、207—239 页。

② 商逾：《自然决定论历史演进的深层逻辑》，《东岳论丛》1995 年第 3 期。

事物的原因，但实际它却从根本上否定了事物有其自身的因果性和规律，且泯灭了人的自由意志。因此，从本质上看，它属于唯心论的历史决定论，是一种非决定论。

严格意义上的决定论思想是近代自然科学发展的产物。从哥白尼提出"日心说"开始，到以牛顿集大成的经典力学为终的近代科学，摧毁了中世纪的"神创论"，为人们描绘了一幅受力学规律制约的秩序井然的世界图景。近代科学认为，严格确定的、必然的因果关系是客观规律的唯一形式。在这种因果序列中，每一环节都被上一环节单义地决定，并引起下一环节的产生；物质及其机械运动成为决定性的因素，拉普拉斯的动力学决定论被简单地从自然界直接推广和运用于社会历史领域，即物理客体被外力、生命有机体被一定的、不变的外部环境所严格地决定。这反映在认识论上就是主体完全被客体所决定。因此，近代机械的历史决定论虽然坚持了社会历史存在客观规律这一正确原则，但它对社会规律的理解却十分死板、机械，把它们都看作是严格的必然性，否定了偶然性的存在，从而割裂了必然性与偶然性之间的辩证关系，并最终导致了对人的自由的彻底否定，因为人也成了机器。霍尔巴赫就主张，人的自由纯粹是一种幻想，因为"人在他生存的每一瞬间，都是在必然性掌握之中的一个被动的工具"[1]。总之，18 世纪法国的启蒙学者和唯物主义者强调人类历史自身如同自然事物一样，受不变的规律支配。正如伯林所说："这些法国哲学家相信，存在着一切时代一切地方的所有人都秉持的普适的、永恒的、毋庸置疑的真理，而差异完全可归罪于失误或幻想，因为真理是唯一的和普适的。"[2] 与近代机械的历史决定论者的观点相反，"历史哲学之父"维柯则在其《新科学》一书中，提出了一些具有划时代意义的、类似于唯物史观的观点：人类世界是由人类自己创造出来的；人类历史是由低向高、螺旋式向前发展的；人类社会存在阶级斗争等。[3] 他是从历史规律与人的活动及其目的、历史发展中的普遍性与特殊性的关系来探讨历史决定论问题的。因此，我们可以说，从维柯肯定"人是历史的创造者"开始，人类

---

[1]　［法］霍尔巴赫：《自然的体系》上卷，管士滨译，商务印书馆 1964 年版，第 71 页。

[2]　Isaiah Berlin, "My Intellectual Path", *The Power of Ideas*, ed. Henry Hardy, Princeton：Princeton University Press, 2000, p. 8.

[3]　刘明贤：《维柯与马克思》，《湖南社会科学》2000 年第 5 期。

社会历史发展中的必然性和个人的自由意志之间的矛盾就凸显出来了。后来，康德的学生赫尔德继续在历史哲学领域里进行探索，最终成为启蒙运动之后兴起的浪漫主义思潮及历史主义原则的创始人之一。"赫尔德论证了每种文化都拥有它自己的'重心'及其自身的参照点；不同文化之间为什么竞争是找不到理由的——因而必须要有普遍的宽容——而统一必然导致毁灭。……不管人们有多少共同点——当然人类必然存在某种程度的共同本性——并不存在什么普适的、对此一种文化与对彼一种文化都同样有效的正确答案。"① 维柯与赫尔德的观点使伯林从一元论的思维中惊醒，最终促使他走向了价值多元论。

德国古典哲学家主张理性的历史决定论。从康德、费希特、谢林再到黑格尔，都把理性看成是历史的基础和前提，把历史规律归结为理性规律。特别是黑格尔，他把自维柯以来的历史决定论观念进行了系统化和神秘化。黑格尔认为，世界历史是理性的展开，而理性用来统治世界历史的手段就是人的意志和活动。也就是说，在黑格尔那里，理性与追逐利益的热情共同成为世界历史发展的原动力。但这二者的地位是不平等的。理性是世界历史的实体、目的，决定着历史发展的内容和方向；而热情是历史发展的现实动力，是理性借以实现自己的工具和手段。理性在世界历史的发展中始终保持其同一性，而热情则是特殊的、变化不定的。这样，黑格尔就说明了历史发展的必然性与历史中活动的人的自由意志之间的关系。然而，由于黑格尔把历史规律归结于超历史的"绝对理性"、"绝对目的"，犯了一种从历史的外部把规律和目的塞入历史的错误。因此，从本质上看，这种理性历史决定论是唯心主义的。

马克思主义的历史决定论是一种辩证决定论，是历史决定论与历史选择论的辩证统一。马克思把生产力和生产关系的矛盾运动看成是社会结构变迁、社会制度变革以及社会形态更替的最终原因。于是，社会历史规律对人的活动具有客观制约性。与此同时，马克思又认为，社会历史规律在人的社会实践活动中形成，是人的社会历史活动的产物。这就是说，历史决定论反映了历史过程的基本轨迹，而历史选择论则反映了丰富多彩的历

---

① Isaiah Berlin, "My Intellectual Path", *The Power of Ideas*, ed. Henry Hardy, Princeton: Princeton University Press, 2000, p. 9.

史过程本身。这样一来，马克思就把人类社会历史中的必然性与人的自由意志辩证地统一起来，从而与在此之前的一切历史决定论形式划清了界限。

对于决定论的历史形态问题，伯林也认为其表现形式是多种多样的。① 他说："所有这些理论，从这种或那种意义上，都是决定论的若干形式，不管它们是目的论的、形而上学的、机械论的、宗教的、美学的或科学的。"② 应该说，伯林此处的表述还是比较规范的，但在别处，他的表述就特别随意了。比如，他提出了所谓"乐观的与仁爱的"决定论、"悲观的"决定论以及"决定论的这些形式，尽管语调可能不同——要么是科学的、人道主义的、乐观主义的，要么是暴怒的、天启的与狂喜的——但它们都同意……"等多种说法。③ 伯林在 1969 年《自由四论》结集出版时所写的长篇"导论"中又有一些新的提法：因果性的决定论、目的论的决定论、自我决定论、弱的决定论、软决定论等。④

总的来说，伯林对决定论历史形态分类的表述在表面上是相当混乱和随意的，毫无科学性和逻辑性可言。但是，透过伯林所提到的形形色色的决定论形式，我们还是可以把他的思想进行一个归纳总结。莱斯诺夫说，伯林"区分出历史不可避免论的两种形式，一种'很仁慈'，一种'更为残酷'"⑤。在伯林看来，前者是指以培根、孔多塞、圣西门、欧文和孔德等人的乌托邦为代表，它是一种把现代所有仁慈的圣贤集于一身的信念；而后者是以黑格尔和马克思为代表的。伯林说，在黑格尔与马克思的心目中，人类形象是平和、愚蠢的，人类不知自己的历史命运如何，而唯有他们这些天赋极高、思想敏锐的人物才能觉察到世上那些真正起作用的伟大的社会力量。对于黑格尔而言，历史是巨大精神力量永不休止的斗争；而对于马克思来说，这个斗争则是由社会所制约、所组织的"群体"即阶

---

① 《历史的不可避免性》一文是伯林发表的一篇演说，我们可以看到，伯林对于决定论历史形态的分类，在语言表达上是不严谨的，分类标准也是不统一的，具有很大的随意性。

② ［英］以赛亚·伯林：《自由论》，胡传胜译，译林出版社 2003 年版，第 122 页。

③ 同上书，第 123、127 页。

④ 同上书，第 5、8 页。

⑤ ［英］迈克尔·H. 莱斯诺夫：《二十世纪的政治哲学家》，冯克利译，商务印书馆 2001 年版，第 274 页。

级之间的战争。伯林说，他们一想到芸芸众生们对自己命运的无知，语气中总带有嘲讽的意味。他们是伟大的"毁灭的先知"，每当历史发生剧变的时刻来临时，他们就会大放厥词，并用一种挑衅的嘲讽和轻蔑来旁观之。因此，在伯林看来，黑格尔和马克思二人之所以"更为残酷"，是因为他们都用自己的历史神学为消灭任何以下这种人的行为辩护：他们愚蠢地反对或阻碍历史朝向自己的终极目标的必然运动。实际上，正如同波普尔在《历史主义贫困论》和《开放社会及其敌人》中所做的那样，伯林批判决定论的主要对象也是马克思主义的历史决定论。大体上说，伯林是把历史不可避免论的信念等同于一元论的思想风格的。他把人类历史上一切追求唯一正确答案的理路均归于一元论的立场，这其中自然是包括了马克思主义。他声称自己信仰的是价值多元论，而明确地反对理性主义一元论或价值一元论。然而，我们要看到，一方面，伯林对一元论立场的理解本身就是一种拉普拉斯决定论式的理解，所以，在他看来，坚持了决定论，就意味着排除了人的自由选择权利以及人的道德责任；另一方面，正如莱斯诺夫所正确地指出的那样，伯林维护多元论立场的结果适得其反，使人对其作为自由主义者的声望以及对多元论和自由主义之间的逻辑关系产生了怀疑。①

二　历史决定论的产生根源

波普尔认为，历史决定论者所说的历史必然性是不存在的，在社会历史领域中起决定性作用的是偶然性。这是因为历史现象是人为的结果，它不同于完全受规律性支配的自然现象，人的"自由意志"可以任意地创造一切，历史不过是人们随机编排的思想史和意识史。爱德华·H. 卡尔在批判波普尔的"在人类事务中每种事都是可能的"这种观点时，指出："这种说法，要么是毫无意义的，要么就是错误的。在日常生活里，没有人相信，也没有人能够相信这一点。每件事都有原因这个原理，是了解我们周围在发生什么事的能力的一个条件。……人的个性正是以这样的假定为基础的，这就是，事件有原因，而且有足够的这样一些原因能加以确定，以便在人的脑子里建立一

---

① ［英］迈克尔·H. 莱斯诺夫：《二十世纪的政治哲学家》，冯克利泽，商务印书馆 2001年版，第 282 页。

个过去与现在充分连贯的型式，作为行为的指南。日常生活简直无法过下去，除非人们假定，人的行为是由一般说来能够加以确定的原因所决定的。"① 这就是说，人类的任何活动都有可能认识的原因。在这个问题上，伯林站在波普尔一边，而反对爱德华·H. 卡尔。那么，为什么在人们的头脑中会产生决定论的观念呢？伯林就此分析了决定论产生的根源。

伯林首先概括地指出："我们能在历史事件进程中发现大的模式或规则，这种观念对那些被自然科学在分类、联结特别是在预测方面的成功所深深打动的人，具有自然的吸引力。他们提出并应用形而上学的或经验的体系，他们从他们声称拥有的这些确定的或实质上确定的事实知识之岛出发，寻求通过'科学'方法的运用，来扩展历史知识，填补与过去的鸿沟。"② 这是一种在历史领域中采用自然科学方法，即"从已知推出未知，从稍有所知推出所知甚少"③ 的思维方式。然后，伯林从两方面具体地分析了决定论观念产生的根源。

第一方面，形而上学的根源。伯林认为，历史服从自然或者自然的规律，人类生活的每一个事件都是自然模式中的一个因素，这种观念具有深刻的形而上学起源。对自然科学的迷恋助长了这一潮流，但这并不是它的唯一的或主要的根源。④

在形而上学这一根源中，伯林又具体分析了两种思想观念。第一种思想观念是所谓"目的论"观念。伯林认为，"目的论"观点伴随着人类思想的产生而来。这些"目的"的来源，要么是造物主的赋予，要么就是事物本身内在地具有的。根据目的论观点，每一个实体所能达到的完美程度取决于它达成此一目的的程度。所有外表上的紊乱、不可理解的灾祸、邪恶、不完美以及杂乱无章的事件的产生都不是来自事物的本性，而是实体在追求"目的"时由于无法发现之而招致的一种失败。因此，所谓解释历史就是揭露宇宙的基本模式。

我们知道，目的论是一种用目的或目的因来解释世界的哲学学说，它认为某种观念的目的是规定事物存在、发展及其相互关系的原因和根据。

① ［英］爱德华·H. 卡尔：《历史是什么？》，吴柱存译，商务印书馆1981年版，第100—101页。

② ［英］以赛亚·伯林：《自由论》，胡传胜译，译林出版社2003年版，第106页。

③ 同上。

④ 同上书，第115页。

其根本点是把自然过程拟人化，把目的这个只为人的活动所固有的因素强加给自然界。目的论有两种主要的表现形式：外在的目的论与内在的目的论。前者是用神的目的来解释自然界的事物和现象，认为世界上的事物之所以发生并秩序井然，都是神的目的所安排的。这是神创论和宿命论的观点。① 后者则认为事物本身的必然性存在于目的性之中，每一具体的目的都是在特定的条件下自然产生的，进而把目的理解为事物的内在规定，是比必然性更高的原则。②

伯林认为目的论是一种反经验的态度，它是无法以任何形式的经验来确认和驳斥的信仰形式，因而是一种形而上学的态度。这种态度认为，我们认识和解释事物只是去发现它的目的而已。因此，"目的论并不是一种理论，一种假说，而是一种任何事物都被或应该被据以理解或描述的范畴或框架"③。于是，在目的论的视野中，"没有模式——没有规则——就没有解释"④。在伯林看来，把所谓国家、社会运动、阶级和个人的兴衰看成是在遵循某种不可抵抗的节律以及自然或超自然的规律，这就仿佛是某种明显的命运已在个人或超个人的身上赋予了某种可发现的规律。

伯林认为，"邦国"、"国家"仅仅只是词语和隐喻而已。它们之所以在过去的一百多年中造成了恶名昭彰的后果，是因为人们把它们"半拟人化"，把它们当成了实际存在的"事物"或"现实"。在伯林看来，

① 古希腊哲学家苏格拉底是外在的目的论的早期代表，到中世纪则为宗教神学所利用和发挥，成为宗教神学的核心思想。古代基督教神学家 A. 奥古斯丁在《论上帝之城》一书中就说，上帝预先决定了世界历史的发展以及每个人的命运。历史从"创造"亚当开始，以"末日审判"结束。这种历史观今天仍然是各种基督教神学思想对历史意义问题的基本态度。

② 亚里士多德是内在的目的论的奠基者。他从"种瓜得瓜"等生命现象和人工制造产品的过程中认识到，在一切事物的运动过程中，都有一种必然趋向的目标，它是"引起变化者"，他称之为"目的因"。他认为目的性不是神加给事物的，是事物自己具有的自然本性。但他又认为，目的就是灵魂和隐德来希。这表现了他动摇于唯物主义与唯心主义之间的哲学倾向。后来，内在目的论曾在生物学中广为流传。就其本质而言，内在目的论是一种试图摆脱神学羁绊的世俗化思想的表现。从文艺复兴时期的维柯开始，到孟德斯鸠、孔多塞、赫尔德、康德、黑格尔等，都是把历史过程看作是某些观念的体现。尽管他们把社会生活和人类历史的内容主观化，把历史规律看成是某些玄妙的和神秘的原则，但他们承认历史过程的渐进性，在解释社会现象方面引进了进步概念，表现出对历史发展的乐观主义态度。参见陆象淦《现代历史科学》，第176—177页。

③ ［英］以赛亚·伯林：《自由论》，胡传胜译，译林出版社2003年版，第117页。

④ 同上书，第118页。

"历史运动"、各种"社会"、"模式"、"氛围"及"人类或文化复杂的相互关系"等词语及其用法也会造成类似的危险。因而，人们不仅不能把它们过于当真，而且不能赋予它们以所谓"因果的性质"、"积极的力量"或"超越的性质"等，更不能因此要求人类为它们而牺牲生命。否则，这就是被"神话"所愚，不可救药了。

这里出现了一种矛盾现象：作为现实中的伯林，他不能不承认这些所谓"词语"的真实存在性；但作为反对历史决定论的伯林，他又不愿意承认这一点。他觉得若把人类的行为看成是规律、模式和时代精神的结果或表现，那就是为"词语"即"神话"所害，是一种不自知的行为。因此，在伯林的眼中，"国家"等仅仅是词语而已，并且已经成为我们日常语言的一部分。若把它们当成真实存在之物的话，就好比把游戏当作了解实在即本质的工具一样。伯林之所以要如此强烈地反对"模式"，就是因为他认为：相信历史决定论，相信模式，就会使个人责任成为一种幻觉；目的论与个人的自由选择相矛盾和冲突。

第二种思想观念是所谓"表象"与"实在"的区分。伯林认为，目的论并非是唯一的历史形而上学，更为出名且性质稍有不同的是表象与实在即现象与本质的区分。在伯林看来，所谓实在和本质是一种"在……之上"、"在外部"和"在……之外"的无时间性的、永恒的、超验的实在。这种实在按其本性永远处于一种完美的、不可避免的、可以自我解释的和谐状态之中。科学及历史解释的任务，就是要说明现象的紊乱是一种完美秩序的不完善的反映，是永恒的、终极的"实在结构"所投射出来的扭曲形象或微弱的阴影。实在是表象的来源、原因、解释及理由。对一切事物的真正理解就是理解它们的实在与表象的关系，因而解释就是发现潜在的模式。① 在这里，我们看到，伯林把事物的实在与本质当成了脱离事物而单独存在的一种超验的东西。这实际上就是伯林在必然性和规律问题上所持有的观点。本质是与必然性和规律同等程度的哲学范畴。规律就是本质的关系或本质之间的关系，认识事物的本质就是认识事物的必然性和规律性。伯林反对历史决定论，否认历史必然性和社会规律的存在，因此，他自然就要把本质看成是与必然性和规律一样的虚无缥缈的东西，看

① ［英］以赛亚·伯林：《自由论》，胡传胜译，译林出版社 2003 年版，第 119—120 页。

成是一种潜在的"模式"来加以反对。

第二方面，自然科学巨大成就的诱惑。伯林说，初看起来，科学方法肯定是对形而上学玄思的否定。但从历史上来看，这二者却是密切结合在一起的。它们的结合表达了这样一种观念："所有存在的东西都必然是物质的存在，因此都是可以用科学的规律解释的。"① 于是，按照决定论的本性，只要"对人类进行充分细致与富有想象力的研究，总有一天能够揭示现在只有在自然科学中才有可能的、足以产生既有力又准确的预测的定律"②。因此，伯林指出，这些形而上学概念与科学概念之间有一种共同的思维方式，这就是："解释某物就是将其包含在一般的公式之下，就是将其作为涵盖无数情况的规则的一个实例；从而，借助所有相关规律与范围足够广的相关事实的知识，不仅能够说发生了什么，而且能够说为什么发生；因为，如果这些规律被正确地确立，那么，描述某个事物实际上也就是断言为什么它不可能不是这样的。"③ 很显然，伯林在这里所谈论的正是机械决定论。18 世纪的法国唯物主义者就是在近代自然科学巨大成就的鼓舞下，试图一劳永逸地解决人类社会的发展前途问题。他们自觉不自觉地相信因果性"控制着微不足道的事件，也控制着最重要的事件，并使每一件发生的事是前面一事的必然产物，不论这些事情对于人类的事务有什么意义"④。"经验世界（或现象世界）的将来，直至它的细枝末节，都完全由它现在的状况预先决定。"⑤ 我们说，机械决定论把事物存在的确定性绝对化，把因果关系单一化，排除了偶然性和随机性，把人类相对的认识凝固化，从而导致了一切现象先定的宿命论观念，这样就使得自己在一定程度上成为科学进步的绊脚石。伯林对决定论的批判，如果是针对机械决定论来讲的，那么，伯林的观点当然是正确的。但伯林的错误就在于他把机械决定论混同于其他形式的决定论，尤其是马克思主义的辩证决定论。然后，他由此一点而推广开来，彻底否定了决定论的实在意

---

① ［英］以赛亚·伯林：《自由论》，胡传胜译，译林出版社 2003 年版，第 120 页。
② 同上。
③ 同上书，第 121 页。
④ ［德］H. 赖欣巴哈：《科学哲学的兴起》，伯尼译，商务印书馆 1983 年版，第 85 页。
⑤ ［英］卡尔·波普尔：《猜想与反驳——科学知识的增长》，傅季重等译，上海译文出版社 2005 年版，第 278 页。

义，从而走向了非决定论的立场。

第二节　历史决定论批判

在伯林看来，不管是哪一种形式的决定论，"所有这些见解的一个共同特征是这种暗示：终极而言，个人的选择自由是一种幻想；人类能够作不同选择，这种观念是建立在对事实的无知之上的"①。伯林认为，在决定论的视野中，既然一切都是不可避免的，因而个人就毫无自由可言，因为所谓自由需要有一些不能完全决定结果的情境的存在。伯林说："只有无知才产生荒谬的关于自由意志与无原因的选择的信念，而这些信念将随着科学与形而上学的真理之光而消散。"② 因此，人类在缺乏科学知识时所想象的自由与责任的范围远比我们现在要宽广得多。所以，如果决定论正确，则"个人自由"就只能是一种高贵的错觉而已。伯林认为，这种"个人自由"的作用仅仅在于它是一种必要的工具，只是"理性"、"历史"或需要我们去崇拜的任何宇宙力量所产生的最伟大的狡计之一。但是，既然是错觉，则无论如何高贵和有用，这种自由都仍旧是一种错觉。因此，对于一个无所不知、洞悉每一事物本质的神灵而言，所谓称赞、责备、警告、原谅、责任、做决定以及悔恨等观念，都是根本不需要存在的道德评价，因为它们只不过是无知与不成熟的幻觉而已。懂得这一点，正是道德与知识成熟的第一个表征。这样一来，任何决定论，特别是马克思主义的历史决定论似乎就排斥了个人自由选择的存在。伯林将决定论与人的自由选择活动绝对地对立起来，这实际上就是说，伯林否认"社会决定论"，即发现人类社会发展规律的历史决定论的存在的现实性。他说："借口社会学还年轻，将有光辉的未来，这是没有用的。……孔德在一百多年前就建立了社会学，而它的制定普遍原理的征服行为，尚未到来。……它成功发现的规律、能够为适当的证据所支持的概括太少，以至于它想要受到自然科学般对待的要求，根本无法被满足，它的那几条少得可怜的规律，也不足以产生革命性的影响，使得检验它们的真理性成为迫

---

① ［英］以赛亚·伯林：《自由论》，胡传胜译，译林出版社2003年版，第122页。
② 同上书，第142页。

切的事情。"① 伯林在反驳他人对自己的批评时，很是觉得委屈，因为自己并不"认为决定论肯定是错的（我仍然无法证明这一点）；我的论点只是说，支持决定论的那些论证还不是结论性的；而且，如果它真的成为一个广泛接受的信念并进入一般的思想与行为结构中，那么，某些居于人类思想核心部位的概念与词语的意义与用法，将要么变得过时，要么被根本改变"②。这说明伯林反对历史决定论的底气是不足的。

一　决定论与自由选择

1. 决定论与日常语言之间的关系

作为牛津日常语言学派的创始人之一，伯林始终是该学派中的异类。其原因在于，他一向认为，陈述可能是对、是错、是似是而非、是不确定、是有趣，它们确实跟我们从经验上感知的世界有关联，但我们却未必能像维也纳学派及其逻辑实证主义的信徒所声称的那样，用某些强有力的标准来验证它。这样，从一开始，伯林就觉得，全称命题是无法用这种办法来验证的。第二次世界大战结束后，当时的政治形势使得伯林在回到牛津后转向了政治哲学，从而更加远离了纯粹的哲学研究。语言分析哲学家倾向于把本体论、认识论、伦理学和其他传统学科的问题当作语言问题来加以研究，以语言意义的标准来评判是非，按语言自身的合理性提出解决问题的方案。尽管伯林并不认同语言分析哲学希望通过语言意义的澄清来解决传统的哲学问题，或者是像奥斯汀那样希望通过语言意义的分析来揭示人类理智活动的根本问题，但他并没有因此而完全否定语言分析哲学的价值。在论证决定论问题时，伯林把语言分析哲学的研究手段作为了自己的论证方式之一。

伯林认为，决定论仅仅只是一种理论而已，实际生活中的人既不关心它，也不相信它是正确的。他说："虽然自由意志与决定论的古老争论仍然是神学家与哲学家的真正问题，但没有必要打扰那些关注经验问题——正常时空经验中的人类的现实生活——的人的思想。"③ 对于大多数人来

① ［英］以赛亚·伯林：《自由论》，胡传胜译，译林出版社 2003 年版，第 180 页。

② 同上书，第 5 页。

③ 同上书，第 138 页。

说，包括历史学家在内，即使他们接受了决定论理论，但实际上，他们日常生活中的想法却根本没有受到它的影响，甚至就连走出了实验室以后的自然科学家也不例外。伯林的判断依据就是人们所使用的语言。他说："如果接受决定论使大多数人的日常思维产生改变，那么决定论的信奉者的语言就会反映这个事实，也会与我们其他人的思想根本不同。"①　伯林指出，在日常生活中，有一类词是人们经常使用的，而且，它们几乎是不可缺少的，比如，不应该、不必要、本可以……却不愿意……等。伯林认为，这种情况不仅表明了世间存在着多种选择的可能性，而且还隐含了个人对其行为所存在的两种情况：应该负责与不应该负责。所谓意料之中的事与意料之外的事、困难的事与简单的事、正常的事与不正常的事之别，正是建立在这种"有责任"与"无责任"的区分之上。于是，伯林说，类似的讨论之所以有意义，完全是因为我们"只有在假定人类选择的现实性的前提下才能被理解。如果决定论是人类行为的一个有效理论，这些区分就是不适当的，就像把道德责任归咎于行星体系或活体细胞组织一样不适当"②。因此，所谓"自由行为"就是指不完全被先发事件、自然或人与物的内涵特性所完全决定的行为，这种行为与单纯的物理、心理或心理—物理上的因果事件划分开来。有了这种区分，人们才能够做正常的价值判断。"正如有些历史理论家（以及有哲学倾向的科学家）所说的那样，好像一个人既能（在生活中而不仅仅在研究中）接受决定论的假设，又能继续和我们目前一样进行日常思考——这等于是培养智识的混乱。"③因此，"要做出使我们的思想与语言适合于决定论假说的严肃努力，乃是一个艰巨的任务，现在如此，有历史记载以来情况也是如此"④。针对伯林的上述观点，美国哥伦比亚大学的欧内斯特·内格尔与美国普林斯顿高级研究院的莫顿·怀特都进行了批驳。他们两人都认为，决定论信仰与我们的日常用语之间能够协调。

---

① ［英］以赛亚·伯林：《自由论》，胡传胜译，译林出版社 2003 年版，第 134 页。
② 同上书，第 135 页。
③ 同上书，第 136 页。
④ 同上书，第 137 页。

　　内格尔教授提出了两点看法。① 第一，如果伯林的这种观点是在经验证据的基础上得出来的，那么，尽管我们手里没有确切的统计数据和有用的信息，但我们所拥有的证据似乎并不支持伯林的观点。不必说斯宾诺莎那样的哲学家，就是虔诚的宗教信仰者所使用的语言也证明，许多人在进行正常的道德评价时并没有什么心理障碍。紧接着，内格尔以波斯威主教（Bishop Bossuet）所说的关于天意控制人类一切行为，同时又要求人类承担道德责任的观点为例，说明了人类既可以相信决定论，同时又能够使用日常道德语言来表达熟悉的道德差异。第二，内格尔以"日心说"取代"地心说"之后，人们仍然使用旧式语言来表达新旧理论的差异为例，来反驳伯林的观点，即若人们真的信仰彻底的决定论，则我们的日常道德用语的意义就将改变。内格尔说，以此类推，如果大多数人接受了决定论假设，则在我们当前语言中被描述为自由选择的行为和不自由选择的行为之间的不同，以及在那些由个人所控制的和个人所无法控制的性格特征与个性之间的不同，这些并不因此就会消失。即使所假定的语言意义发生了变化，道德褒贬仍然能够影响人们的行为，人们也能够继续控制和修正他们的某些冲动。否认了这一点，就是设想人们会仅仅因为理论信仰的改变而变成了完全不同于信仰改变之前的人。

　　伯林说："如果决定论被表明是有效的，那么伦理语言将不得不受到根本的修改，这既不是一种心理学或生理学上的假设，也不是一种伦理学的假设。……谴责那些不能自由选择的人是不合理的，这个命题并不是建立在一套特殊的道德价值基础之上，而是建立在那种描述性与评价性概念——这些概念制约着我们所使用的语言与我们正在进行的思考——的特殊联系之上。说你能合乎道德地谴责一张桌子，就像能合乎道德地谴责无知的野蛮人或一个不可饶恕的吸毒者，这并不是一个道德的命题，而是对这样一种概念性真理的强调：这类褒贬只有在能够做出自由选择的人那里才有意义。"② 怀特对此提出了两个问题：是什么真理把有原因的选择的概

① Ernest Nagel, "Determinism in History", *Philosophy and Phenomenological Research*, Vol. XX, No. 8, March 1960, pp. 314 – 316.

② ［英］以赛亚·伯林：《自由论》，胡传胜译，译林出版社 2003 年版，第 18 页。

念与伯林所说的道德用语的不可理解性连接了起来？此真理的地位如何？[1]
怀特认为，这种真理采取了如下形式：无论何时选择都是有原因的，则一
个声称做出了这种选择的人应受褒或贬的句子就是不可理解的。于是，这
个普遍真理意味着两种选择之间的不相容：有原因的选择与可理解的能被
褒贬的选择。这种真理就是伯林所谓的"概念性真理"，它是描述性与评价
性概念之间的特殊联系。怀特认为，对于伯林来说，"自由选择"是一种描
述性的表达，而"应当"则是一种评价性的表达。"概念性真理"将"自
由选择"与"应当"连接起来。这种概念性真理不是诸如"每个单身汉都
是未婚的"之类的分析性真理，但也很难相信伯林会说自己的概念性真理
是一种先天的综合或者是维特根斯坦的语言游戏规则，因为伯林受英国经
验哲学的影响很深，而且他实际上在早期就是日常语言学派的异端。怀特
说，如同某些哲学家所讲的那样，说"基数是可以食用的"是没有意义的，
因此，伯林可能宣称有原因的选择应受褒贬同样是没有意义的。[2]

　　伯林说自己的道德判断是康德式的，也是一般人所运用的，怀特否认
这一点。在怀特看来，一般人都会相信某种形式的决定论，并且都认为没
有什么发生的事情是没有原因的。因此，他们就可能赞成 G. E. 摩尔所讲
过的一个观点：选择可能是自由的，然而，又是有原因的。"他本来能够
选择他事实上所没有选择的东西"，这句话在逻辑上承认了当事人事实上
所做的选择是有原因的。摩尔对此提出了两种可能的解释：一种解释是，
这个句子意味着，如果当事人早就选择了这样去选择的话，那么，他本来
能够做出不同的选择；另一种解释是，这个句子意味着，从当事人进行选
择的方式来看，没有人能够确切地知道他本来不会做出不同的选择。如果
这两种解释中任何一种都是正确的，那么，甚至伯林也不会认为以下这种
说法是没有意义的：一种有原因的选择执行了某种行动，而这种选择或行
动是负有责任的。因此，有原因的选择既是自由的，又是服从道德判断
的。[3] 伯林在解释为什么许多有名的思想家会褒贬那些做出了有原因的选择
的人时说，这仅仅是表明了他们有时候具有混淆的倾向。怀特对此提出

　　① Morton White, "Oughts and Cans", See Alan Ryan, ed., *The Idea of Freedom*: *Essays in Honour of Isaiah Berlin*, Oxford: Oxford University Press, 1979, p. 213.

　　② Ibid., p. 214.

　　③ Ibid., p. 215.

了质疑：当他们试图表明因果关系原则或决定论原则与只有自由行动或选择才能进行道德评判的原则是相容的时，他们混淆了什么呢?! 恰恰相反，当他们试图恰当地分析自由选择概念的时候，他们非常清楚问题之所在。他们的做法并没有与任何逻辑的或概念性的真理相冲突，也没有把混乱或无意义带进讨论之中。自由行动是一种如果当事人早就选择不去做，则他本来就会不去做的行动，而且，这种行动是在与决定论原则相容的"本来能够选择"的意义上的一种本来能够选择不去做的行动。怀特认为，一方面伯林对此并没有认真地加以考虑，另一方面，那些在很大程度上依赖于一般人所说、所思的哲学家必须考虑将道德责任与决定论协调起来，因为许多人的确是相信这两者的。否则的话，把决定论与道德判断看成是不相容的，这是一种不可知论的观点。①

伯林还批评怀特未能明白，在道德上责备一个无可救药的耽溺者，等于是责备一张桌子，并且因而没有理解这种责备的不可理解性是建立在一种概念性真理而非伦理学真理的基础之上。对此，怀特也提出了自己的观点。在伯林看来，"吸毒者昨天本来不应当吸食鸦片"与"桌子昨天本来不应当倾倒"一样是不可理解的，因为吸毒者的吸食鸦片与桌子的倾倒之间有着同样意义的"不自由"。怀特说，桌子无法选择做任何事情，但吸毒者却不是这样。因此，当桌子倾倒时，它并没有这样去选择；相反，当吸毒者吸毒时，他确实是做出了这样的选择。然而，伯林坚持认为自由行为必须是一种当事人本来能够选择不同于他实际上所选择的方式的行为。于是，怀特不无揶揄地说到，伯林所讲的以上两种"不自由"肯定不是一个东西，因而，这两种所谓的"不可理解性"自然也就不能在同样的基础上来理解了。这样，不责备桌子的理由是基于"概念性真理"，而不责备吸毒者则是基于伦理的理由。②

在马克思主义哲学看来，语言哲学把研究语言当作清除哲学混乱的有效方法，当作理解思维与实在的最佳途径，或者是理解的普遍媒介，这些观点不能成立。其根本错误在于夸大了语言和语言分析的作用，从而抬高

---

① Morton White, "Oughts and Cans", See Alan Ryan, ed., *The Idea of Freedom: Essays in Honour of Isaiah Berlin*, Oxford: Oxford University Press, 1979, p. 217.

② Ibid., p. 218.

了语言学的地位而贬低了哲学。马克思主义并非不重视语言，而是认为不能以语言学来代替哲学，更不能将语言当作人类社会历史发展变化的决定性因素，从而以语言意义的标准来评判是非。在社会历史领域内，"语言的逻各斯"是错误的，语言学只能被看作是书房里的雕虫小技。伯林在涉及历史观这样的关系到人类前途和命运的重大问题上，以人们在日常生活中所持的语言来作为论证决定论正确与否的手段是非常可笑的。事实上，主体通过语言把握客体而把客体的观念凝结在语言中，是客观性与主观性、确定性与不确定性的统一。语言具有主观性和不确定性这一面，就决定了仅仅拘泥于语言的基本意义，试图以语言的基本意义一劳永逸地说明对象世界是困难的，也是不可能的。①

　　2. 决定论与选择之间的关系

　　爱德华·H. 卡尔认为："研究历史就是研究原因。"② 在过去的两百年中，历史学家和历史哲学家都忙于试图发现历史事件的原因和支配历史事件的规律，以便整理人类过去的经验。然而，现在人们已不再谈论什么历史"规律"了，甚至连"原因"这个词也不流行了，而是用"假设"一词来代替它，其部分原因是人们把"规律"与"原因"等词语和宿命论联系起来了。卡尔分析了伯林等人攻击必然性的动机。其来源有二：第一是所谓"可能发生派"的思想。卡尔认为，许多人从布尔什维克胜利的结果中受了痛苦，而且还一直害怕它的长远影响，想要对它提出抗议。因此，他们就提出了许多"假设"，以论证社会主义的胜利不是历史必然性的结果。"这是一种纯粹出于感情的、非历史的反应。然而这却为近来反对所谓'历史必然性'的学说的运动，提供了大部分燃料。"③ 也就是说，这种攻击必然性的动机是出于政治上的考虑。我们说，这一点也是完全适用于伯林的。第二是所谓"克娄巴特拉的鼻子"理论。卡尔说："这一理论是，从任何一点看，历史都是不断发生的偶然事件，是一系列由偶合来确定的、仅仅由那些最偶尔的原因而引起的事件。"④ 卡尔正确地看

---

① 陈中立等：《反映论新论——马克思主义反映论及其在现时代的发展》，中国社会科学出版社 1997 年版，第 301 页。

② ［英］爱德华·H. 卡尔：《历史是什么？》，吴柱存译，商务印书馆 1981 年版，第 93 页。

③ 同上书，第 105 页。

④ 同上书，第 105—106 页。

到了偶然性在反对决定论观点过程中所起的作用。然而，他在偶然性问题上也有一些错误之处。简单说来，就是既承认偶然性在历史上所起的重要作用，但又认为偶然性没有合理的解释与地位。他说，企图把偶然事件"迅速而神秘地带走，或者佯称它们没有什么影响，这是没有用处的。另一方面，只要它们是偶然的，那它们便不能参与到历史的合理解释之中来，也不能参与到历史学家研究的历史事件重要原因的等级排比之中来"①。他在评论马克思关于偶然性的一段话时说："这一理论既不令人满意，也没有说服力。……但是，偶然事件是存在的，说它只加速或延迟，而不改变，这只是在字眼上玩把戏。我也看不出有任何理由相信，一个偶然发生的事件……会自动地被另外一个偶然事件补足起来，而且补足得使历史进程恢复了平衡。"② 当然，卡尔也反对把偶然性仅仅当作是愚昧的代名词的观点。他说："偶然事件并不只是我们所不能理解的某种东西。我相信历史中的偶然事件这一问题的解决，必须从一种十分不同的思想体系中去找寻。"③ 可见，卡尔归根到底还是没有在现有的"思想体系"中给偶然性以必要的地位。与卡尔相反，伯林则是推崇偶然性理论的。因为在伯林看来，在由决定论所决定的世界中，人没有任何选择权。在卡尔看来，波普尔与伯林都认为历史学家企图找到历史进程的意义，并说这等于是企图把"全部经验"整顿成为相称的体系，而偶然性的存在使这一企图注定要失败。④ 卡尔的这种评价是正确的。在伯林的心目中，决定论就是机械决定论，而机械决定论就是主张由原因一揽子解决一切问题。

　　然而，卡尔又认为，决定论"是一种信念，相信所发生的每一件事都有一个或几个原因，而且除非这个原因或这些原因中的某种东西有了改变，否则这件事是不可能以另外一种方式发生的。决定论并不是个历史的问题，而是一切人的行为的问题"⑤。没有行动原因的人，是处于社会之外的抽象的人。那种认为人类事务中任何事都是可能的观点，要么是毫无意义的，要么就是

---

①　［英］爱德华·H. 卡尔：《历史是什么？》，吴柱存译，商务印书馆1981年版，第111—112页。

②　同上书，第110页。

③　同上书，第111页。

④　同上书，第112页。

⑤　同上书，第100页。

错误的。卡尔认为伯林主张以人的意志的支配来解释人之所以像他已经行动的那样来行动的原因。卡尔评论说，伯林的这种思想表明，社会科学今天所处的发展阶段，正跟当年自然科学受到某些人以神的意志的支配来解释自然现象的原因的论证的攻击时所处的发展阶段相同。① 这就是说，伯林在这个问题上犹如当年的那些人一样地愚昧无知。这里，我们充分地肯定卡尔坚持决定论、反对非决定论的立场。然而，卡尔仅仅是将决定论看成是"信念"问题，而非"历史"问题，并且他还说："历史上除开就这个词（指必然性——引者注）的形式上的意义而论外，没有一件事是必然的，因为事件的发生如果不是目前这个样子，那么它的前提一定已经有所不同了。"② 之所以如此，这与卡尔对"规律"的认识有直接关系。卡尔以"假设"的概念来取代"规律"的概念。他说，20 世纪的科学家不再像 18—19 世纪的同行们那样相信规律的存在了，他们"认为科学家的发现，获得新知识，并不依靠确立一些确切和全面的规律，而是依靠提出一些假设，为新的探索开辟道路"③。因此，他们现在都想从一个不完整的假设向另一个不完整的假设前进。他断言，马尔萨斯的人口规律、拉萨尔的工资的铁的规律、马克思的"现代社会的经济运动规律"等提法都显得既有些陈旧，又有些傲慢。④ 对于马克思所讲的"手工磨产生的是封建主为首的社会；蒸汽磨产生的是工业资本家为首的社会"，卡尔说："这不能算作一条规律，虽然马克思可能称之为规律，它却是一种有益的假设，指引出进一步探索和崭新的理解的途径。"⑤ 卡尔称之为"假设"而非"规律"，这实际上是否定了真理的存在。经实践检验为真理的"规律"绝不再仅仅是一种"信念"，而是一种客观的历史事实，它存在于人们的实践活动之中。

伯林与其他所有非难马克思主义历史发展观的人一样，也是在"选择"与"决定"之间的绝对不相容的对立中思维的。在他们看来，社会历史领域中如果存在历史规律的决定作用，则人就不可能进行选择活动；反之，若人们在历史领域中自觉自主地进行选择创造活动，则人类社会发展就不可能存

---

① ［英］爱德华·H. 卡尔：《历史是什么?》，吴柱存译，商务印书馆 1981 年版，第 101 页。

② 同上书，第 103—104 页。

③ 同上书，第 61 页。

④ 同上书，第 60 页。

⑤ 同上书，第 62—63 页。

在任何必然性。伯林曾经提出，在决定论的框架中，即使存在着个人的选择，它也绝不是出于人自身的自由选择，而是"条件"决定了人的选择行为。波普尔在《历史主义贫困论》一书中也认为，马克思企图借助经典物理学的方法，通过寻求隐藏在历史过程中的"规律"和"趋势"来达到历史预言的目标，这是把人类的命运交给了神秘的必然性，借以推卸主体选择的责任。

内格尔对此提出了两点看法①：第一，很难找到一个明确的、由伯林来操纵的人类自我的概念。伯林的人类"自我"不仅有别于人体，而且在"选择"依赖于人的性情、动机与行为根源的范围内，它也不同于个人所做的任何选择。内格尔说，当我仔细考虑并且在可供选择的情况之中进行选择的时候，我通常并没有意识到这种选择可能是一组多少稳定的性格倾向、更多短暂的冲动以及诸如此类的事物的一种表达。然而，我应当意识到这一点吗？难道我的选择就不是属于我的吗？内格尔又认为，人类个体的自我边界的划分随着自我识别的情境不同而变化。但无论怎样划界，都不能把自我等同于"无"，也不能把如何识别自我的难题说成是由以下事实造成：即使我们认识到一些选择是性格、过去的行为或当下的冲动的产物，我们也设想自己是在没有外界压力的情况下自由地行动。第二，内格尔通过举例说明了，不能由在通常的意义上无法把一些词用于物质微粒的情况来得出结论说，这些词也不能正确地用于宏观物体。内格尔认为伯林犯了同样的错误：以"条件"内在于人体的生物及生理结构中为理由，宣称人不能真正地为其行为负责。内格尔说，前者的确是事实，但不能把它作为证据来否认慎重的选择的确出现过。我们说，尽管内格尔对伯林的一些观点有所批评，但是，从本质上看，他与伯林一样是反对决定论的。内格尔自己承认说："我不相信决定论是一个可论证的论题。我还认为，如果把决定论解释为是关于任何事物范畴特征的一种陈述的话，它甚至可能就是错误的。……我并不想掩饰这样一种事实，即：对决定论原则的各种特殊形式的教条式的采纳通常会阻碍知识的进展，或者是以对决定论有独特见解的名义来保卫不公正的社会实践与可疑的社会理论。"②

---

① Ernest Nagel, "Determinism in History", *Philosophy and Phenomenological Research*, Vol. XX, No. 8, March 1960, pp. 312 –314.

② Ibid., pp. 316 –317.

尽管如此，但内格尔仍然捍卫决定论。因为在他看来，如果人们把那些错误地批评决定论的意见误以为是正确的，则在科学探索的一定范围内就极有可能草率地划定界限。他认为决定论是一种有效的调节原则，这种原则将科学的总目标阐述为探寻"解释"，也就是对确定事件偶然发生的条件的一种探索。内格尔最后宣称："放弃决定论原则就是放弃科学事业。"① 可见，内格尔与伯林等人一样，虽然不得不承认在自然科学研究中因果关系的重要性，却否认社会历史中存在决定论，也就是否认社会发展规律的存在。

伯林以社会科学自然科学化的思维方式来对待决定论。因此，A. K. 森指责伯林混淆了决定论与宿命论。② 对此，伯林首先申明这是一种误解，接着就阐述了自己对宿命论的理解。他说："宿命论的含义（或暗示）是这样一种观点：人类所做的决定仅仅是一种副产品、附带现象，无法影响独立于人的愿望且遵循它们自己不可更改的进程的事件。"③ 这就是说，宿命论与人的自由选择是绝对对立的。伯林尽管一再声称决定论不等于宿命论，认为后者只是众多决定论形式之中并非最合理的一种而已，并且他还为此反驳了别人对自己的"误解"，然而，我们从以上几个方面的分析来看，伯林实际上是把机械决定论当成了一切决定论的化身，而机械决定论必然走向宿命论，所以，他的辩解是无力的。伯林认为自己的大多数论敌所执着的是"自我决定论"的立场。所谓"自我决定论"，在伯林看来，就是主张人类的个性与人格结构、情绪、态度、选择、决定及由此衍生的行为对所发生的事件有决定性的作用，而这些因素本身又是其他原因，如心理、生理、社会或个人原因的结果，但原因又有原因，依此类推下去。伯林说，其中最有名的一种"自我决定论"的学说主张，能够做自己所希望做的事，或者能在两种行为途径中进行选择，则自己就是自由的。这种自由的"选择"本身，一是还要被其他的"原因"来决定，二是仅指选择的"机会"。除此之

---

① Ernest Nagel, "Determinism in History", *Philosophy and Phenomenological Research*, Vol. XX, No. 8, March 1960, p. 317.

② A. K. Sen, "Determinism and Historical Predictions", *Inquiry*, No. 2, New Delhi, 1959, pp. 99 – 115.

③ ［英］以赛亚·伯林:《自由论》，胡传胜译，译林出版社 2003 年版，第 7 页。

外，别无他意。在伯林看来，"自我决定论"尽管给了自由选择以一定的地位，但由于它与其他"较强烈的"决定论一样，还是认为这种选择归根到底是由某种原因决定的，所以它仍然剔除了责任的观念，也仍然是一种康德所谓的"可悲的遁辞"。森则认为，不管怎样，在与日常道德判断内容相关联的一些意义与决定论之间，存在着某种一致性。在使用道德褒贬的词语时，决定论者就像是无神论者仍然提到上帝，或者是像那些发誓要永爱不渝的情侣一样，所说的完全是不能当真的夸张语言。对于这一点，伯林无疑是赞同的。然而，令伯林不满的是，森同时又否认信仰决定论必然导致无法进行理性的道德判断的观点，因为道德判断本身可以通过作为激励或抑制的因素去影响人类的行为。对此，伯林不屑一顾，认为即使这种观点是正确的，它也丝毫没有改变问题的实质，因而是于事无补的。在我们看来，森反对把决定论与道德判断对立起来，这是正确的。但他反对的依据是认为道德判断能够影响人类的行为，其实这是在隔靴搔痒。在这一点上，伯林又是对的。

　　总之，在伯林看来，无论是哪一种决定论都同意一种观点：世界有一个方向，而且为一定的法则所支配。这个"方向"与"法则"在某种程度上可以为少数睿智之士所发现。他们明白，人类是由他们所属的、更大的"整体"即社会、经济、政治、宗教制度等所支配。一旦人类了解了这一点，则个人行为（至少是最典型的个人行为）就差不多可以用逻辑方式推演出来。对此，伯林指出，这"只是那些伪科学的理想；它们并没有成为现实。彻底的决定论的证据尚未出现"[1]。他质问道："这些力量，这些不可改变的历史规律到底是什么？什么样的历史著作家、什么样的社会学家，能够声称已经产生了可以与自然科学的伟大一致性相媲美的经验概括？"[2] 因此，伯林认为，人们不可能不用因果关系，但不相信可以用类似天文学、生物学的模式来预测未来。这就是说，无论何时单一的答案都不存在，也不能以自然科学及自然科学中可以重复并可以总结成一般定理的法规来类推人类历史。[3]

---

[1]　［英］以赛亚·伯林：《自由论》，胡传胜译，译林出版社 2003 年版，第 181 页。

[2]　同上书，第 179 页。

[3]　Isaiah Berlin and Ramin Jahanbegloo, *Conversations with Isaiah Berlin*, p. 35.

　　与伯林、波普尔等人相反，爱德华·H. 卡尔则从个人与社会关系的
角度较正确地解决了决定论与选择之间的关系问题。[①] 他说，伯林在《历
史的不可避免性》一文中，从头到尾都在嘲弄那些相信"巨大的、与人
无关的力量"是历史的决定因素，而不相信个人是决定因素的人。卡尔

　　[①]　在这个问题上，澳大利亚国立大学的帕斯摩教授也有精彩的妙论。他说，从哲学史上
看，哲学总是在两个极端即原子论与一元论之间摇摆。原子论主张，日常体验的复杂物体是最终
个体的排列；而一元论则主张，这些物体是一个无所不包的整体的构成要素。在历史哲学中也存
在着同样的摇摆。哲学家们声称，历史进程遵循着一种预先就已内在于人类行为中的不可变易的
模式，或者是人类的行为完全决定着人类的历史；只有团体才是真实的，或者是唯有个人才是真
实的；历史的全部进程在细节上都是可预测的，或者是历史的变化超出了人类的预测能力；个人
是环境的被动牺牲品，或者是个人只有在自然界中才拥有纯粹的作用力量。帕斯摩说，从表面上
判断，人类经验并不支持这些窘境中的任何一种，而有关它们的反思在波普尔的《历史主义贫困
论》和伯林的《历史的不可避免性》发表后就迅速地煽动起来了。这是两部反一元论的强有力
的著作。作为热情的自由主义者，他们两人所关心的是保卫个人自由，反对极权主义。在帕斯摩
看来，伯林的《历史的不可避免性》一文具有一种世俗说教的，而非哲学分析的语气和态度；
作为一部能持久存在下去且富有修辞色彩的作品，它在现代几乎是无与伦比的。帕斯摩对两人的
评价是，他们"正确地相信一元论具有极权主义倾向；他们错误地得出结论说，自由主义必须依
赖于个人主义的形而上学"。在帕斯摩看来，个人主义的自由概念对一元论批评的背后真相是人
们对"多数人的暴政"与"有机国家的暴政"的反对，而个人主义存在的理由是团体的多元性
与多样性为保护个人自由的实质之所在。波普尔与伯林怀疑那些把社会看成是团体的人的真诚。
这种怀疑的结果是他们未能区分各种可能的选择机会。因为他们的论战对手使用了与极权主义同
样的语言，所以这些人就被他们污蔑为"整体论者"或"历史主义者"。
　　帕斯摩认为，在《历史的不可避免性》中，伯林试图恢复古典的反决定论的立场。他不仅
希望否定历史是一门科学，而且要否认历史事件能以科学精神来研究。伯林对自然主义的社会科
学的反对部分地源于对自然科学成就的误解。在伯林看来，既然牛顿在原则上可以用少数几个极
具普遍性的法则来解释物理世界每一个组成分子的每一种运动，则自然主义的社会学或心理学当
然也就希望拥有类似法则，以便至少在理论上能够预测人类生命中的所有细节。帕斯摩说，伯林
将自然主义与原始的拉普拉斯式决定论相联系令人非常害怕，其目的是把我们引进一种关于自由
行为的反自然主义的教条之中，这种行为不完全被先发事件和自然等所决定。拉普拉斯式决定论
假定，科学家在预测时会面临一个容纳一定的有限数目元素的封闭系统。但实际上我们的体验是
完全不同的，因为我们一直在研究系统，而它既不是封闭的，也不能分析成一定数目的元素。如
果我们拒绝承认，或者是存在一个单一的总体系，或者是复杂的体系被还原成形而上学意义上的
那种原子，如此，则拉普拉斯式决定论就立即被排除了。然而，并不能就此推论出：我们拒绝了
拉普拉斯式决定论，我们就会处于最低微的地位，就会断言伯林意义上的"自由行为"的存在。
因此，我们仍然是决定论者，但我们的决定论将是溯及既往的。这就是说，在帕斯摩看来，一切
行为都是有其原因的。参见 J. A. Passmore, "History, the Individual, and Inevitability", *Philosophical
Review*, Vol. 68, No. 1, January 1959, pp. 93 - 102。

把伯林的这种理论叫作坏国王约翰式、好女王白斯式的历史理论。① 在卡尔看来，这种理论认为在历史中起作用的是个人的性格和行为，而这种认定个人天才是历史的创造力量的愿望实为历史意识的初级阶段的特点。而在今天，这种理论则显得幼稚和孩子气。因为在社会比较单纯、公共事物由少数人管理的时候，这种理论表面上似乎还讲得通，但对于我们这个时代较为复杂的社会是不适合的。这种理论还认为，否认个人在历史上的作用，就是把历史人物当成了社会力量和经济力量的傀儡，就是对历史人物进行了集体屠杀。② 卡尔认为："并不是把人当作个人这样的观点，比把人当作集体里的成员这样的观点更多地或者更少地贻误人，而是把这两者截然分开这样的企图在贻误人。个人，就它的定义而论，便是一个社会里的一个成员……一个心理学家不去研究个人的社会环境，是不可能有多大成就的。"③ 对此，伯林在其《自由四论》的《导论》中进行了反驳。他说："当 E. H. 卡尔认为将历史事件归因于个人行为（'传记偏见'）是幼稚或至少是孩子气的，认为我们的历史著作中非人的因素越多便越科学，因此也越成熟与有效时，他就暴露了自己是 18 世纪教条唯物主义的忠实——太忠实——信徒。"④

　　卡尔从两个方面系统地阐述了自己关于个人与社会之间关系的观点：第一，历史在相当程度上是个数目的问题。卡尔承认伟大人物的历史作用，但反对把他们"放在历史之外，认为这些人是依仗他们的伟大强使历史依从自己"⑤ 的看法。卡尔说，在讨论这个问题时，容易把不具姓名跟与个人无关相混淆。"人民并不因为我们不知道他们的姓名而不成其为人民，个人也不因为这样一来而不成其为个人。……这些不具姓名的、成百万的人就是一些个人。他们多多少少不自觉地在一起行动，构成一股社会力量。……一切有效果的运动都只有很少几个领导人物，但是有大批的

---

① ［英］爱德华·H. 卡尔：《历史是什么?》，吴柱存译，商务印书馆 1981 年版，第 45、47 页。

② 同上书，第 46 页。

③ 同上书，第 47—48 页。

④ ［英］以赛亚·伯林：《自由论》，胡传胜译，译林出版社 2003 年版，第 21 页。

⑤ ［英］爱德华·H. 卡尔：《历史是什么?》，吴柱存译，商务印书馆 1981 年版，第 55—56 页。

追随者，而这并不是说这大批人对他们的取得胜利毫不重要。数目在历史里是举足轻重的。"① 卡尔关于杰出人物与人民群众在历史中的作用的观点基本上与马克思主义是一致的，但他也存在表述不准确的问题，如此处的"数目"。部分之和是等于还是小于整体，这是根本不同的。马克思曾以协作为例，说明"单个劳动者的力量的机械总和，与许多人手同时共同完成同一不可分割的操作……所发挥的社会力量有本质的差别"②。尽管如此，卡尔毕竟坚持了历史归根到底是由人民群众创造的观点。第二，个别人的行动常常达到一些结果，而这些结果并不是这些人甚至也不是其他任何个人原来有意达到或想要达到的。很明显，卡尔的这段话正是晚年恩格斯在关于历史唯物主义的书信中所提出来的观点，其正确性是毫无疑问的。在这里，卡尔对伯林提出了批评。他说，伯林"竟不顾一切例证提出历史可以在这样的基础上写出来，这基础就是：'根据人的意向来解释'，或者行动者本人关于自己的动机的说明，关于为什么'按照他们自己的估计，他们要那样行动'的说明"③。卡尔认为，历史事实不是关于在孤立的状态下所采取的个人行为，也不是关于一些真实的或者假想的动机，而是关于个人在社会之中的相互之间关系的事实，也是关于从个人行动产生了结果的那些社会力量的事实。伯林则认为卡尔是要以"社会力量"的作用来取代动机与意图这二者。他说："任何人只要讨论的是人，就注定要考虑动机、目的、选择以及专属人类的特殊人类经验，而不是只考虑在有感觉、有生命的人类身上所发生的一切。"④

伯林认为自己并没有忽视非人性因素的存在，也没有主张停止寻找"原因"，认为这些都是幼稚荒谬和蒙昧主义的作风，但他强调不能忽略人的行为动机和形成动机的背景，以及展现在人类面前的诸多可能性，虽然其中多数不会也不可能实现。他认为，把个人行为化约为非个人性的"社会力"，而这种"社会力"又无法进一步分析为人类行为，这只是统计学的"物化"行为，只是那些盲目无视一切不可以量化的事物，因而在理论上造成荒唐把戏，在实践上犯下非人行径的官僚政客们的虚谬意

---

① ［英］爱德华·H. 卡尔：《历史是什么?》，吴柱存译，商务印书馆1981年版，第51页。
② 《马克思恩格斯全集》第23卷，人民出版社1972年版，第362页。
③ ［英］爱德华·H. 卡尔：《历史是什么?》，吴柱存译，商务印书馆1981年版，第53页。
④ ［英］以赛亚·伯林：《自由论》，胡传胜译，译林出版社2003年版，第29—30页。

识。对"社会力量"的宣扬，在伯林看来，是在制造"神话"而已。伯林认为，决定论是现代思潮中有力的神话之一。他说，决定论虽然在本身的重重枷锁上有花朵的点缀，也表现出了它的高贵的禁欲态度，也展示了其完美、浩瀚的宇宙蓝图，但是，它所呈现给我们的仍然是一个牢狱般的宇宙。决定论宣称，只有在自己这里才能找得到真正的、非个人化的、不可变易的生命与思想的机制。然而，伯林认为，决定论其实是一种建立在神话或玄学教条上的理论。这种理论假借对事物本质做了更深入、更清楚的了解之名，迫使人们失去了最富人性的道德与政治的信念。但因为决定论似乎得不到人类经验的支持，所以，它只不过是一种神经症或概念不清的征候而已。[①]　因此，伯林将决定论看成是一种邪恶的、难以理解的、牢固无情的社会及行为的模式，看成是当代的新圣经、新神祇，而其传播者就是当代的新教士。[②]

可见，在伯林看来，所谓决定论就是以自然科学的研究方法来研究人类历史。这显然是混淆了机械决定论与马克思主义的辩证决定论之间的本质区别。机械决定论是近代影响最大的决定论。根据这种学说，世界上的各种联系（包括社会历史联系）都服从于经典力学的规律，只要知道它们在某一时刻的初始条件，就可以推断出它们的状况和未来发展的结果。然而，由于在微观世界中初始条件具有不确定性，在社会历史运动中有人的主观活动的参与，就使一部分人在坚持自然决定论的同时放弃了历史决定论，而另一部分人则转而以统计决定论来说明微观世界和社会历史领域中的规律，从而修正了原先的立场。此外，机械决定论还是一种极端的决定论，因为它认为普遍的因果联系与自由绝对不相容，自由是一种错觉，每一个事件或每个人之所以如是，都是因为它们是由几乎或根本不能控制的原因所决定的。因此，我们可以说，机械决定论的主要缺点在于宣称一切因果地决定的现象都是合乎规律的和必然的，否定偶然性的客观存在或不理解偶然性，这样就必然会导致一切现象先定的宿命论观念。

与机械决定论相反，马克思主义的辩证决定论则主张，人类历史的发展有其规律性和必然性，这是客观存在的事实。但人类历史同时也不过是

---

① ［英］以赛亚·伯林：《自由论》，胡传胜译，译林出版社 2003 年版，第 173 页。
② 同上书，第 178 页。

追求自己目的的人的活动而已，是通过人的有意识的活动来为自己开辟道路的，是人的能动的选择活动过程。因此，历史的创造和发展方向就具有多种可能性。这样，人在创造历史的时候就面临着选择性问题。这就是说，马克思主义反对任何形式的宿命论的自然观和社会观，认为道德判断即褒贬、责任等自然包含于决定论的范畴之内。这个问题实际上涉及了历史决定论与历史选择论之间的辩证关系问题。

马克思主义的辩证决定论是历史决定论与历史选择论的统一。唯物史观认为，虽然对历史斗争的进程产生影响，并且在许多情况下主要是决定着这一斗争形式的，包括上层建筑的各种因素，甚至那些存在于人们头脑中的传统也起着一定作用，但是，在社会结构诸环节之间的关系中，归根到底是生产发展，是经济运动作为一种内在的必然性决定着整个社会的运动和发展。这就是说，在马克思看来，经济的前提和条件归根到底是决定性的。但是，唯物史观从来都不否认人的自觉选择活动，它强调历史规律对于历史发展的决定作用，正是基于对人的自觉活动的研究，并以提高人类活动的自觉程度为目的。马克思始终反对忽视人的自觉能动性，他严厉地批评旧唯物主义只看到人是环境的产物，而没有看到环境是可以由人来改变的。但人的选择活动并非随心所欲，它要受到历史规律的制约。所以，历史选择只能在历史发展的可能性空间中进行选择。离开了这种可能性空间，则选择就带有盲目性，达不到目标。但是，对于伯林等人来说，重要的不是人的选择能否实现，而是在于人是否拥有这种哪怕仅仅是抽象意义上的选择的权利和自由。然而，我们说，人类在创造历史的过程当中，绝非靠抽象的、名义上的权利和自由去实现，而是要在把握社会历史发展规律的基础上运用自己的知识和能力去创造历史。

3. 决定论与文化之间的关系

伯林认为，维柯和赫尔德的价值在于他们认为文化多元化是人类历史中固有的东西。那么，不同文化中的人们彼此之间如何交往呢？在伯林看来，若能了解人们是如何按照自己的方式生活，即使这种方式异于己，自己感到它的可恶，并且责备它，那么自己仍然可以跨越时空，与他人进行交流。我们认为能够理解他们，这就意味着我们具有某种富于同情心的理解、见解与直觉。即使这些文化排斥我们，我们也可以凭借想象力来设想为何有人有如此的想法、情感、目标与行动。因此，我们说，伯林之所以由一元论思想转而接受多元论观念，是因为他看到了人类历史上文化多元性的客观事实。后来，他又认为，人类的目标也是多样的，而且这些目标之间具有不可通约性。文化的多元性与目标的多样性当然是事实，问题在于，以此来证明决定论的错误是否可行？

马克思的回答是否定的。从文化到文化当然也是一种历史研究的方法，因为文化的变迁也可以适当地反映社会历史的发展变化。但是，如果将文化视为历史解释的全部根据，那就无异于一位好汉曾经想象人们之所以溺死，是因为人们被关于重力的思想迷住了一样。[①] 在黑格尔之后，马克思颠倒了这种思维方式，从而把文化与社会经济、政治生活的渊源与同构关系揭示出来了。[②] 从 18 世纪法国唯物主义者到黑格尔，他们都想去发现历史发展的根本原因，也都在这方面提出过一些有价值的思想，但他们无一例外地都把历史的最后动因归于不同的精神因素，走不出历史唯心主义的迷宫，因而就没有科学地解释社会历史发展的根本原因。伯林也是如此。在他看来，既然道德、政治问题，或任何有关价值观的问题，都不可能只有一个最终的答案，因而多元论就是一种更真实更合乎人性理想的主张。伯林的错误就在于他没有进一步思考：在这些多元的社会意识形式的背后有没有共同点？若有，它是什么？若没有，则这些多元性文化及其中的人们又是如何能够生存的？马克思对此早就得出了正确的结论。马克思说："物质生活的生产方式制约着整个社会生活、政治生活和精神生活的过程。不是人们的意识决定人们的存在，相反，是人们的社会存在决定人们的意识。"[③] 然而，否认了各种社会意识形式在社会历史发展过程中的决定性作用，并不意味着否认了它们对历史进程的影响。虽然我们承认"政治、法、哲学、宗教、文学、艺术等的发展是以经济发展为基础的。但是，它们又都互相作用并对经济基础发生作用。并非只有经济状况才是原因，才是积极的，其余一切都不过是消极的结果。这是在归根到底总是得到实现的经济必然性的基础上的互相作用"[④]。

---

① 《马克思恩格斯全集》第 3 卷，人民出版社 1960 年版，第 16 页。

② 孙伯鍨、张一兵主编：《走进马克思》，江苏人民出版社 2001 年版，第 56 页。

③ 《马克思恩格斯选集》第 2 卷，人民出版社 1995 年版，第 32 页。

④ 《马克思恩格斯选集》第 4 卷，人民出版社 1995 年版，第 732 页。

二　决定论与责任

恩格斯说："如果不谈所谓自由意志、人的责任能力、必然和自由的关系等问题，就不能很好地议论道德和法的问题。"[1] 这就是说，我们只有搞清楚了决定论、自由意志、行为与责任之间的关系，才能进一步深入地研究人的道德与法律问题。在这里，我们主要讨论的就是有关人的行为与责任之间的关系问题，这实际上是一个对行为的评价问题：人究竟应该对什么样的行为负责，而对什么样的行为不需要负责？也就是说，我们应当如何对人的行为做出对或错、好或坏的评价？

我们首先需要澄清的问题就是责任的含义是什么。从责任的对象而言，可以把责任分为两类：法律责任与任务责任。前者是指对行为本身负责，特别是指对行为的过失承担责任。这是法学研究的问题，而不是我们这里所讨论的问题，我们主要讨论任务责任。从任务责任的角度来看，所谓责任就是一种特殊的任务表现形式。但责任又不同于一般性的任务，它具有其特殊性。这种特殊性就表现在它往往存在于主体内心，是一种经过主体的精神处理而内化了的任务表现形式，是主体对自身所提出的一种任务要求。换句话说，当外界对主体所提出的行为要求即任务，经过主体的慎重选择之后，引起了主体在思想上的重视，变成了主体对自身所提出的内在要求时，这些任务就会由外在转变为内在，最终成为一种责任。[2]于是，就责任与义务之间的关系来看，我们可以说，责任是一种具有强制性的任务，而义务则是一种非强制性的任务。综上所述，我们可以看到，所谓责任，是与主体的主观选择及其自由意志的活动密切相关的。

因此，在行为与责任的关系问题上，我们可以看到，机械决定论或极端的物理决定论的观点是主张无责任论。根据极端的决定论，一切都是由物理的因果必然性严格决定的，人做什么都不是由自己决定的，而是由内外的物理原因操纵的，因此人对自己的行为就不负有责任。如果我们要评价行为，则最终不是在批评或赞扬行为的主体，而是在评价决定它的原

---

[1] 《马克思恩格斯选集》第 3 卷，人民出版社 1995 年版，第 454 页。

[2] 欧阳英：《责任的误读与责任理性的恢复》，《哲学动态》2005 年第 3 期。

因。简言之，评价行为不应当评价其主体，而应当评价行为的原因。①

在这个问题上，伯林也认为，假如决定论正确，将导致世界大变。在他看来，如果决定论者的假设确实正确，而且充分地说明了实际世界的情形，那么，我们企图通过任何人为的努力去改变什么的想法和做法都是枉然。这样一来，人类责任的观念就无法适用于实际的事态，而只能适用于想象中或构想中的事态了。于是，伯林指出，对于决定论，"我们无论在言说还是在思考中，都没有把它当作是真的，而且难以设想（这也许超出了我们正常的能力）如果我们认真地相信它，我们关于世界的图像将会是怎么样的"②。接受了决定论，不但将会使人类划分出来的各种区分（如"有责任"与"无责任"等的区分）成为不合法的语言，而且人类毫无疑问地接受的许多东西也将变成感觉上的莫须有之物。这样一个世界是极其可怕的，因为它"将发生巨大的转变，其剧烈程度远非古典与中世纪的目的论世界因机械论原则或自然选择原理获胜而发生的巨变可比。我们的语词，我们的言说与思维方式，都将发生无法想像的变化"③。

莫顿·怀特认为，伯林的《历史的不可避免性》一文的中心论题之一是：当事人负有责任的论述与当事人的选择是被决定的或是有原因的论述之间不相容。④关于这种不相容，伯林说："这是一种什么样的不相容——逻辑的、概念的、心理学的还是其他种类的——这是一个我不愿回答的问题。事实信念与道德态度（或信念）的关系……在我看来需要作进一步的哲学研究。以为这中间不存在有意义的逻辑关系的观点，例如常常归之于休谟的事实与价值的两分法，在我看来是难以置信的。"⑤ 怀特认为，伯林所讲的责任与决定论之间的不相容并不是人们日常所理解的那种不相容，比如，"约翰是个单身汉"与"约翰结婚了"。伯林似乎主张有关责任的陈述的可理解性意味着决定论的谬误，并且决定论也意味着以上陈述的不可理解性。伯林说："如果我们的道德仅仅属于我们自己的文

① 高新民：《现代西方心灵哲学》，武汉出版社1994年版，第696页。
② ［英］以赛亚·伯林：《自由论》，胡传胜译，译林出版社2003年版，第136页。
③ 同上书，第181页。
④ Morton White, "Oughts and Cans", See Alan Ryan, ed., *The Idea of Freedom: Essays in Honour of Isaiah Berlin*, Oxford: Oxford University Press, 1979, p. 211.
⑤ ［英］以赛亚·伯林：《自由论》，胡传胜译，译林出版社2003年版，第7页，脚注④。

化或社会，那么当一位怀特所说的陌生文化的成员一方面公开宣称决定
论，另一方面又继续表达或暗示康德式的道德判断时，我们便不应说他是
逻辑上自相矛盾的，而只能这样说：他是前后不一致的；我们不理解他使
用这些词汇的理由；他的语言如果运用于现实世界，也是我们无法充分理
解的。"① 因此，在伯林看来，作为与人类行为有关的一个理论假设，决
定论虽然与历史研究无关，也无法应用，但是，它却在改变我们对人类责
任的看法这一点上扮演了一个引人注目的角色。他认为，所有形式的决定
论都隐含了抹杀个人责任的观念，因为按照决定论的观点，历史是由超乎
人类自由选择的"力量"造成的。于是，终极说来，要为历史负责的是
"更大的实体"而非个人。由此，任何人的任何行为由于不是出于自己的
决定，所以都带有必然性，因而对于任何人的任何行为进行道德评价也就
是毫无道理的，充其量只能是把它看成一种美学上的判断而已。这样一
来，评估历史活动中的个人应当负起多大的责任，从而把某种结果归于所
谓的个人自由选择，就没有任何意义可言了。②

伯林多次提到过艾耶尔（A. J. Ayer）的一句惊人之语："了解一切就
是宽恕一切。"在伯林看来，这是一种关于"世界秩序"的说法。在决定
论的视野中，所谓"了解"就是指掌握各个事物在宇宙中所扮演的独特
角色及其必然性，而其间的一切抗议、责备及抱怨等行为都是缺乏真正了
解的表现，因而也就是无知的行为。因此，人们所知愈多，自由的范围就
愈狭窄，责任的范围就跟着缩小，从而就愈能卸下选择的负担，而把责任
推到"更大的实体"身上去。与此相反，那些认为人类所知太少的人也
得出了同样的观点：人类野心虽大，但由于知识与判断力的卑微，所以也
无权进行价值评判与负责。伯林在谈到现代人呼吁宽恕一切、不妄下评判
这一观点时，认为它实际上是两种观点的牵合：一种观点认为，人类只能
尽人事，人类的性格与动机很少能对实际事件的发展起决定作用，这种观
点的出发点是人类的"无能"；另一种观点认为，人类不是全知者，所以
企图找出责任者，即终极的发号施令者，是一种狂妄而又荒谬的行为，这
种观点的出发点是人类的"无知"。这两种观点的共同之处在于它们都把

① ［英］以赛亚·伯林：《自由论》，胡传胜译，译林出版社 2003 年版，第 17—18 页。
② 同上书，第 127—129 页。

个人责任有意地排除了。于是，伯林推导出一个结论：由于人类不能进行道德评判，所以，任何人都不能指责他人进行道德评判。如此，"客观"一词也就没有任何意义了。在伯林看来，所有的决定论都会导致以上的结论。它们的观点所依据的世界观和人生观之所以让人无法接受，就是因为如果决定论果真对，则我们所接受的东西均成了非法的东西。

澳大利亚国立大学的帕斯摩教授说，不是预测系统的未来状态在原则上总是可能的，而是在这样一个系统中，当发生了某种变化时，要发现这种变化所发生的条件在原则上总是可能的。因此，在这样一个重建过程中，没有什么鸿沟需要我们去通过设想存在形而上学意义上的那种自由行为来填满它。这就是说，在某种意义上，伯林的自由行为是一种多余的概念。帕斯摩说，接受这种观点就是要使我们日常归因于褒贬以及分配责任的习惯变得毫无意义。这正是伯林所反对的，而且也是他提出反对决定论的主要理由。帕斯摩发现这是一个很难讨论的问题。在他看来，在一些没有把自由意志归结于当事人的情形之下进行褒贬，这似乎是很清楚的事情：表扬狗是因为它给他带来了它的骨头；表扬孩子是因为孩子做了自己要他做的事情。帕斯摩说，伯林认为，不管我实际上如何操作，除非我认为人们对他们的行为负有"最终的责任"，否则，我的"褒贬"在逻辑上就是荒谬的。这里，关键是具有形而上学意义的概念即"最终的"引起了一定的麻烦。帕斯摩说，很明显，我们这里应该说的是，要么是人自己负有"最终的责任"，要么是社会负有"最终的责任"。事实上，一元论者和原子论者都主张"最终的责任"，只是社会学一元论者把它归结于社会、自然或"制度"，而社会学原子论者则归结于个人，即独立的当事人。帕斯摩说，可以肯定，随着时间的逐渐推移，形而上学意义上的"最终的责任"的概念将被完全抛弃，而仅仅剩下"最终的"这个概念。帕斯摩反对那种恶的无限的倒推理形式。在他看来，我们只能是在认为一个人有工作去做、有任务去完成、有行为去避免时，才能追究责任。拒绝向那些由于个性和环境的影响而导致工作失败的人追究责任，将使"责任"概念变得完全无用。帕斯摩最后还言犹未尽地说，关于褒、贬与责任还有很多需要说的，比如，人们可以赞同伯林的这样一种观点：理解得深刻，人们就必然会停止指责，但仍然会觉得指责应是那些没有受过教育的、感觉迟钝的人的行为，而不是那些受过教育的、感觉灵敏的人的无意识的反映。① 总之，由于机械决定论者完全否认了人的行为中所包含的意志自由，所以，他们就认为人不应该为其所做的事而受责备或赞扬。

与此相反，意志绝对自由论者由于无限夸大人的选择自由，把人的选择说成是可以不受任何限制和约束的任意选择，因而也就无限夸大了人的责任。他们坚持认为，如果否认人应对有意图的行为负责任，则道德、法律等社会规范都将失去存在的基础。萨特可以说是这种观点的典型代表。他认为，人由于命定是自由的，把整个世界的重担扛在肩上，所以他对作为存在方式的世界和他本身是有责任的。所谓责任就是指对一个事件或一个对象的无可争辩的作者意识。因此，责任不是从别处接受的，它仅仅是我们的自由的结果和逻辑要求。既然决定是由我作的，所以我对之就负有完全的责任。总之，"不论我做什么，我都不能在哪怕是短暂的一刻脱离这种责任，因为我对我的逃离责任的欲望本身也是负有责任的"②。我们说，人不可没有责任心，但人的责任心也不能无限膨胀。因为人都有其独立的思想、意志和情感，只要他不违反法律与道德，任何人都不能以"责任"的名义去对之加以干涉。

总之，伯林以否定的形式表达了自己在决定论与责任的关系上所持有的立场。他不直接说自己的观点是什么，而是先假设决定论正确，后得出结论说个人责任被抹杀了。伯林认为，人作为人，区别于动物之处就在于他具有选择的自由。因此，伯林主张个人对其行为应当负有责任。从本质上来说，伯林是站在意志自由论的立场之上的，因为他也是把自由与必然看作是互相排斥、互相冲突的，因而主张决定论与人的责任之间也是相互对立而不可共存的。伯林说来说去就是一个意思：自由意志与决定论是对立的；决定论与"责任"的观念也是对立的。所以，马克思主义辩证决定论的观点在伯林看来，只能是一种神话和怪兽一类的东西。

那么，人究竟应不应该对自己的行为和选择承担责任呢？马克思主义的辩证决定论既然主张历史决定论与历史选择论的统一，则人的意志自由与社会性的统一就是题中之意。这是因为，只有人类才谈得上自由，"人

① J. A. Passmore, "History, the Individual, and Inevitability", *Philosophical Review*, Vol. 68, No. 1, January 1959, pp. 101 – 102.

② ［法］萨特：《存在与虚无》，陈宣良等译，安徽文艺出版社 1998 年版，第 708 页。

是最名副其实的社会动物"①，只有人才有真正自觉的社会交往和不可割舍的社会联系。自由所具有的社会性表明了自由与社会责任具有同一性。马克思认为，在人们的一切行为过程中，既有历史必然性的最终作用，又有人的相对的意志自由，因而自由与责任不可分割。行为主体在自由选择对象的同时，也自由地选择了责任。否定了责任，也就否定了选择。在现实生活中，作为行为主体，人既然在几种可能性中进行思考、权衡、取舍，则他的选择就证明是经过他的同意而做出的，是属于他自己的行为，因而，他就要为此而负有相应的责任。然而，人所具有的这种选择的意志自由并非绝对自由，而是相对自由。这种自由归根到底要受到历史必然性的制约。只有社会向行为主体提供了某种可能，赋予了其运用这种自由的权利，允许而不是剥夺其对行为的道德选择，则行为主体的意志自由才能够显现出来。否则，社会就不应当将道德责任强加于他。因此，"一个人只有在他握有意志的完全自由去行动时，他才能对他的这些行为负完全的责任"②。于是，马克思又认为，虽然人应该对自己的行为选择负责，但这种负责又是有条件的。也就是说，人只能在一定的限度内对自己的行为承担责任。这是因为，人们的道德选择，既要受到诸如一定社会的经济、文化和政治等状况以及个人在一定社会关系中的地位等客观条件的制约，又要受到个人诸如人生观、知识水平和心理素质等主观条件的制约。因此，个人道德选择的范围和能力都不是无限的，从而对其行为选择所要承担的责任也就不可能是无限的。总之，我们认为，人们既不能对一切行为都承担责任，也不可能对一切行为都不承担责任。

---

① 《马克思恩格斯全集》第 12 卷，人民出版社 1962 年版，第 734 页。
② 《马克思恩格斯选集》第 4 卷，人民出版社 1995 年版，第 78 页。

第三章　伯林的自由观

第一节　两种自由概念

一　伯林之前的两种自由概念

　　贡斯当关于自由、极权主义暴政以及代议制政府的观点，在"冷战"时期的特定条件下对当代自由主义的发展影响很大。伯林曾经多次承认，自己之所以能够提出积极自由与消极自由这两种自由概念，就是因为受贡斯当的影响。1819 年，贡斯当发表了题为《古代人的自由与现代人的自由之比较》的著名演讲。伯林认为贡斯当的这篇演讲是讨论积极自由与消极自由"最好的文章"①，没有人比贡斯当"对两种自由的冲突看得更清楚、表达得更清晰"②。从本质上来讲，伯林的"消极自由"和"积极自由"分别相当于贡斯当的"现代自由"即私人生活的自由与"古代自由"即政治参与的自由。学术界普遍认为，伯林的两种自由概念的区分"直接继承了贡斯当的自由概念，并赋予更深刻、更广泛的含义"③。依据贡斯当对两种自由的区分，古代自由的依据只是公民资格，即参加以辩论和公共决策为职能的议事会的权利。但古代人在公共事务中几乎永远是主权者的同时，他们在所有私人关系中却都是奴隶。这是由于古代的自由概念没有将公共生活与私人生活区分开来，因此也没有给个人的权利留下余地。与此相反，现代人比古代人更为珍视个人的独立，个人自由才是真正的现代自由。因此，贡斯当说："对古代人而言，当他们为了政治权利牺

---

①　Isaiah Berlin and Ramin Jahanbegloo, *Conversations with Isaiah Berlin*, p. 42.

②　[英] 以赛亚·伯林：《自由论》，胡传胜译，译林出版社 2003 年版，第 236 页。

③　李强：《自由主义》，中国社会科学出版社 1998 年版，第 177 页。

牲个人独立时，他们是以较小的牺牲换取较大的所得；而我们（指现代人——引者注）如果作出同样的牺牲，我们便是以较大的损失换取较小的所得。"①

贡斯当的确是对伯林的思想有很大的影响，但是要把"消极自由"和"积极自由"概念的提出归功于贡斯当，却是很成问题的。从这两种自由概念含义的角度来看，贡斯当可以成为伯林自由概念的思想渊源。但从概念本身被提出的角度来看，则根本谈不上。这一点学术界已有多人提出。②

哈耶克曾经指出，"积极自由"与"消极自由"概念的区别，经过T. H. 格林的阐释而广为人知，但其渊源乃是黑格尔。③ 在格林那儿，尽管自由是指一种积极的权力或能力，但他并没有明确地使用过"积极自由"的概念。作为英国著名的新黑格尔主义者，格林的思想，包括他的自由理论，自然都会受到黑格尔的影响。那么，格林对自由特征的强调，是否与黑格尔有关呢？哈耶克无疑是这样认为的。

针对谁最先提出了这两种自由概念的问题，俞吾金教授经过考察，发现了以下情况：第一，叔本华在写于 1839 年的有奖征文《论意志自由》一书中曾经说过，自由"这一概念是一个消极的概念。通过这一概念，我们想到的只是一切障碍的消除；而相反，在这一切障碍表现为力量的时候，它们必然是积极的"④。叔本华虽然没有明确提出这两种自由的概念，但已经开始从"积极的"、"消极的"角度来思考自由的问题，这一点是无可怀疑的。

第二，黑格尔没有使用过"积极自由"的概念，但却提出过"消极自由"的概念。在写于 1801 年的《费希特与谢林哲学体系的差别》一书

① ［法］贡斯当：《古代人的自由与现代人的自由——贡斯当政治论文选》，阎克文、刘满贵译，商务印书馆1999年版，第33页。

② 在这一方面，俞吾金教授的工作很出色，参见其发表于2000年第7期《开放时代》上的《自由概念两题议》一文。本书在引用该文时，未采用其中的引文译法，而是采用了相应的中译本的译法。

③ ［英］F. A. 哈耶克：《自由秩序原理》上册，邓正来译，生活·读书·新知三联书店1997年版，第324页，注释［26］。

④ ［德］叔本华：《伦理学的两个基本问题》，任立、孟庆时译，商务印书馆1996年版，第34页。

中，黑格尔在叙述费希特哲学体系时写道："由此就很清楚，自由在这个体系中具有什么样的性质，即自由不是对立物的扬弃，而是与对立物相对立，并在此对立中被固定为否定的自由。"① 在该书中的另一处，黑格尔强调，在费希特的哲学体系中，自由作为理性的特征是最高的东西，但个人在与他人结成集体时，必须放弃自己的自由，才能确保集体中所有理性存在的自由。质言之，为了成为自由，自由必须扬弃自身。"显而易见，自由在这里又是某种纯粹否定的东西，即绝对的无规定性，或者像上述自我设置的情况所表明的那样，是一种纯粹观念的因素，是从反思的观点考察的自由。"② 在出版于 1821 年的《法哲学原理》一书中，黑格尔对消极的自由的概念作了更详尽的论述。他指出，人在思维中赋予自己以普遍性，即消除自己一切特殊性的规定性，"这种否定的自由或理智的自由是片面的，但是这种片面性始终包含着一个本质性的规定，所以不该把它抛弃。不过理智有缺点，即它把片面的规定上升为唯一最高的规定"③。在黑格尔看来，这种消极的自由也就是单纯地体现在观念或理智上的消极的意志，它只在破坏某种东西的时候，才感觉到自己的存在，并误认为自己是在追求一种积极的状态。法国革命中的恐怖时期正是这样的否定的自由造成的。在黑格尔的辩证法结构中，这种消极的自由并不是偶然的或无用的，而是具体的自由的一个本质性的构成环节。尽管黑格尔没有使用"积极自由"的概念，但他的"具体的自由"概念（强调个体对国家事务的积极参与）本身就包含着积极自由的含义。

　　第三，从目前所掌握的资料来看，康德是最先提出这两种自由概念的哲学家。他在 1785 年出版的《道德形而上学原理》一书中，是从意志出发来探讨自由问题的。他在该书第三部分中论意志问题时指出，人们通常认为，意志是有理性的、有生命的存在物的一种因果性，自由作为这种因果性所固有的属性，是不受外来原因的制约而独立地起作用的。自然必然性是一切无理性的存在物的因果性所固有的属性，而这些存在物的活动则是

---

　　① ［德］黑格尔：《费希特与谢林哲学体系的差别》，宋祖良、程志民译，商务印书馆 1994 年版，第 46 页。

　　② 同上书，第 57 页。

　　③ ［德］黑格尔：《法哲学原理——或自然法和国家学纲要》，范扬、张企泰译，商务印书馆 1961 年版，第 15 页。

在外来原因的影响下被规定的。"以上是对自由的消极阐明，因此不会很有成效地去深入到自由的本质。不过，从这里却引申出了自由的积极概念，一个更富于成果的概念。"① 在康德看来，人作为理性存在物，其意志应当是自由的，但如果仅仅局限于这一点去理解自由，这样的概念还是消极性的；而当人们认识到这一点，并自觉地为意志即实践理性立法时，这样的自由概念才是积极性的。H. J. 帕通于 1948 年出版了康德《道德形而上学原理》一书的英译本，他在附录中以十分明确的语言概述了康德的上述思想："理性自身在它既是积极自由又是消极自由的前提下，必然地起着作用。它的前提必定是，一则不为外在的影响所规定，二则它是自身原则的泉源。"② 在 1788 年出版的《实践理性批判》一书中，康德在提到意志的独立性时，更明确地提出了两种自由的概念。他说："前一种独立性是否定意义上的自由，而纯粹的并且本身实践的理性的自己立法，则是积极意义上的自由。"③

　　从俞教授的研究成果来看，消极自由与积极自由这两种自由概念的提出，至今已经有 200 多年的历史了。俞教授这里是从两种自由概念由谁最先提出的角度来研究的，但如果仅仅着眼于这两种自由概念在伯林之前是否有人已经提出，则我们至少还能举出埃里希·弗罗姆的例子来说明问题。④ 弗罗姆在其于 1941 年出版的《对自由的恐惧》（又名《逃避自由》）一书中已经明确地提出了这两种自由的概念。弗罗姆把自由分为两种：一种是"消极自由"，它意味着解脱了什么，即人从原始的状态中分离出来，"解脱了本能对行为的决定性"⑤。它具有模棱两可的含义：一方

① ［德］康德：《道德形而上学原理》，苗力田译，上海人民出版社 2002 年版，第 69 页。
② 同上书，第 127 页。
③ ［德］康德：《实践理性批判》，韩水法译，商务印书馆 1999 年版，第 34 页。
④ D. 史匹茨（David Spitz）曾经提到，D. 福斯迪克（Dorothy Fosdick）在其发表于 1939 年的《什么是自由？》一书中，已经提出并论证了伯林 1958 年著名演讲中的中心论点。史匹茨认为，伯林在此基础之上不仅没有提出什么新的东西，相反，他所提出的问题与他所能解决的问题一样多。这至少可以说明伯林的观点并非首创。这一点早在伯林发表此次演讲之前就已经有人指出来了。伯林曾经把自己的演讲稿给法学家 H. 哈特等好友看过，结果他们认为这篇演讲稿"只不过是以洪亮的声音讲一堆老生常谈的话而已，伯林自己也相信了这一点"。参见伊格纳季耶夫《伯林传》，第 306 页。D. 史匹茨的观点参见 D. Spitz, "The Nature and Limits of Freedom", *Dissent*, Vol. 8, No. 1, Winter 1961.
⑤ ［美］埃里希·弗罗姆：《对自由的恐惧》，许合平、朱士群译，国际文化出版公司 1988 年版，第 22 页。

面,"人们逐步地摆脱了外在的权威而独立;另一方面,他的孤立性也在发展,并造成了个体的无意义感和无能为力的感受"①。另一种是"积极自由",它意味着自由地做什么。② 为了走出这种模棱两可的境况,弗罗姆主张人必须由"消极自由"转向"积极自由",即以自己内在的创造性力量去完善理性,并通过爱和工作,将已被割断的与自然和他人相联系的纽带再重新联结起来。③

综上所述,可见伯林并非消极自由与积极自由这两种自由概念的首创者。实际上,伯林的两种自由概念是把西方古典自由主义的消极自由传统与自格林以来的西方及所谓的极权主义国家的积极自由政策加以综合的结果而已。这两种自由概念之所以是在伯林的演讲之后才广为人知,最主要的原因就是伯林当时所处的"冷战"背景。作为曾经参与了"冷战"的知识分子,在 1958 年的就职演讲中,伯林以自由主义的消极自由反对共产主义的积极自由的意向是十分明显的。事实上,伯林的此次演讲在当时的英美学术界的确引起了热烈的争论,他也因此成为了那时很有影响的人物。

二 伯林的两种自由概念的形成过程

伯林的两种自由概念即"消极自由"与"积极自由",有一个形成和发展的过程。1950—1951 年,伯林疯狂地阅读 18 世纪法国启蒙哲学家(如狄德罗、爱尔维修和伏尔泰等)的著作。与此同时,他也第一次开始阅读德国浪漫主义哲学家们(谢林、赫尔德和费希特)的作品。④ 1952年 2—3 月间,他在宾夕法尼亚州的布林·摩尔学院(Bryn Mawr College)作了"关于浪漫主义时代的政治观念"的玛丽·弗莱克斯娜(Mary Flexner)系列讲座,一共是四次。同年秋,伯林将这四篇根据主题组织起来的讲座稿改写成了六篇关于不同思想家的讲话。⑤ 在这次讲座中,伯林初

---

① [美]埃里希·弗罗姆:《对自由的恐惧》,许合平、朱士群译,国际文化出版公司 1988年版,第 26 页。

② 同上书,第 22 页。

③ 同上书,第 25 页。

④ [加拿大]伊格纳季耶夫:《伯林传》,罗妍莉译,译林出版社 2001 年版,第 272—273 页。

⑤ 该讲话稿于 2002 年以《自由及其背叛》为书名由美国普林斯顿大学出版社出版。这六位思想家分别是爱尔维修、卢梭、费希特、黑格尔、圣西门与梅斯特。

次提出了两种自由概念，即"自由"和"浪漫"。他当时的表述是"自由的两种概念：浪漫主义与自由主义"。这就是后来著名的消极自由和积极自由两种自由概念的雏形。① 这表明伯林"首次开始将自己关于启蒙运动和浪漫主义自由理想之间的过渡的历史观组织起来"②。

正如伯林在 1988 年接受伊朗哲学家拉明·贾汉贝格鲁采访时所说的那样，他是仔细研究过浪漫主义的。③ 伯林是把浪漫主义作为反启蒙运动和反理性主义思潮的一支来进行研究的。这种研究，比较集中的有两次：第一次就是在玛丽·弗莱克斯娜系列讲座时期；第二次是在 1965 年的三四月间，伯林于美国华盛顿的国家美术馆发表了名为"浪漫主义思想的来源"的梅隆（A. W. Mellon）系列讲座。此外，伯林还有若干论文、谈话及论文中的片段是专门讨论浪漫主义的。④ 在关于浪漫主义思潮的研究中，伯林阐述了浪漫主义哲学家们所理解的自由概念。这是伯林形成两种自由概念的第一阶段，即提出了传统自由主义与浪漫主义意义上的两种自由概念。

1958 年，伯林在《两种自由概念》的就职演说中，明确地提出了"消极自由"与"积极自由"这两种自由概念。这篇演说被誉为 20 世纪自由主义的经典名著之一，伯林借此正式确立了自己在现代西方自由主义思想史上的大师地位。在此后几十年中，西方政治哲学的发展基本上是在消极自由与积极自由二分法的理论框架中展开的。这是伯林形成两种自由概念的第二阶段。

简单比较一下伯林在这两个阶段所分别提出的两种自由概念，我们

---

① ［加拿大］伊格纳季耶夫：《伯林传》，罗妍莉译，译林出版社 2001 年版，第 273—274 页。

② 同上书，第 273 页。

③ Isaiah Berlin and Ramin Jahanbegloo, *Conversations with Isaiah Berlin*, p. 156.

④ 这些论文写作与发表的情形不一，比如：《浪漫主义革命——现代思想史的一个危机》是 1960 年 3 月为在罗马召开的一次会议而作；《欧洲浪漫主义的本质》是为 H. G. 申克（Schenk）于 1966 年出版的《欧洲浪漫主义者的观念》一书所作的序言；《浪漫意志的神化——反抗理想世界的神话》先于 1975 年以意大利文发表，后于 1991 年首次以英文发表在由亨利·哈代所编辑的伯林文集《扭曲的人性之材》中；伯林的封笔之作《我的思想之路》是 1996 年应当时中国武汉大学欧阳康教授之请而作。《我的思想之路》一文先以中文发表，而后以英文发表。在该文以及《伯林谈话录》一书中都有专门谈论浪漫主义部分的内容。

可以看到，第一阶段的"自由"概念相当于后来的"消极自由"概念，两者都是指承继了西方哲学史上自霍布斯以来的英美古典自由主义对自由概念的理解，即把自由理解为不受其他个人或人们所干涉，一种在思考和行动过程中没有障碍的状态。而第一阶段的"浪漫"概念在一定程度上相当于后来的"积极自由"概念。但严格说来，"浪漫"概念远不及"积极自由"概念的含义广泛。在卢梭及后来的浪漫派那里，自由这个概念变成了只有当人的内在本质得以实现的时候才能够达到的一种东西。自由与个人创造、个人表达变成了同义词。这种意义上的自由概念仅是积极自由的理论之一。实际上，一个享有消极自由，也就是行动和思考自由的人，完全可能缺乏积极自由，也就是把自身的内在本质发挥到极致的能力。[①]

晚年的伯林针对"消极自由"与"积极自由"的二分法又提出了新的观点。1988 年 5—6 月间，即在《两种自由概念》一文发表了整整 30 年后，伯林在与加利波的一次访谈中提出了"选择自由"的概念。他不但用它来表示自由选择的能力以及自由意志的运用能力，而且他还认为，自由的这种"基本的"意义比有关社会自由和政治自由的范围和分类的内容更重要。因此，自由选择的能力对于一切形式的自由，如消极自由和积极自由来说，都是"基本的"东西。[②] 在同年 11 月 17 日的一封信中，伯林说，《两种自由概念》一文在论述天赋的自由方面还不够清晰，因为他没有把"天赋的自由"与 19 世纪的自由主义者（如本杰明·贡斯当和亨利·米歇尔）所讲的"公民自由"区分开来。于是，他又接着写道："在某种意义上，我或许应当在我的这篇文章中说，存在着这样的两种自由：第一种是在 X 与非 X 之间进行选择的基本自由。做不到这一点的生物几乎不能说是人，也就是说，这样一些完全受控制的、行为机械的人不能叫做完全意义上的人。第二种是，存在着贡斯当和米歇尔等人所重视的自由，即：在一定的限度内、在各种价值之间进行选择的能力上、在生活方式及多元主义观点等方面不受干涉的自由。这两种自由的根源是相同的，但第一种基本的自由是一切事物的基础，而第二种自由则能够扩展或

---

① ［加拿大］伊格纳季耶夫：《伯林传》，罗妍莉译，译林出版社 2001 年版，第 274 页。
② Claude J. Galipeau, *Isaiah Berlin's Liberalism*, Oxford: Clarendon Press, 1994, p. 86.

者削减。"① 因此，我们可以把"选择自由"与"无干涉的自由"看成是伯林形成两种自由概念的第三阶段。②

第二节 伯林的自由概念辨析

一 "自由"与"浪漫"

无论是在 1952 年的玛丽·弗莱克斯娜系列讲座中，还是在 1965 年的梅隆系列讲座中，或者其他一些论述浪漫主义的论文中，伯林在这一时期所思考的重点问题都是在反思启蒙运动与理性主义。由此，他展开了对于浪漫主义思潮的评判，提出了"浪漫"意义上的自由概念。与此形成鲜明对比的是，伯林此时对于"自由"则相对着笔不多。由于此处的"自由"就是后来的"消极自由"，故本书在此处仅着重分析"浪漫"意义上的自由概念，而对"自由"概念的分析实际上就是下一部分对"消极自由"概念的分析，所以，此处仅简略述及之。

1952 年，在关于费希特部分的演说中，伯林说："许多西欧思想家主要关注的是，他们捍卫个体的自由以防其他个体的侵害。在他们看来，自由意味着不受干涉——这在本质上是一个消极概念。"③ 他又说："自由意味着不受侵害；因此自由指的是人们互不侵犯。"④ 这种"自由"显然是指一种消极意义上的自由，只是伯林此时尚未明确地提出"消极自由"这一概念而已。

---

① Claude J. Galipeau, *Isaiah Berlin's Liberalism*, Oxford: Clarendon Press, 1994, p. 86.

② 伯林以"消极自由"与"积极自由"这两种自由概念成名，这是本章需要重点分析的内容。"选择自由"与"无干涉的自由"作为"两种自由概念"并未得到人们的认可，它们将分别作为价值多元论的论证维度之一与共和主义的自由观，在本书的第四章和第五章中得到进一步的分析和论证。在这里，我们需要简单地指出的是，"选择自由"与"无干涉的自由"这两种自由概念的区分并不能够成立。从实质上看，它们只能是同一种自由，即无干涉的自由。所谓无干涉的自由就是指消极自由，它是指个体自我在进行自己的选择活动时不受任何他人的干涉。可见，无干涉的自由本身就内在地包含着选择自由。从这一点来说，伯林所说的"共同根源"就是指选择自由。在晚年伯林的自由观念中，他已经取消了积极自由的地位。所以，我们可以设想，如果让 1988 年的伯林像 1958 年时那样作一个关于自由概念的演讲的话，我们相信他的题目很可能会变成《一种自由概念》。

③ ［英］以赛亚·伯林：《自由及其背叛》，赵国新译，译林出版社 2005 年版，第 53 页。

④ 同上书，第 54 页。

1. 浪漫主义的诞生

诞生于西方社会17—18世纪的启蒙运动，作为欧洲资产阶级反对封建专制制度的一次思想解放运动，成为西方近代思想发展史上的一个重要时期。它的产生，一方面是由于西方民族对思想自由的要求所引起，另一方面是由于自然科学的成功发展所引发的高涨的自信心以及随之而来的对人类理性的崇拜。启蒙运动的理论表现是理性主义，是人文主义的进一步具体化。此时人们已从对人的崇拜，发展到相信人类的理性能够完美地了解整个世界。

在启蒙运动和理性主义两面大旗指引下，自然科学的旨趣随着资本主义的扩展愿望而不断增强，人们强烈地要求征服和支配自然。于是，以数学为基础的物理学建立起来了，牛顿成为了新时代的先驱。启蒙思想家宣称，自然和知识都是自足的，它们都必须从自身的本质上去理解，它们的本质就是一些普遍性的原则，理智完全能够认识并阐明这些原则。启蒙思想家不只是惊叹牛顿在自然科学领域中所取得的成就，他们更注意到了牛顿科学方法的启示意义。牛顿认为应该从物理学中排除一切模糊的推测和假设；科学方法不是脱离经验的理性演绎方法，也不是轻视理性的方法，而是在实验的基础上的理性的分析与综合统一的方法。牛顿的科学体系使人们认识到，自然界和人类社会的一切事物和现象都是有规律的，其背后都隐藏着普遍共同的东西。因此，启蒙运动的理想是，牛顿在物理学领域中的成功，自然也能适用于社会科学领域，如伦理学和政治学领域。[①] 也就是说，启蒙思想家要求社会科学与人文科学的研究也要以自然科学的原则为标准，去探讨人类社会和人心的规律和普遍法则。

这样一来，17世纪西方哲学认识论上的理性主义，被延伸到社会政治领域后，就成为18世纪法国启蒙思想家和唯物主义者的政治理性观，"一切都必须在理性的法庭面前为自己的存在作辩护或者放弃存在的权利"[②]。这些启蒙学者反对宗教迷信，提倡科学，力图把人类生活和思想

[①]　[英] 以赛亚·伯林：《浪漫主义的根源》，吕梁、洪丽娟、孙易译，译林出版社2011年版，第30—31页。

[②]　《马克思恩格斯选集》第3卷，人民出版社1995年版，第719页。

的每个部门都世俗化，主张开辟一个非宗教的理性时代。他们比较重视社会问题、政治问题，希望向人们展示一条通向科学和理性的道路。他们认为理性即自然性、人性，是正义和人道的别名，而非理性即非自然性、非人性，是不正义和不人道的别名。"用相当简单的话来说，启蒙运动的哲学包括如下基本成分。人性本善。人生的目标是此世的幸福。这个目标可以由人自己通过科学而达到（知识就是力量）。达到此目标过程中的最大障碍是无知、迷信和不宽容。要克服这些障碍，我们需要的是启蒙（而不是革命）。通过更多的启蒙，人将自动地更有道德。因此，通过启蒙，世界将往前进步。"①

　　然而，"科学在技术应用领域的巨大成就却招来了另一种危险。因为渐渐地，很多人开始以为只要恰当地引导和利用人的努力，就没有什么人不能企及的目标。近代技术的巨大进步取决于很多人的共同努力，对于那些以制定新计划为己任的人来说，他们一定真的以为自己的力量是无穷的。而所有这些计划都包含着人的努力，并且应当为人的目标服务，这一点却被忘到了脑后"②。也就是说，以数学为基础的近代资产阶级哲学的旨趣在于认知主体在认识上的可靠前提和出发点，而人生问题、价值论都被排除在其视域之外。因此，罗素指出："启蒙运动主要是重新评估了独立的思考，从字面上看，它主要是为了传播光明，消除过去普遍的黑暗。人们可以凭着强烈的献身精神致力于这种运动，但它并没有因此成为崇尚激情的生活方式。同时，人们还感受到了另一种对立的影响，即更为猛烈的浪漫主义力量。"③

　　浪漫主义是西方近现代政治思想史上一场引人注目的思想运动，它是西方世界自启蒙运动以来的又一次重大的思想事件。西方知识界的许多大家如卡尔·施米特、卡尔·曼海姆以及伯林都非常重视浪漫主义政治思想的研究价值。

　　在谈到浪漫主义与启蒙运动的关系时，曼海姆说："众所周知，浪漫主义是从启蒙运动发展而来的，就像反题对正题一样。因为每一个反题都

---

①　［挪威］G. 希尔贝克、N. 伊耶：《西方哲学史——从古希腊到二十世纪》，童世骏、郁振华、刘进译，上海译文出版社 2004 年版，第 281 页。

②　［英］伯特兰·罗素：《西方的智慧》，亚北译，中国妇女出版社 2004 年版，第 266 页。

③　同上书，第 373 页。

是由它所反对的正题决定的，浪漫主义作为一种反运动也经历了这种自相矛盾的命运，即它的结构基本上决定于这种驱使它产生的启蒙运动。"①在曼海姆看来，浪漫主义之所以能够作为一个潮流而兴起，是因为启蒙主义的理性化倾向达到了它的外部极限，它构造了一幅以理性为基础的无所不包的世界图画，而把"非理性"从这种世界构想的每一个角落都清除出去。"浪漫主义作为启蒙思想……的经验反动，……正好寄居于那些仅仅作为资产阶级理性主义威胁要制服的残余潜流的生活态度和领域。"②这就是说，如果我们承认理性和非理性都是人类社会生活中不可或缺的因素，则我们就要把理性主义和浪漫主义接受为这样的两种因素：它们在社会生活中表现为一种互补关系。

从另一种角度出发，伯林对浪漫主义做出了很高的评价。在他看来，浪漫主义决不仅仅只是一场艺术运动，因为我们今天所看到的许多现象（民族主义、存在主义、崇拜伟人与非个体的机构、民主和极权主义）都受到了浪漫主义的强烈影响，而西方传统价值观的剧烈变动正是始自浪漫主义运动。与此同时，伯林还将浪漫主义作为一场革命而与另外三场革命（英国工业革命、法国政治革命和俄国社会和经济革命）相提并论，认为它们对人类社会历史的影响是同样深远的。③伯林之所以做出了这样一个论断，是基于他的以下观点：浪漫主义所要进攻和摧毁的对象是西方思想史中延续了 2000 多年的古老传统和命题，即美德即知识；浪漫主义突出和强调了人类理想的不相容性，认为存在着许多不相容价值的观念、多元性观念、不可穷尽性观念、所有人类答案和安排不完美的观念以及完美、真实的单一答案不存在的观念，等等。

总之，我们说，作为启蒙运动的对立面，浪漫主义思想运动起自 18 世纪末期，持续到 19 世纪中叶，但它的影响至今存在。从历史的观点而论，浪漫主义起自对过分强调理性和普遍概念的启蒙运动的反动。浪漫主义推崇情感，主张想象力的创造性发挥，坚持美感第一的美学标准，其共同点在于用丰富

---

① ［德］卡尔·曼海姆：《保守主义》，李朝晖、牟建君译，译林出版社 2002 年版，第 46—47 页。

② 同上书，第 46 页。

③ ［英］以赛亚·伯林：《浪漫主义的根源》，吕梁、洪丽娟、孙易译，译林出版社 2011 年版，第 5 页。

的生命哲学来取代理性与概念。"就此而言,不少哲学家应视为理性主义与浪漫主义某种形式的结合。如康德、黑格尔就是把理性在某些方面加以浪漫主义膨胀,从而使他的观点成为某种脱离现实的东西。"① 因此,伯林说,康德一方面痛恨浪漫主义,但另一方面他又被视为浪漫主义的父辈之一。②

2. 浪漫主义的思想特征

浪漫主义运动作为 19 世纪初期波及全欧洲的一次文化和文艺思潮,其产生的基本原因都是一样的。用曼海姆的话来说,"这一方面是对理性化的资本主义世界的真正反动,另一方面是附属意识形态影响的结果"③。但这些共同的历史因素由于各国社会和文化特性等具体情况的不同,就使得浪漫主义运动在不同国家的实现途径、表现形式和特征不同,或者是更具体地说,使得浪漫主义运动在政治立场、思想倾向和理论纲领上并不完全统一。这一点可以从浪漫主义产生 200 年来,却没有一个统一的定义和用法这一事实得到有力的证明。事实上,浪漫主义运动不仅在各国之间有着巨大的差异,就是在同一个国家内也是如此。这一点可以由最典型的德国浪漫主义中耶拿派与海德堡派的区分以及按时间被分为早期 (1797—1802)、中期 (1803—1815) 和晚期 (1816—1830) 的情况来加以佐证。

对于浪漫主义所包含的这种矛盾性,有的西方学者这样来概括:"浪漫主义既是革命的又是反革命的;是世界主义的又是民族主义的;是现实的又是虚构的;是复古的又是幻想的;是民众的又是贵族的;是共和国式的又是君主制的……这种矛盾性不仅贯穿整个'浪漫主义运动',而且也贯穿于一个作家的一生和他的全部著作,甚至在他的同一本著作里也能看到这种矛盾性。"④ 对此,伯林则如此来评说:"浪漫派既可能是进步的,也可能是反动的。在那些堪称革命的国家,那些法国大革命后建立的激进国家,浪漫派是保守的,他们要求回归到某种中世

---

① 章士嵘编:《西方思想史》,东方出版社 2002 年版,第 111—112 页。

② [英] 以赛亚·伯林:《浪漫主义的根源》,吕梁、洪丽娟、孙易译,译林出版社 2011 年版,第 72 页。

③ [德] 卡尔·曼海姆:《保守主义》,李朝晖、牟建君译,译林出版社 2002 年版,第 19 页。

④ R. 塞耶、M. 洛维:《论反资本主义的浪漫主义》,程晓燕译,《国外社会科学》1985 年第 9 期。

纪黑暗之中；在那些反动的国家，例如 1812 年后的普鲁士，浪漫派变得进步了……这就是为什么我们遭遇了革命的浪漫主义和反动的浪漫主义。这就是为什么无论人们怎样尝试都无法把浪漫主义划入任何特定的政治观点。"①

然而，浪漫主义既是多元的，同时也是统一的，因为在各种各样的、独具特色的浪漫主义中，我们依然可以找到它们之间的一些共同点。首先，我们可以从"浪漫的"（romantic）这一术语的演变过程来说明。最初，"浪漫的"并不是一个艺术批评的术语，它基本上指的是以称赞的目光观照想象中和情感上的事物的一种心情。它被引入文学领域中比较晚，一般认为，它始自弗里德里希·施莱格尔。然而，导致浪漫主义运动登上文学舞台的具有决定意义的变革，并不是随着"浪漫的"这个词具有了文学批评术语的意义而产生的。恰恰相反，它是整个 18 世纪思想逐步演进的结果，因为"浪漫的"这个术语，以及与此有关的独特性、创造性、天才等词汇，只能是重新肯定人类价值的产物。这不仅影响到创作的风格，同时也极大地改变了人的整个价值观和自然观。浪漫主义运动正是这些变革在长期发展中所形成的高潮。②

其次，欧洲浪漫主义运动产生的基本背景是相同的。③ 它具体包括以下几方面：第一，浪漫主义运动的出现是对法国大革命的反动；第二，浪漫主义运动是对启蒙运动的反动；第三，浪漫主义在欧洲各国不只是一种文艺运动，它同时也体现在政治、宗教、历史学、哲学、语言学、神话学等之中；第四，浪漫主义美学在理论上几乎都持有情感说、象征说和历史主义的观点。

最后，浪漫主义政治思想的基本理念是相同的。在伯林看来，浪漫主义运动的实质与核心可概括为两个要项：第一是不屈的意志。人们之所以取得成功，所依靠的不是有关价值的知识，而是他们的创造。这种创造犹如艺术家的艺术作品一样，是一种先前所不存在的东西。第二，事物不存在本质和稳定的结构，也不存在任何我们必须要去适应的某种模式。我们

---

① ［英］以赛亚·伯林：《浪漫主义的根源》，吕梁、洪丽娟、孙易译，译林出版社 2011 年版，第 127 页。

② ［英］利里安·弗斯特：《浪漫主义》，李今译，昆仑出版社 1989 年版，第 18 页。

③ 吴琼：《西方美学史》，上海人民出版社 2000 年版，第 533—534 页。

所面对的只有无尽的宇宙的自我创造。这两个要项之间是相互关联的。① 其原因就在于：既然事物不存在本质和稳定的结构，则我们也就不再需要去探索其并不存在的所谓规律了，主体也就不需要再去符合客体了，唯一存在的就是主体的意志决定一切。

浪漫主义运动的这种实质与核心，在政治思想上表现为以下几方面②：第一，主体中心主义。浪漫主义在说明人与世界的关系问题上，总是从个人内心的自我体验出发来定义一切，而不是从客观外界事物出发。因此，费希特的自我非我同一哲学就成为浪漫主义运动的权威学说，而个人的唯一性、独特性以及人类活动的不可预测性也就成为浪漫主义者所特别强调的语汇。第二，机缘主义。伴随着浪漫主义的主体中心主义而来的，就是它的机缘性，亦即偶然性。德国浪漫主义者诺瓦利斯说："我们生活中的偶然事件，都是我们可以用来随意加工的素材。一切事情都是一个无限数列中的第一位数……是一部无结局的小说的起点。"③ 在他看来，只有情感才是人的全部生存赖以建立的基础，人必须通过活生生的个体的灵性去感受世界，而不是通过理性的逻辑分析去认知世界。于是，卡尔·施米特说："对于浪漫派来说，重要的不是现实，而是歪曲一切、把一切变成诗之机缘的浪漫主义创造力。"④ "浪漫派的创造力自觉地拒绝跟'原因'发生任何关系，因此它也拒绝一切参与到可观察世界的真实关系中的活动。"⑤ 这一点我们从他们对待法国大革命的态度上可见一斑："浪漫派的世界观和生命意识，可以跟截然不同的政治环境和对立的哲学理论结合起来。只要大革命还存在，政治浪漫派就是革命者。革命一旦结束，他就变成了保守派。而在明显反动的复辟时期，他也知道如何从这种环境中汲取浪漫主义成分。……这种政治内容的易变并非偶然。相反，它是机缘论态度的结果，

---

① ［英］以赛亚·伯林：《浪漫主义的根源》，吕梁、洪丽娟、孙易译，译林出版社2011年版，第120页。

② 陈伟：《现代文明的浪漫式反动——试论德国早期浪漫主义政治思想》，《江南大学学报》2007年第5期。

③ 转引自［德］卡尔·施米特《政治的浪漫派》，冯克利、刘锋译，上海人民出版社2004年版，第84页。

④ 同上书，第117页。

⑤ 同上书，第85页。

它深深扎根于浪漫派的天性之中，它的本质是被动性。"① 因此，"浪漫派的基本矛盾……是，浪漫派在其机缘论结构所固有的有机的消极性中，想在不必变成能动者的同时成为有创造性的人"②。于是，我们看到，浪漫主义运动所遵循的原则，即通过创造性想象而改造一切，其中的所谓创造只是一种偶然的、兴之所致的、非理性的、纯精神性的即兴发挥而已。第三，折中主义。弗里德里克·拜瑟尔指出，浪漫主义政治思想是对自由派和保守派思想的一种"综合"，这种"综合"表现在：他们既强调个人自由的价值，又强调共同体的价值；既以进步、发展的眼光看待世界，又十分关怀过去的传统、历史的连续性；既承认人的理性的价值，又批判理性主义的危险性。此种折中主义特色使在 18 世纪末 19 世纪初的德国浪漫派政治思想可以看作是政治上的中间路线的代表，他们是改革主义者，企图在德国的绝对主义开明专制与法国的大革命之间走一条独特的道路，以改良的方式实现启蒙理想。③ 费希特自称其唯一关心的主题就是自由，他主张个人的绝对自由。费希特论证自我的绝对性，并从绝对自我推论出主体性道德。他强调自由，反对限制；强调自律，反对他律。但费希特并不否认社会生活，他认为社会生活对人的自我实现和自我完成是完全必要的。没有社会和适当的制度，人的自我本性就不能实现和完成。

3. "浪漫"意义上的自由概念

在搞清了浪漫主义诞生的背景及其思想特征之后，我们来分析一下伯林是如何理解"浪漫"意义上的自由概念的。伯林指出："从强调理性转移到强调意志，产生了如下自由观念：它不是不干涉的观念、不是允许每一个人自由选择的观念，而是自我表现的观念，将你自身强加于介质之上的观念，清除你自己的障碍的观念。"④ 在这里，伯林提出了两种自由观念，即近代理性主义消极意义上的、没有干涉的自由与始自浪漫主义运动的意志自由。在伯林看来，前者是属英法思想家的自由观念，而后者是属

① ［德］卡尔·施米特：《政治的浪漫派》，冯克利、刘锋译，上海人民出版社 2004 年版，第 109—110 页。

② 同上书，第 153 页。

③ Fredrick C. Beiser, "Introduction to the Early Political Writings of The German Romantics"，转引自陈伟《现代文明的浪漫式反动》。

④ ［英］以赛亚·伯林：《自由及其背叛》，赵国新译，译林出版社 2005 年版，第 73 页。

于德意志思想家的自由观念，它们之间尖锐对立。

具体说来，浪漫主义意义上的"意志自由"表现为以下几方面：首先是康德的"意志自由"。康德当然算不上一个严格意义上的浪漫主义者。正如伯林所说的那样，没有任何一位理性主义者或者是浪漫主义者会相信这样一个事实：浪漫主义与理性主义之间可以融合。① 然而，康德却将这二者集于一身。伯林说，康德憎恨浪漫主义，崇尚科学，相信科学原则，认为自己一生的任务就是解释科学逻辑和科学方法的基础。但与此同时，康德又被人们归入浪漫主义之父的行列，这绝非因为他是科学批评家或他本身就是一个科学家，而主要是就其道德哲学而言的。② "有人说康德是一个破坏者，因为他让一切都取决于主体，因而打破了传统的确定信念，颠覆了客观真理。……但是，在康德自己看来，他一直是在努力把理性从武断的主观主义下解救出来。……在这个现代重大思想革命中，康德是新旧两种世界观之间的过渡人物。"③ 新康德主义者文德尔班也指出，康德的三大批判正好位于"启蒙运动时期与浪漫主义时期之间，浪漫主义是此发展路线的最高峰，此路线向着浪漫主义不断上升又从浪漫主义不断下降"④。这就是说，承上他是启蒙运动的结束或完成，他为认知理性划定了界限，从而保证了它的合法性与合理性；而启下他又是浪漫主义的开端，因为浪漫主义时期的哲学产生于他的后两个批判（《实践理性批判》和《判断力批判》），它们试图把人的理性本性界定为他的行为和社会秩序的根据。⑤

浪漫主义革命与康德的哲学革命密切相关。"在浪漫主义革命中，最基本的因素可能是主观主义。从康德的观点看，主观主义就是人的精神参与对现实的塑造。人的精神不是一个消极的旁观者。过去人们是从认识对象的角度来考虑认识过程；现在重心转移到主体。柯勒律治……强调说：'任何以人的精神的被动性为基础建立的体系必然是错误的。'这是浪漫

---

① I. Berlin, "Reply to Robert Kocis", *Political Studies*, Vol. 31, No. 3, September, 1983, p. 389.

② ［英］以赛亚·伯林：《浪漫主义的根源》，吕梁、洪丽娟、孙易译，译林出版社2011年版，第72—73页。

③ ［美］罗兰·斯特龙伯格：《西方现代思想史》，刘北成、赵国新译，中央编译出版社2005年版，第223页。

④ ［德］文德尔班：《哲学史教程》，罗达仁译，商务印书馆1997年版，第731页。

⑤ ［美］乔治·H.米德：《十九世纪的思想运动》，陈虎平、刘芳念译，中国城市出版社2003年版，第93页。

主义的一个核心见解。……人的精神是镜与灯。它照亮通往真理之路，而不仅仅是反映真理。人的精神天生具有想象力和创造性，实际上能够塑造外部世界。"①

从康德的伦理思想体系来说，他继承了由莱布尼茨所奠定的德国理性主义传统，同时又深受牛顿、卢梭和休谟的影响。康德一再声称，是休谟惊醒了他的"独断论的迷梦"，将他引上了"批判"之路。然而，由于休谟从彻底的经验论立场出发，把人性归结为一大堆被动的主观印象、知觉、感觉和习惯，否定了人本身具有先验原则的可能性，因此也就忽视了人的自由。这是康德对休谟的不满之处。卢梭的自由思想帮助康德去窥探人类心灵的奥秘，揭示自由的规律，因此，康德把卢梭比作"第二个牛顿"。但在卢梭那里，"人生而自由"是被当作一个不言而喻的前提设定了的，还没有作为人类道德的逻辑前提和出发点。而在康德看来，自由作为意志主体"自律"的本性本身就具有普遍性，是道德性的内在先验原理。

伯林说，卢梭与康德"这两位思想家，尽管他们对启蒙哲学的某些特定方面极不赞成，在很大程度上仍然属于启蒙阵营，这体现在无论理性的内在声音要求什么，在他们看来都是客观的、普遍的、永恒的，无论何时何地对任何人都是真实的，就像自然法的传统宣扬的那样"②。按照卢梭的说法，人性中有两个基本的东西，即欲念与理性。他认为，没有理性就不能指导欲念和情感，正确地选择行为；没有理性就不能成为一个人，更不能成为一个好公民和道德人。因此，卢梭强调情感要以理性为基础，知善才能爱善。而对于康德来说，当他以"限制知识，为道德自由留地盘"的独特方式解决启蒙运动内部理性与自由的矛盾时，他并没有偏离理性主义，而是进一步发展了理性主义，即他把理性从科学理性扩展到了道德理性，并且提出了一个基本结论：知识的价值在于道德的价值。这样一来，康德就为近代西方哲学的主体性原则找到了真正的基石。其哲学的主题不单是认识论的问题，也不单是道德学的问题，而是主体性的问题，

---

① ［美］罗兰·斯特龙伯格：《西方现代思想史》，刘北成、赵国新译，中央编译出版社2005年版，第240页。

② ［英］以赛亚·伯林：《现实感：观念及其历史研究》，潘荣荣、林茂译，译林出版社2004年版，第198—199页。

自由才是其整个哲学的基础和出发点。①

我们知道,在康德的体系中,意志就是理性的实践能力与实践的理性,意志与理性是实践理性的两方面。康德的伦理学要揭示自由的规律,就是要找出实践理性的法则,解决意志与行为应当如何的问题。于是,意志就成为康德伦理学的出发点。对此,康德提出了善良意志、绝对命令与意志自律这三条道德法则,从而把道德的根据和价值标准从主体外部转移到主体内部,在人类思想史上第一次把自由理解为自律,把自由与道德法则结合在一起,使道德的他律变为道德的自律。这三条道德法则都指向了一个中心:自由。康德所谓的"自由"是指人的意志的一种能够排除一切外来势力的干扰,摆脱自然因果必然性、感性欲望的制约而进行独立自决和判断的能力。他认为,只有在意志有自由的情况下,人们才能服从道德规律。因此,康德说,为了维护道德,就必须假设人的意志是自由的。康德之所以要把意志自由引入伦理学,其用意就在于阐明人的道德责任。因此,伯林说,在康德的学说中,个人责任的概念是一个核心概念。②

在康德看来,一个理性存在者的意志,只有在他受自由观念支配而行动时,才能是他自己的意志。于是,也只有在拥有意志自由的情况下,人才能对自己的行为负有道德责任。"换句话说,对康德而言,决定论,特别是机械决定论,与任何一种自由和任何一种道德都是不相容的,因此也是错的。"③ 这是因为,如果人的一切行为都是被决定的,则道德问题就被取消了。因此,康德对所有的决定论均予以否定,而特别强调人的意志,并认为极其重要的核心命题是:唯一值得拥有的是无拘无束的意志。④ 否定自由意志,就是否认道德,就是否认人作为人所应当承担的义务与责任。伯林认为,选择能力是一个充分发展的人所必须具备的条件,而康德关于意志自由的学说与人的选择能力概念之间有着直接密切的关系。⑤

---

① 吴琼:《西方美学史》,上海人民出版社 2000 年版,第 373 页。

② 〔英〕以赛亚·伯林:《现实感:观念及其历史研究》,潘荣荣、林茂译,译林出版社 2004 年版,第 199 页。

③ 〔英〕以赛亚·伯林:《浪漫主义的根源》,吕梁、洪丽娟、孙易译,译林出版社 2011 年版,第 77 页。

④ 同上书,第 82 页。

⑤ I. Berlin, "Reply to Robert Kocis", *Political Studies*, Vol. 31, No. 3, September, 1983, p. 389.

在康德看来，选择能力是属于人的，因此，他的道德哲学强烈反对任何人支配人的行径，认为家长制主义是所能想象得到的最大的专制主义。① 他认为，一个人要获得真正的自由，就必须是可以任意地向善或向恶，否则（理性地）选择善就没有任何价值；只有当我能够自由地选择的时候，我才可以被视为负有义务或责任，才是真正的道德行为者。这是因为理性和理性选择是人性的本质，是作为人类的尊严的本质，是他们作为自由本体区别于物体和野兽的本质。② 因此，康德认为，对一个罪犯施以药物治疗而不是让他自由地选择坐监还是治疗，这是对罪犯之为人的侮辱。同理，慷慨与同情也都是邪恶的品质，是对人的尊严的侮辱，因为它们意味着施予者与被施予者处于不平等的地位，这就违背了人人都能决定自己的平等原则。③

总之，在康德那里，意志自由不仅指意志具有绝对自发性的能力，即自己决定自己所遵循的准则的能力，而且指意志的决定能够独立于一切经验的条件，自己为自己立法的能力，它所遵循的法则同时也是普遍的理性法则。正是由于康德认为，对所有的理性人来说，在既定处境中的正确行为都是同样的，正确的行为不依赖于理性人的特殊倾向，所以，伯林认为康德仍然属于 18 世纪的理性主义范围。但无论如何，康德的体系产生了革命性的后果。由此，他就迈入了浪漫主义之父的行列：一方面，如果人的本质是自我控制——对自己的目的和生活方式的有意识的选择，则这种观点就是对于传统的真理符合观的颠覆④；另一方面，一些康德的浪漫主义继承者得出了"价值是律令，它们是被创造的而非发现的"这样一整套理论。于是，"道德不再被看做利用发现道德事实的特殊才能可以发现的事实的集合……相反，道德是命令的结果，因而是不可能被发现的。它是被发明出来的，而不是被发现的，它是人为制造的，而不是找到的。在

---

① [英] 以赛亚·伯林：《浪漫主义的根源》，吕梁、洪丽娟、孙易译，译林出版社 2011 年版，第 74 页。

② [英] 以赛亚·伯林：《现实感：观念及其历史研究》，潘荣荣、林茂译，译林出版社 2004 年版，第 199—200 页。

③ [英] 以赛亚·伯林：《浪漫主义的根源》，吕梁、洪丽娟、孙易译，译林出版社 2011 年版，第 78 页。

④ [英] 以赛亚·伯林：《现实感：观念及其历史研究》，潘荣荣、林茂译，译林出版社 2004 年版，第 202 页。

这方面，它接近于艺术创作"①。

其次是费希特的"同一自由"观。费希特在浪漫主义运动史上的重要地位是学界所公认的。伯林引述了弗·施莱格尔的观点，将费希特的"知识学"与法国大革命以及歌德的著名小说《威廉·迈斯特》相并列，认为这三个因素极其深刻地影响了整个浪漫主义运动。其中，费希特的"知识学"成为浪漫主义运动的权威学说。在提到 1808 年费希特所发表的《对德意志人民的讲演》时，伯林认为，它在后来引发了汹涌的民族主义情感，并在 1918 年后成为德国人心目中的《圣经》。② 这一切都是与费希特的"知识学"中所蕴含的自由观分不开的。

浪漫主义运动时期的主导概念是自我。与启蒙运动的标准化和简单化相反，浪漫主义的基本特征是多样性或多元论，是追求、欣赏独特和个别而不是普遍和一般。"对笛卡尔来说，我是有意识的，因此我存在；对于浪漫主义者来说，我意识到我自身，因此这个自我，这个我意识到的自我，就存在着，由此它所认识的对象也存在着。……这就是一个浪漫主义者所做的。所有的价值他都感觉到是他自身的一部分。"③ 这种自我的观念，尤以费希特的知识学最为典型。

费希特并不是严格意义上的浪漫主义者，因为他认为哲学应该是一门严谨的学科。但是，他宣扬主观唯心主义哲学，将康德的道德原则发展成为了浪漫主义哲学。康德认为，只有当我们的行为是普遍的时，它才是道德的。我们检验行为的道德，其方式是看我们是否能够从我们行为的准则中形成一个普遍的法则。而费希特则主张，宇宙包含着一个绝对的自我，我们自己的意识不过是它的一部分。这种绝对自我是一种独特的、自由的活动，它竭力在完全的自我意识中实现自己，它是整个自然界的基础。简单说来，费希特的知识学是以三个原理为其中心内容的：第一，自我设定自身；第二，自我设定非我；第三，自我与非我的统一。在费希特看来，知识不超出感觉经验的范围，经验的根据不是康德的"自在之物"，而是

---

① 〔英〕以赛亚·伯林：《自由及其背叛》，赵国新译，译林出版社 2005 年版，第 61 页。

② 〔英〕以赛亚·伯林：《浪漫主义的根源》，吕梁、洪丽娟、孙易译，译林出版社 2011 年版，第 96—98 页。

③ 〔美〕乔治·H. 米德：《十九世纪的思想运动》，陈虎平、刘芳念译，中国城市出版社 2003 年版，第 101 页。

"自我"。也就是说，"自我"乃是一切知识的绝对在先的、无条件的根据，它是不依赖于他物而独立自存的东西，而"非我"则依赖于"自我"。因此，绝对自我为了自己的绝对存在就需要客体与自我的一致性。费希特提出了一个重要命题：事物所是的样子，不是因为它们独立于我，而是因为我使它们如此，事物依赖于我对待它们的方式以及我对它们的要求。他还以食物与饥饿的关系来说明这一点：不是因为食物摆在我面前我才饥饿，而是因为我饥饿，某物才成为我的食物。① 自我不断地创造非我的过程也是自我的认识过程，在这过程中自我不断丰富着对非我的认识，同时对自我本身的认识也就变得丰富了。然而，费希特认为，"自我"不仅是一个认识主体，而且也是一个实践主体。"自我"是一个能动的创造性主体，它的本质就是行动。他说："是从行动的需要才产生出对于现实世界的意识，而不是相反地从对于世界的意识才产生出行动的需要。行动的需要是在先的，对于世界的意识则不是在先的，而是派生的。并不是因为我们要认识，我们才行动，而是因为我们注定要行动，我们才认识；实践理性是一切理性的根基。"② 这也就是说，自我不是被看作一个静态的东西，而是被看作某个过程、某种在进行的东西。这是因为，在费希特看来，自我是能动的，它不但能设定非我，且能克服与非我的对立，即用主动的行动与非我进行斗争。所以，哲学的认识不是认识客观世界，而是认识自己，即认识自我及由自我设定的非我。因此，伯林说："费希特的整个观点是：人是一种持续进行的行动——连行动者都称不上。人必须坚持不懈地生产和创造才能臻于完满。一个不再创造的人，一个只是单纯接受生活和自然所赐的人，其实已经死了。"③

按照费希特的自我论，自我始终有一种向往绝对的、独立的自我活动的意向。它要成为一种"为我自己、由我自主"的绝对自我。因此，自我就必须是独立的、自由的。对于作为伦理冲动的实践自我来说，对理想

---

① 〔德〕费希特：《人的使命》，转引自伯林《浪漫主义的根源》，第92页。费希特的原文参见《论学者的使命 人的使命》，梁志学、沈真译，商务印书馆1984年版，第163页。

② 〔德〕费希特：《论学者的使命 人的使命》，梁志学、沈真译，商务印书馆1984年版，第162页。

③ 〔英〕以赛亚·伯林：《浪漫主义的根源》，吕梁、洪丽娟、孙易译，译林出版社2011年版，第93页。

目标的追求就是自由。这就是说，自由不是实践自我的既定事实，而是
"应当是"的东西。与康德一样，费希特也认为自由是人的本质，即自我
的本质。在他看来，人的天性是完整的、统一的，因而必须保持自身的独
立和自由。人应当认识到，没有独立与自由，就没有人的尊严。因此，费
希特说："我的一切其他思维和全部生活的最初源泉，……从最严格的意
义上说它完全是由我自己创造的。我完全是我自己的创造物。……我自由
地、自觉地使我自己回到了我的天性也曾经让我依赖的立脚点。我所接受
的东西也正是我的天性所宣称的东西。"① 在这里，费希特表达了自我即
个体必须绝对自由的观点。② 伯林指出："这样一来，就出现了浪漫主义
观念：世界上最重要的东西是正直、献身精神。"③ 然后，伯林提出了他
第一阶段的两种自由概念，即英法传统的消极意义上的"自由"和德国
浪漫主义意义上的"浪漫"。

　　伯林认为，由于 17—19 世纪德国人在政治、经济上的落后，所以，
"自由这种想法一方面成了在实践上不可能实现的东西；另一方面成了一种
强烈和热切追求的理想"④。在这种情况下，古希腊的斯多葛派那种追求不
受侵扰的内心生活的思想状态就在 18 世纪的德国人思想上表现得淋漓尽致。
伯林精彩地剖析了这种思想状态：有许多东西是我想要的，但环境不允许
我得到。我不会积极地去争取这些我得不到的东西，那只会招致失败和毁
灭，我必须实行战略性撤退。如果我只能泯灭我内心的欲望，则即使我没
有得到满足，也不会让我感到恼恨。简而言之，这个原理说的是：一个得
到满足的欲望和一个被泯灭的欲望，其结果竟然是一回事。这是一种内在
自我的原理，它不受外在自我可能造成的攻击或入侵。伯林认为，这种思
想状态就是两个自我（内在自我与外在自我）学说产生的根源。⑤

　　在康德那里，这种强调内在自我的学说产生了某些非常重要的后果。

---

① ［德］费希特：《论学者的使命 人的使命》，梁志学、沈真译，商务印书馆 1984 年版，
第 155 页。

② 对于自由问题，费希特总是说，这是他倾心关注的唯一主题。他在 1800 年 1 月 8 日的一
封信中是这样说的："我的体系，从头到尾，只是对自由这个概念的分析……中间没有掺进任何
其他成分。"转引自伯林《自由及其背叛》，第 52 页。

③ ［英］以赛亚·伯林：《自由及其背叛》，赵国新译，译林出版社 2005 年版，第 64 页。

④ 同上书，第 55—56 页。

⑤ 同上书，第 56—58 页。

这些后果对费希特以及所有德国浪漫派哲学家都产生了深刻影响，从而在总体上也就对欧洲思想意识产生了深刻影响。在这些思想意识中包含着这样一种学说：世界上唯一有价值的东西就是真正的内在的精神性自我的某种状态。真正的理想不能依靠受制于外在环境的东西；它必须依赖和奉行一种内在的理想；它必须完成真正的自我要求我去做的东西。真正的理想将遵守道德律令。如果这些律令由外在的力量所颁布，则我是不自由的；如果我的行为是我自己做出的，那我就是自由的。① 因此，我们就不难理解，为什么康德认为最大的错误在于取消了人类选择的可能性。

费希特继承并进一步发展了康德的唯心主义。他认为，康德哲学最不彻底的地方就在于它承认自在之物是客观实在的基础。在他看来，自在之物纯粹是一种虚构，只有人的精神才具有实在性。他把康德的自我意识绝对化，认为一切依据外物来说明意识的哲学都是唯物主义的独断论，从而将一切的一切都归于自我的创造之物。美国哲学家乔治·H. 米德这样分析说：对于斯宾诺莎的哲学来说，基本关系是实体与属性的关系；而对于浪漫主义学派的哲学来说，形而上学的基本概念是主体与客体的概念。斯宾诺莎认为，有且只有一个实体。费希特哲学与其他浪漫主义者的哲学一样，其中心在于一个终极存在者的概念。在费希特的哲学中，它被描述为所有有限自我都集中于其中的一个绝对自我。接着，米德问道：在什么样的意义上有限的我们是无限的宇宙世界的创造者呢？费希特认为，我们有义务将自身与我们眼前的世界同一起来，这个世界是作为道德活动的一个场所而存在的。它似乎独立于我们的原因在于，它是一种义务，是某个要去做的东西，在某种意义上是要克服的一个障碍。因此，对于费希特的自我来说，世界总是一个有待完成的任务，而所谓道德行为就在于非我向自我的同化。这样一来，浪漫主义者就用主体和客体的关系取代了实体和属性的关系。②

费希特将一切事物的产生都归于绝对自我的创造，这是典型的浪漫主义观念。在伯林看来，艺术家的艺术创作行为是为了回应其某种内在冲动的要求，他投射出自己的思想。这是一种持续性的活动，是一个行为过程。正因

① ［英］以赛亚·伯林：《自由及其背叛》，赵国新译，译林出版社 2005 年版，第 58 页。
② ［美］乔治·H. 米德：《十九世纪的思想运动》，陈虎平、刘芳念译，中国城市出版社 2003 年版，第 128—133 页。

如此，所以费希特就把我们生存的目的看成是行动，认为只有行动才能体现和决定人的尊严，才能创造价值和尽到人的责任。于是，在费希特那里，行动成为一切。后来，浪漫主义的当代表现之一，即柏格森的生命哲学也认为运动即一切，运动之外什么也不是，从而赋予运动变化以实体性的地位。

费希特从自我的绝对性推论出主体性道德。无论是在卢梭、康德还是在费希特那里，自律都意味着真正的自由，而自由就是服从自己对自己所下的指令。然而，在这里，伯林指出："费希特的思想出现了重大飞跃——从孤立的个体飞跃到作为真正的主体或自我的群体。"① 这就是说，费希特所说的"自我"，不是个别人的自我意识，也不是受他物制约的意识，而是一切个人的共有属性或普遍意识，是一个超级的、神圣的自我。他认为，个体的人离开社会就什么都不是。因此，他说："人注定是过社会生活的；他应该过社会生活；如果他与世隔绝，离群索居，他就不是一个完整的、完善的人，而且会自相矛盾。"② 这样一来，费希特就把自我与自然、上帝、历史和民族相等同了。其带来的必然结果就是：个体的自决变成了集体的自我实现，民族变成了由统一的意志所组成的共同体，它在追逐道德真理。于是，我们可以看到："康德尊重人性以及它的神圣权利，费希特把自由等同于自我肯定，等同于将你的意志强加给他人，等同于消除你愿望的障碍，最后等同于一个获胜的民族阔步前行去实现它的命运，以回应超验理性向它提出的内在要求，在超验理性面前，所有物质性的东西一定瓦解。"③ 因此，在费希特这里，个体自由已成为超个人的东西所做的某种选择。正因为如此，在德国法西斯主义猖獗的时期，有一些哲学家试图证明费希特是极权主义的思想来源。④ 这一点实际上也是伯林自由主义思想的必然结论，所以，费希特也就位居伯林所说的人类自由的六个敌人之列。

再次，弗·施莱格尔的"反讽"。对于"反讽"这一概念，伯林虽然着墨不多，却准确地抓住了它对浪漫主义运动的意义所在。在一定意义

---

① ［英］以赛亚·伯林：《自由及其背叛》，赵国新译，译林出版社 2005 年版，第 68 页。

② ［德］费希特：《论学者的使命 人的使命》，梁志学、沈真译，商务印书馆 1984 年版，第 18 页。

③ ［英］以赛亚·伯林：《自由及其背叛》，赵国新译，译林出版社 2005 年版，第 75 页。

④ ［德］费希特：《自然法权基础》，谢地坤、程志民译，商务印书馆 2004 年版，中文版序言第 XXI 页。

上，我们可以说，"反讽"就是浪漫主义者的一种生活作风和生活方式。"反讽"一词原是古希腊修辞学的术语，意思是反话、反诘。长期以来，人们对反讽的认识仅仅停留在简单的修辞技巧上，认为它不过是通过夸大叙述、正话反说、悖论或者别的修辞格，在字面上形成与叙述者的叙述错位的效果；是言在此而意在彼、言与义的故意悖反。19 世纪上半叶，德国浪漫主义文学理论家弗·施莱格尔在原有意义的基础上对反讽的概念进行了改造，赋予了它以新的意义，扩展了它的使用范围。就是在此意义上，伯林才说，浪漫意义上的反讽概念是由弗·施莱格尔最先发明的。[①]后来，丹麦哲学家克尔凯郭尔在其写于 1841 年的博士学位论文《论反讽概念》中又进一步分析了"反讽"。

德国浪漫派诗人喜欢用诗的语言去陈述某一形而上学的对象。在浪漫派美学中，与语言有关的、最为核心的概念是比喻与反讽。其中，反讽概念以弗·施莱格尔的解释最为著名。对于比喻，弗·施莱格尔说："所有的美就是比喻。最高的东西人们是无法说出来的，只有比喻地说。"[②] 对于反讽，他说："哲学是反讽的真正故乡。人们可以把反讽定义为逻辑的美：因为不论在什么地方，不论在口头的还是书面的交谈中，只要是在还没有变成体系、还没有进行哲学思辨的地方，人们都应当进行反讽，并且要求别人也进行反讽。"[③] "反讽就是悖论的形式。而一切既是好的又是伟大的，就是悖论的。"[④] 弗·施莱格尔的反讽模式是：自我要把握自身，就必须进行自我界定，但是划定的界限却违背了自我本质上的无限性。也就是说，自我也还要不断地超越自身所划定的界限，重新界定自己，然后再超越界限，以至无穷。弗·施莱格尔正是把这种永无止境地从反面对一切自身划定界限的超越称为反讽。[⑤] 显然，在弗·施莱格尔那里，无论是比喻，还是反讽，都不仅仅是一种语言上的、修辞上的特殊用法，它们同

---

① [英] 以赛亚·伯林：《浪漫主义的根源》，吕梁、洪丽娟、孙易译，译林出版社 2011 年版，第 117 页。

② 转引自刘小枫《诗化哲学——德国浪漫美学传统》，山东文艺出版社 1986 年版，第 71—72 页。

③ [德] 施勒格尔：《雅典娜神殿断片集》，李伯杰译，生活·读书·新知三联书店 1996 年版，第 23 页。

④ 同上书，第 26 页。

⑤ [德] 曼弗雷德·弗兰克：《德国早期浪漫主义美学导论》，聂军译，吉林人民出版社 2006 年版，第 274—275 页。

时也是一种独特的思维方式。因此，伯林指出，对于弗·施莱格尔来说，反对思想的僵化、反对任何形式的稳定及生命之流的冻结，其唯一的武器就是"反讽"。反讽虽然是一个含义模糊的概念，但它的基本意思是指：任何命题都有与其相矛盾的对立面，它们都是同等的真实之物。于是，反讽就成为逃离逻辑束缚的唯一路径。① 这就是说，反讽要求摆脱静止的、凝固的思维方式，用矛盾的、运动的观点看问题。"初看上去，施莱格尔关于反讽的简略构想与黑格尔哲学中所谓辩证法的作用极为相似。……反讽与辩证法的共同点在于，两者都以自己特有的手段、即否定性来矫正有限世界（黑格尔称之为'理性世界'）的否定性。"② 因此，美国新实用主义者罗蒂认为黑格尔"为尼采、海德格尔、德里达等人开启了一个反讽主义哲学的传统"③。但是，罗蒂却又认为，"黑格尔所谓的辩证方法，根本不是一种论证的程序或统一主客体的方式，而只是一种文学技巧，用来从一个语汇平顺、迅速地过渡到另一个语汇，以制造骇人听闻的格式塔转换效果"④。他还认为，"辩证法"现在已为"文学批评"一词所取代。这样，黑格尔就"促使哲学变成一个文学类型"⑤。在这里，罗蒂显然对黑格尔的辩证法作了歪曲的解释，从而根本否定了黑格尔辩证法存在的哲学意义。很明显，表面看来，"反讽"是一种辩证的观点，但"与黑格尔思想不同的是，这种否定不涉入绝对的空间，只处于对绝对的永久渴念之中"⑥。于是，其结果必然就是走向相对主义，因为这种所谓的"辩证"观点已然成为了一种文字游戏。这一点就注定了"反讽"的实质之所在，这样它才能成为浪漫主义的一种思维方式。

克尔凯郭尔认为反讽的根本精神就在于其无限的绝对否定性。他说："说它是否定性是因为它只否定；说它无限是因为它并不是只是否定这一或

---

① ［英］以赛亚·伯林：《浪漫主义的根源》，吕梁、洪丽娟、孙易译，译林出版社 2011 年版，第 118 页。

② ［德］曼弗雷德·弗兰克：《德国早期浪漫主义美学导论》，聂军译，吉林人民出版社 2006 年版，第 279 页。

③ ［美］理查德·罗蒂：《偶然、反讽与团结》，徐文瑞译，商务印书馆 2003 年版，第 113 页。

④ 同上书，第 112—113 页。

⑤ 同上书，第 113 页。

⑥ ［德］曼弗雷德·弗兰克：《德国早期浪漫主义美学导论》，聂军译，吉林人民出版社 2006 年版，第 280 页。

那一现象；而说它绝对则由于它否定是由于一个更高的否定。"① 对于反讽精神的根基问题，他说："……反讽是一个不断消解自身的立场，它还是一种要消耗一切的虚无，同时又是某种人们永远也别想抓住的什么东西；它既是又不是这个东西。"② 这就是说，反讽什么也不确立，反讽者也不想提供任何问题的最终答案。这是因为，与传统哲学的观点不同，反讽者并不认为外在的世界中存在着真实的本质，而我们有义务去发现这些本质，这些本质也倾向于协助我们去发现它们。恰恰相反，他们认为任何东西都没有内在的本性或真实的本质。③在艺术创作中，反讽的这一本质就表现为艺术家超然于作品和现实之上，保持主体的绝对自由，既不受题材的限制，也不受创造物的束缚。"个性不仅凭着理解力和想象力，而是凭着整个灵魂，任意地时而飞到这一个、时而飞到那一个天地，就像飞到另一个世界似的；个性自由地时而抛弃它的本质中的这一部分，时而丢掉那一部分，而把自己完全限制在另一个部分里；时而在这一个、时而在那一个个人身上寻觅并找到它的一与全，把其他一切都故意忘掉：这一切只有精神能做到，一个自身内部包含了大多数的其他精神及许多人物的精神，在其内部，如人们所说的，在每一个单子上将要萌芽的宇宙，成长并成熟起来了。"④可见，反讽是一种通过特殊语言方式表现出来的要把所有有限的东西相对化的情感。这样一来，人的精神就不再感到会有什么东西来束缚它了。

因此，反讽不只是一种艺术风格或艺术手法，它实际上体现了人的主体的自由力量，是人的意志自由运动的表现。它能把客观的东西转换成主观的东西，拒斥经验现实的社会，使人的精神摆脱物质力量的囚禁，从而以真正诗意化、浪漫化的方式去感受和传达世界。我们知道，所谓"浪漫"，就是否弃所有世俗的、经验的东西，消除经验领域的自律性，打破一切现实的、凝固的法则和法规的限制，认为在一个近代以来已经散文化或功利化的世界中，人对有限的超越只能依赖其内在的自我。由此可见，

---

① ［丹］克尔凯郭尔：《反讽的概念》，转引自王齐《走向绝望的深渊——克尔凯郭尔的美学生活境界》，中国社会科学出版社 2000 年版，第 110 页。

② 同上。

③ ［美］理查德·罗蒂：《偶然、反讽与团结》，徐文瑞译，商务印书馆 2003 年版，第 107—108 页。

④ ［德］施勒格尔：《雅典娜神殿断片集》，李伯杰译，生活·读书·新知三联书店 1996 年版，第 76 页。

反讽体现了浪漫精神的实质。

与罗蒂认为黑格尔开启了反讽主义哲学传统的观点相反，黑格尔本人在其《美学》中对弗·施莱格尔的反讽概念进行了批评。黑格尔正确地指出，反讽概念直接来自于费希特的绝对自我原则，但弗·施莱格尔却滥用了这一原则。他说："如果按照滑稽说（即反讽说——引者注），艺术家就是自由建立一切又自由消灭一切的'我'，对于这个'我'没有什么意识内容是绝对的和自为自在的，而只显现为由我自己创造并且可以由我自己消灭的显现（外形），如果照这样看，这种严肃的态度就不能存在，因为除掉'我'的赋予形式作用以外，一切事物都没有意义。"① 正如罗蒂所说的那样，反讽主义者的任务，就是："创造自己的品位，让大家来裁判。不过，反讽主义者心目中的裁判就是他自己。他想要能够用他自己的语言总结他的人生。"② 可见，反讽者在生存的进程中，以无限否定的方式所追求的只是自我满足，他为否定而否定，以否定为乐趣；他只关心他个人内心的小世界，并以游戏人生的态度对待一切，把一切严肃而真实的东西都看作是无聊而虚幻的东西。如同费希特的绝对自我可以设定一切、创造一切一样，作为一种否定性创造力量的反讽，也是人的一种基本力量，它能够极大地解放艺术家的精神自由。然而，如同费希特的绝对自我最后走向"唯我论"一样，反讽也很可能会由艺术上的过度狂放而导致意志力的疯狂，即片面的主观性。政治浪漫主义、德国法西斯主义与生活中的唯我主义都与反讽原则具有内在的联系。因此，伯林这样来评论反讽："仅仅拒绝规则是不够的，因为拒绝会带来另一种保守，另一套与原有规则相反的规则。规则必须被彻底破除。"③

最后，伯林认为，存在主义与法西斯主义是浪漫主义的继承者。浪漫主义运动的实质与核心是对意志的强调。伯林说："存在主义的关键教义是浪漫主义的，就是说，世上没有任何东西能够依靠。"④ 在存在主义者

① ［德］黑格尔：《美学》第 1 卷，朱光潜译，商务印书馆 1979 年版，第 82 页。
② ［美］理查德·罗蒂：《偶然、反讽与团结》，徐文瑞译，商务印书馆 2003 年版，第139 页。
③ ［英］以赛亚·伯林：《浪漫主义的根源》，吕梁、洪丽娟、孙易译，译林出版社 2011 年版，第 118 页。
④ 同上书，第 141 页。

看来，唯一能够依赖的就是他们的自由意志。存在主义者在论述本体论时把由个人的意志，即个人的道德抉择所决定的个人的存在当作一切存在的出发点；在论述伦理和社会学说时，则把这种意志所体现的个人自由当作一切其他伦理和社会范畴的出发点。二者的理论根据就是"存在先于本质"的原则。他们认为，人是自由的，因为人是由人产生。自由是意识存在的方式，因此意识应当是自由的意识。而每个人都有意识，所以自由是人类普遍的属性。存在主义者将个人自由绝对化，以致把个人自由等同于个人的存在，这样他们就必然要否定人的思想和行为要受外界条件及客观必然性和规律性的制约。在他们看来，人的自由不仅不是对必然性的认识，反而是与必然性根本不相容的。如同伯林反对决定论的理由一样，存在主义者也认为，承认了必然性以及对必然性的认识，人就成了必然性的奴隶，人就失去了自由。当人们认为自己是在遵循外在的客观规律而行动时，"对于存在主义者来说这也是把真空中的自由选择推卸给非主观的客观之物……这被视为推诿责任"①。因此，存在主义者认为，人们的行为准则、一切是非好恶的区分，都是由个人的自由意志来确定的，不受任何外部因素的制约。萨特自由观的另一特点是以个人主义为基础。由于他主张个人的绝对意志自由，就必然导致每个人的自由与他人的自由相冲突。这样，在自我与他人、个人与集体的关系中，这种自由就表现为一种排除他人和集体的自由。尽管在以后的著作中，这种极端的个人自由观在萨特那里有所改变，但这种个人自由的内在理念并没有根本改变。从这种意志的绝对自由和个人主义的观点出发，存在主义者在行动上就表现出了无政府主义色彩。

伯林指出，有些浪漫主义者走得比存在主义者还远。在这里，他特别地提到了小资产阶级个人主义和无政府主义思想家施蒂纳。伯林说："浪漫主义认为制度并不是永恒的，他们是对的。"② 在施蒂纳看来，"自我"是唯一最高的实在，是万事万物的核心和主宰，自我创造一切，在自我之外，一切都不存在。因此，我只能关心我自己，人都是利己主义者。全部

---

① ［英］以赛亚·伯林：《浪漫主义的根源》，吕梁、洪丽娟、孙易译，译林出版社2011年版，第142页。

② 同上。

人类历史，就是人为了肯定自己是"唯一自我"而进行斗争的历史。为了实现"全能的自我"，凡是束缚自我的东西，如上帝、真理、道德等都应当被抛弃；国家、法律、社会秩序等约束力量也应当被否定。因此，施蒂纳认为："制度是人们自由创造出来，服务于人类利益的，它们随着时间推移逐渐失效。因此，站在目前的角度，看到它们快要失效时，我们就得废除它们，就得创造新的制度——通过我们不屈的意志自由地创造出新的制度。这个原则不仅适用于政治制度、经济制度或其他公共制度，它也适用于各种学说。"① 正如伯林紧接着所指出的那样，尼采在某些观点上与施蒂纳是非常相似的，这就是唯意志主义。

对于存在主义及尼采等的唯意志论，伯林进行了批判。他认为，只要是生活在社会当中，则人与人之间就必然有共同语言，否则人们就无法互相理解了，而不能理解他人的人几乎就不是人。既然要有共同价值，则一切都是由"我"来创造的，这是不可能的。因此，从某种程度上说，由浪漫主义观点所得出的逻辑结论就必然是以某种精神错乱为结局的。②

此外，伯林认为，法西斯主义也是浪漫主义的继承者。之所以如此，不是因为它的非理性，也不是因为它对精英阶层的信仰，而是因为在其理论中，无论是个人还是集团所具有的那种不可预测的意志以无法组织、无法预知、无法理性化的方式前进的观念。③ 这在作为法西斯主义具体形态之一的德国纳粹主义那里表现得最为典型。纳粹主义政治思想的核心内容之一就是确立极权主义的独裁统治。纳粹党的思想权威们把他们的注意力集中于攻击魏玛共和国及其议会民主制，反对民主主义和社会主义，宣扬领袖原则和绝对权威。所谓领袖原则不仅指最高领袖的个人独裁，也指居于各种领导地位的所谓精英们可以按照领袖原则在其权力所及的范围内行事。从国家体制上看，希特勒不是担任某一个有限的、可确定权限划分的职务，而是政治和社会生活一切领域内民族的唯一代表。他认为他个人就体现了整个民族的统一，他就是作为民族本身来说话和行动的。所以，他个人的自由意志就等同于整个民族的意志。任何反对派和批评意见，各种

---

① ［英］以赛亚·伯林：《浪漫主义的根源》，吕梁、洪丽娟、孙易译，译林出版社 2011 年版，第 142—143 页。
② 同上书，第 144 页。
③ 同上。

集团、不同利益和不同思想均不允许存在。① 可见，法西斯主义的确是继承了浪漫主义的核心观念之一，即对无羁的自由意志的推崇。

伯林对"浪漫"意义上的自由概念的分析当然不止以上这些方面，他还分析了卢梭、赫尔德等人的有关思想。对于卢梭，伯林认为，他虽然对浪漫主义有重大影响，但还算不上是浪漫主义之父，因为他仍然求助于理性，所以原则上他与百科全书派想做的事情是一样的，只是方法不同而已。② 赫尔德的文化多元主义否定了启蒙运动的普遍主义和理性主义传统。他的独特贡献在于："他把自己的一些个性遗传给了浪漫主义运动，包括抵制整齐划一、抵制和谐、抵制理想互容性——不管是在行动领域还是在思想领域。"③ 因此，他对浪漫主义的贡献自是不待多言。

总之，在伯林看来，浪漫主义对不受约束的自由意志的强调，对事物固有性质及其稳定结构的否定，导致了不可通约性的多元主义的价值观念。然而，浪漫主义的结局（自由主义、宽容、行为得体、对于不完美生活的体谅和理性的自我理解的一定程度的增强）则与浪漫主义者们的意图相差甚远，因为他们是最为激烈地强调所有人类活动中所蕴含的不可预测性的人。对于这一点，伯林认为他们是对的。但是，浪漫主义者们"搬起石头砸了自己的脚。对于我们大家来说，幸运的是，他们有志于实现某个目的，结果却几乎全然相反"④。只要结合伯林后来所提出的"积极自由"概念的有关理论，我们对伯林此说就不难理解了：在一定的意义上，"浪漫"意义上的自由概念就归属于积极自由，而追求这种自由的人（浪漫主义者）的思想却导致了对自由主义的消极自由极其有利的结果，因为这种自由最后所导致的多元主义价值观正是自由主义的理论基石。

二　消极自由与积极自由

正如伯林自己所承认的那样，他在《两种自由概念》中论述的是政

---

① 朱庭光主编：《法西斯新论》，重庆出版社1991年版，第274—276页。

② ［英］以赛亚·伯林：《浪漫主义的根源》，吕梁、洪丽娟、孙易译，译林出版社2011年版，第57—59页。

③ 同上书，第71页。

④ 同上书，第145页。

治自由，而不是普通意义上的自由。所谓普通意义上的自由，在伯林看来，就是指"不存在阻碍人的欲望得到满足的障碍。这是这个词通常的、可能是最通常的意义，但是它并不代表我自己的立场"①。伯林认为，假如自由的程度就是欲望满足程度的反映的话，则除了用满足欲望的方法之外，还可以用消灭欲望的方法来获得自由。伯林以斯多葛学派的自由观来说明自己的观点。斯多葛学派的自然哲学将自然的过程看作一种受铁的必然性支配的过程。在他们看来，"逻各斯"、"理性"或"神"是宇宙秩序的创造者、主宰者，它渗透和弥漫于宇宙万物之中，将万物都置于其不可抗拒的力量之下。爱比克泰德认为，人之所以要"按自然生活"，是因为人分享了自然的理性，人的理性与上帝的理性是一致的。人不是服从一种异己的外部力量，而是服从自己的本性。作为自然物的人，属于物质世界的一部分，它完全受自然利害关系的驱使，受自然规律的支配，没有道德的判断和选择。而作为理性的人则是自由的。这种自由就在于认识和服从必然的命运，个人的选择与自然的理性一致。这是个人自身的、内在的精神自由、道德自由，这种自由与人的外在境遇无关。一个披枷戴锁的人可能是自由的，而一位骄横的皇帝却可能是个奴隶。也就是说，自由是对待外部境况和自身情欲的一种心态。恶人无论有多少财富、多大权力，他也是处于受奴役的状态；而有德行的人即使一贫如洗、身陷囹圄，他也是自由人。因此，爱比克泰德说他作为一个奴隶可能比他的主人更自由。塞涅卡也说过："除了精神之外，任何东西都不值得羡慕。"② 可见，斯多葛学派所极力推崇的是人的内在的精神自由，并赋予它以很高的伦理价值。伯林认为，从某种意义上讲，斯多葛学派的自由观也确是一种自由，但它与自己所讲的自由完全是两回事。伯林说："斯多葛意义上的自由，不管多么崇高，必须与被压迫者或压迫性的制度实践所裁削或毁坏了的那种自由分别开来。"③ 这就是说，伯林所讲的自由不是指精神的自由，而是指个人自由、社会自由与政治自由。在伯林看来，如果不把以上自由区分开来，则不仅会使自由的概念混淆不清，而且会使统治者假借"自由"之

---

① ［英］以赛亚·伯林：《自由论》，胡传胜译，译林出版社 2003 年版，第 35 页。

② ［古罗马］塞涅卡：《幸福而短促的人生——塞涅卡道德书简》，赵又春、张建军译，生活·读书·新知三联书店 1989 年版，第 21 页。

③ ［英］以赛亚·伯林：《自由论》，胡传胜译，译林出版社 2003 年版，第 36 页。

名施政。这正是伯林自由理论的要点之所在。

伯林正确地指出："人类历史上的几乎所有道德家都称赞自由。"① 自由为人人向往的东西，人们试图将自由解释为他们所向往的一切东西，一切美好的东西都可以用这个标签来概括。伯林说，人们经常提到经济自由、社会自由、政治自由、道德自由与形而上学自由，等等，但它们只是在某些方面有共同之处，而在其他方面则是不同的。19世纪的自由主要是指社会自由与政治自由，而在20世纪自由则变得更加复杂，这是因为经济分析使事情复杂化了，再加上我们对历史与自由的认识和理解有了发展，所以，没有人能够准确了解自由一词的含义，不懂得各种自由之间的准确关系。② 这样一来，"同幸福与善、自然与实在一样，自由是一个意义漏洞百出以至于没有任何解释能够站得住脚的词"③。面对思想家们所提出来的多达200多种含义的"自由"概念，伯林并不想去一一研究它们，而只是把自由在两个层面上的意义作为自己的研究对象，即消极自由与积极自由。伯林之所以要区别出这两种自由，是因为它们都是西方思想中的要素，尽管它们是对不同问题所做出的不同解答，但人们却常常把这二者混淆，而其中任何一种自由被滥用都会引起极坏的后果。

1. 消极自由

（1）消极自由的内涵

在伯林看来，自由是个人的自由，它不是群体或社会的自由；自由也是个人在社会生活中的作为和不作为的自由，它是一种行为的自由，而不是个人的纯粹的精神自由，也不是某些宗教所宣扬的逃避现实的自由。伯林认为，追求个人纯粹的精神自由是对现实政治特别失望的产物，是一种消极的要求，这种学说常常与现实政治的过于严酷有关。斯多葛学派所追求的正是这样一种纯粹的精神。伯林正是通过提出和分析消极自由与积极自由，表达了自己坚决捍卫个人自由的立场。

在回答什么是自由时，伯林与哈耶克一样，是把自由与强制联系起来考虑的。哈耶克说："我们对自由的定义，取决于强制概念的定义，而且

---

① ［英］以赛亚·伯林：《自由论》，胡传胜译，译林出版社2003年版，第189页。

② Isaiah Berlin and Ramin Jahanbegloo, *Conversations with Isaiah Berlin*, p.146.

③ ［英］以赛亚·伯林：《自由论》，胡传胜译，译林出版社2003年版，第189页。

只有在对强制亦做出同样严格的定义以后，我们才能对自由做出精确界定。"① 而伯林则说，自由不仅意味着免于挫折，而且还包括可能的选择与活动不被阻碍的意涵。换句话说，"自由的根本意义是挣脱枷锁、囚禁与他人奴役的自由。其余的意义都是这个意义的扩展或某种隐喻。为自由奋斗就是试图清除障碍；为个人自由而奋斗就是试图抑制那些人的干涉、剥削、奴役，他们的目标是他们自己的，而不是被干涉者的"②。作为自由主义者，伯林认为，所谓强制就是指有意的人为干涉。不能像老鹰那样飞翔，或者像鲸鱼那样游泳，这虽然也是对我们的一种束缚，但它不是人为的干预所造成的，所以，这并不就是缺乏自由。此外，伯林也不愿意把一个人由于缺乏经济能力而无法做他想做的事情视为不自由。这一点可以说是自由主义者的共性，因为作为资产阶级学者，他们当然不愿意也不会承认广大的劳动者阶级的贫困是由于资产阶级的剥削所致。伯林说，如果一个人相信他的贫穷是由于别人的刻意安排所致，则这个人是缺乏自由的。"换句话说，对自由这个词的这种使用，依赖于一种特殊的关于我的贫困与弱势起因的社会与经济理论。"③ 这就是说，在伯林看来，贫穷是否为人的刻意所致，就看人们是否接受这种特殊的社会和经济理论了。若接受，则说明贫穷是由于他人的故意所为；否则，贫穷就不会是他人之故了。这实际上就是说，贫穷的实质并不是由于有人故意所为，而是由于其他原因，如自己没有能耐等所致。因此，"不能"并不都是"不自由"。这样一来，"朱门酒肉臭，路有冻死骨"就是很平常的事情了。伯林的结论是："判断受压迫的标准是：我认为别人直接或间接、有意或无意地阻碍了我的愿望。在这种意义上，自由就意味着不被别人干涉。不受干涉的领域越大，我的自由也就越广。"④

对于伯林认为"不能"不等于"不自由"的观点，昆廷·斯金纳提出了反对意见。他以盲人不能阅读为例来说明自己的观点。斯金纳认为，如果从形式的自由和实质的自由相区分的角度出发看问题，我们就会得出盲人形式

---

① ［英］F. A. 哈耶克：《自由秩序原理》上册，邓正来译，生活·读书·新知三联书店1997年版，第16页。

② ［英］以赛亚·伯林：《自由论》，胡传胜译，译林出版社2003年版，第54页。

③ 同上书，第190页。

④ 同上书，第191页。

上有阅读的自由的结论，因为没有人干涉他做这种追求。但实质上他是不自由的，因为他无法使用他的形式自由。因此，伯林的这种更为霍布斯式的分析路径充其量只能导致混乱，最好的时候则会导致对自由的嘲弄。①

伯林把自由与强制、束缚及外界的障碍联系起来，这无疑是继承了西方自由主义自霍布斯以降所延续的消极自由的传统。霍布斯在其《利维坦》中关于自由的定义是："自由这一语词，按照其确切的意义说来，就是外界障碍不存在的状态"；"自由一词就其本义说来，指的是没有阻碍的状况"；"自由人一词根据这种公认的本义来说，指的是在其力量和智慧所能办到的事物中，可以不受阻碍地做他所愿意做的事情的人。"②约翰·密尔则表达得更明确。他在《论自由》中开宗明义地界定了他将要讨论的"自由"概念的内涵："这篇论文的主题不是所谓意志自由，不是这个与那被误称为哲学必然性的教义不幸相反的东西。这里所要讨论的乃是公民自由或称社会自由，也就是要探讨社会所能合法施用于个人的权力的性质和限度。"③正如斯金纳所说的那样，当代说英语的哲学家们普遍认为，自由的概念实质上就是"消极"自由的概念。④伯林认为，只有这种消极的自由才是通常意义上的自由。他说："我们一般说，就没有人或人的群体干涉我的活动而言，我是自由的。在这个意义上，政治自由简单地说，就是一个人能够不被别人阻碍地行动的领域。"⑤斯金纳认为，政治自由、社会自由与自由是同义语，仅是不同哲学家的偏好而已。⑥意大利学者圭多·德·拉吉罗则认为，我们现在所谈论的各种自由并不是彼此间毫无联系，它们形成了一个系统，这正是进步组织中人的个性系统。这些自由最初的名称最为恰当，就叫作个人自由。这暗示着一个人没有对他人的特权，而只能来自所有人的共同根源。同时，又因为它们在实践中的

① [英]昆廷·斯金纳：《第三种自由概念》，载应奇、刘训练编《第三种自由》，东方出版社2006年版，第144页。

② [英]霍布斯：《利维坦》，黎思复、黎廷弼译，商务印书馆1985年版，第97、162、163页。

③ [英]约翰·密尔：《论自由》，程崇华译，商务印书馆1959年版，第1页。

④ [英]昆廷·斯金纳：《消极自由观的哲学与历史透视》，载达巍、王琛、宋念申编《消极自由有什么错》，文化艺术出版社2001年版，第92—93页。

⑤ [英]以赛亚·伯林：《自由论》，胡传胜译，译林出版社2003年版，第189页。

⑥ [英]昆廷·斯金纳：《消极自由观的哲学与历史透视》，载达巍、王琛、宋念申编《消极自由有什么错》，文化艺术出版社2001年版，第120页，注释③。

运用只能发生于人类社会,它们是人的自由,而人性的本质是社会性,在其最发达的形式当中明确包含了所谓的市民社会,因此,它们也可以称为公民自由。不管是个人自由还是公民自由,都是国家的对立面。政治自由是指一种心境的平安状态,它是从人人都认为他本身是安全的这个看法产生的,它被看作是对公民自由的补充和反对国家的保护力量。因此,政治自由的概念最初同样具有反国家的特征,这正是它要保护的重要权利的标志。① 伯林自己也说过:"个人自由的问题,即公共权力——不管是世俗的还是宗教的——通常都不得逾越的那个边界,在那个时代(指伊壁鸠鲁时代——引者注)还没有清晰地出现;与这个边界相联系的那个核心观念,也许是资本主义文明最近的一个成果,是价值网络中的一个因素,这个价值网络包括个人权利、公民自由、个人人格的神圣性、隐私与私人关系的重要性等。"② 可见,个人自由由公民自由到政治自由,甚至用政治自由等同于个人自由,是经历了一个发展过程的。由于这些形式的自由都对国家充满了恐惧,所以它们的政治意义就在于强调个人自由的不可侵犯,而这正是"消极自由"的根本内涵。

在这里,我们注意到这样一个问题:在自由主义者的心目中,个人自由、政治自由与社会自由是同义语。从马克思主义的观点看来,这是错误的,但对于自由主义者来说则是不言而喻的事情。这里的关键是如何来理解个人与社会之间的关系。无论是古典的还是当代的自由主义,其基础和出发点始终是个人主义。当自由主义论及自由、民主或市场经济等观念时,其重点强调的都是个人的自由、个人的参与或个人的经济活动。由于个人主义的基本点之一就是"个人的本体论意义",因此,"把个体视为社会的最基本的构成单元,并因而作为哲学意义上的社会范围内的唯一实体,作为存在、价值、权利和道德的真正主体,是自由主义论证个人自由至上性的根本依据。与此相应,它把各种社会关系、社会共同体和社会机构均作为个体的派生形式和集合形式,从而否定这些社会存在的本体论意义"③。这样一来,自由主义就认为,社会作为一个实体,并不存在;社

---

① 〔意〕圭多·德·拉吉罗:《欧洲自由主义史》,杨军译,吉林人民出版社2001年版,第48—52页。

② 〔英〕以赛亚·伯林:《自由论》,胡传胜译,译林出版社2003年版,第38页。

③ 侯惠勤:《试论当代自由主义思潮》,《南京大学学报》1992年第1期。

会是由无数个人组成的。与此相反，在马克思看来，"社会不是由个人构成，而是表示这些个人彼此发生的那些联系和关系的总和"①。这说明，"社会"并不像自然界那样是存在于个人之外的实体，它并不脱离个人而存在，而仅仅是作为这些个人之间的联系和关系而存在的。但这种联系和关系却并不是由个人派生出来的，而是从人们在物质实践活动中必然发生的相互作用中自发形成起来的。这种联系和关系一旦形成并固定下来，就反过来规定和制约个人的现实行为（实践）。因此，社会不是由个人构成的，而每一时代的个人倒是由先前形成的社会所构成的。② 正是由于自由主义与马克思在个人与社会关系问题上的观点的对立，所以个人主义与集体主义就代表了两种不同的方法论与价值观。个人主义认为，个体的存在先于集体的存在，个体的性质决定集体的性质。个人利益高于集体利益，任何集体最终都是为了服务于个人利益而发展起来的。③ 因此，在自由主义看来，个人自由高于一切，不能以社会整体自由的名义来压制个人自由；所谓社会自由与政治自由也就是个人自由。这是马克思主义坚决反对的。

（2）自由与自由条件的区分

为了进一步说明自己的观点，伯林后来在其《自由四论》的长篇"导论"中明确提出了自由与自由的条件的区分。他指出，贫穷、无知等现象并非缺乏自由，而只是缺少了使用自由所必需的条件而已。穷人比富人少的只是使用自由的条件，而不是自由本身。因此，自由是一回事，自由的实现条件则是另一回事。④ 伯林认为，促进教育、健康、正义，提高生活水平，提供艺术与科学成长的机会等义务的目的并不是促进自由本身，而是促成某些条件，即促进某些可能独立于自由之外的价值。若没有这些条件，自由等于无物。然而，如果不把自由与其条件区分开来，则"自由选择"的意义与价值就很容易受到贬抑。因此，伯林说："与被它

① 《马克思恩格斯全集》第46卷上册，人民出版社1979年版，第220页。
② 孙伯鍨：《马克思的实践概念——纪念〈关于费尔巴哈的提纲〉写作150周年》，《哲学研究》1995年第12期。
③ ［英］卡尔·波普尔：《开放社会及其敌人》，杜汝楫、戴雅民译，山西高校联合出版社1992年版，第105—106页。
④ ［英］以赛亚·伯林：《自由论》，胡传胜译，译林出版社2003年版，第51页。

们取代的政权相比，亚洲与非洲的一些新兴民族国家对公民自由似乎不太关心，虽然应该承认这些国家为了自身的发展与生存，不得不需要迫切的安全与计划。"① 这就是说，在伯林看来，把那些仅仅是为人民提供物质上的需要、教育、平等与安全等的政权的行为称作自由，是空洞欺人的，因为在这种情况下，"自由"很可能被弃置一旁，而其他方面的价值反而能够有机会发展。所以，伯林认为，家长保护主义可以在提供自由条件的同时收回自由本身。

针对伯林的这种观点，石元康提出了反对意见。他认为伯林对于束缚的理解过于狭隘。如果伯林把法律、舆论或他人对人的限制视为束缚的话，则他就没有理由仅把经济的限制视为一种自由条件的未满足，而不把它也视为一种束缚。因为任何经济制度都是人所创造的，而不是一种自然的秩序。② 石元康反对伯林把自由与自由的条件区分开来的观点，因为他认为，这样做的后果是自由将变得毫无价值或贬值。在他看来，伯林与自由主义者之所以要这样做，主要是强调在自由经济的社会中，人人拥有平等的自由，由此造成的经济不平等并没有损害任何人的自由。"自由与平等这两个价值相权衡之下，自由的价值要高得多。因此，当代的自由主义者所做的工作变成从替自由及平等建立理论的根据，转而为替自由及经济上的不平等建立理论的根据。"③ 应该说，石元康的分析的确很到位，他揭示了自由主义者所钟情的自由所具有的虚伪性和欺骗性。但他反对把自由与自由的条件区分开来的观点则是不对的，因为自由本身与自由的条件的确是不同的。伯林的错误在于把这两者之间的关系完全割裂并对立起来，因为他认为"促进条件"与"促进自由"之间没有什么关系，并且他还把所谓的"条件"本身当作可能独立于自由之外的其他价值而与自由相并列。

自由与自由的条件的区分问题，在伯林看来只是一个自由与其手段的关系问题。他认为，手段的缺乏只影响自由的价值，而不影响自由的本质，因为手段只与自由的行使有关，而与自由的占有无关。在自由主义者

---

① ［英］以赛亚·伯林：《自由论》，胡传胜译，译林出版社 2003 年版，第 62 页，脚注①。

② 石元康：《当代西方自由主义理论》，上海生活·读书·新知三联书店 2000 年版，第 21 页。

③ 同上书，第 22 页。

的内部，其右翼赞美自由资本主义社会给所有人带来的自由；而其左翼则认为，对于穷人来说，他们所能享受到的自由是非常有限的。对此，右翼的回答是：左翼混淆了自由与手段的关系。在他们看来，自由仅仅意味着你可以自由地去做你所要做的，没有人干涉你的意愿。如果你没有条件实现你的意愿，那并不意味着有人干涉你的意愿，只是因为你没有能力或手段去实现它。左翼认为能力至少与自由同样重要。右翼却说：你们可以这么想，但是，自由在我们看来更重要。这里的自由其实就是指自由地支配自己的财产。① 正因如此，自由主义者宣称：无财产就无自由。这才是他们高扬个人自由的实质之所在。

与伯林相反，马克思从来不抽象地谈论自由。他总是把自由的实现与自由的条件联系起来考虑，而且，马克思也不会把这两者之间的关系简单地看成是一种所谓本质与手段之间的关系，因为这样一来，无疑是提倡所谓自由的至上性。马克思看到，在阶级社会中，由于剥削阶级掌握了生产资料，劳动者在经济上和政治上就不得不依附于他们。劳动者要想从这些束缚下解放出来，就必须获得和创造实现自由的物质条件。这就是说，自由的实现总是要受到物质条件的制约，不受任何束缚和限制的自由是不存在的。因此，在马克思看来，自由的条件愈是准备得充分，就愈是有利于自由的实现。自由主义者之所以要将自由的"条件"摆在"自由"之后，就是因为他们自己已经具备了这些"条件"，所以他们的关注点就在于他们的"个人自由"能否得到保障。而马克思时刻关注的则是广大劳动人民的实际利益，所以他首先就更关注人民实现自由的"条件"本身。在资本主义社会中，"工人不是被法律或暴力驱使要么去工作或要么不去工作，相反由于他认识到了他必须去工作否则就要饿死，因此，这种自由没什么价值。因此，约翰·罗尔斯坚持认为正义的一个要素是这样一项原则，即每个人都应享有与所有人都享有的同类自由相一致的最广泛的自由，他进而把它解释为在那种自由对每个人都具有公正的价值基础上我们应该充分重视平等的自由。这实际上意味着我们应全力以赴地来保证，即便是受益最少的人依据他们所享有的自由也可以使人们觉得值得拥有那种

---

① 魏小萍：《自我所有原则走向哪里：国外马克思主义者与自由主义者的论战——读柯亨的〈自我所有、自由与平等〉》，《哲学研究》2001 年第 4 期。

自由"①。在马克思看来，只要还存在着一部分人利用其所占有的生产资料去无偿占有他人的劳动，就谈不上人的真正解放。于是，作为个人的人的完全解放，就必须以消灭一切私有制为前提。

（3）消极自由的程度

正如伯林所承认的那样，消极的个人自由的程度能有多大、应该有多大，在这个问题上，英国古典政治哲学家们的意见并不统一。他们认为，自由不能漫无边际，因为这样就会导致漫无界限地干涉他人的行为，导致社会的混乱，导致弱肉强食。由于他们对人类的其他社会目标，如正义、幸福、文化、安全及各种程度的平等也极为重视，所以他们认为自由的范围必须通过法律来加以限制。

在伯林看来，消极自由是任何一种自由概念的基本组成部分。他说："毫无疑问，对'自由'这个词的每一种解释，不管多么不同寻常，都必须包含我所说的最低限度的'消极'自由。必须存在一个在其中我不受挫折的领域。"② 如果我因他人的妨碍而不能做本来自己可以做的事情，那我就是不自由的；如果这一领域被别人压缩到某一个最小的限度以内，那我就是被强制的，就是被奴役的。因此，伯林认为，我们必须维持最低限度的个人自由，才不至于贬抑或否定我们的本性。但令伯林苦恼的是，密尔所讲的那道在个人的私生活与公众的权威之间所划的界限究竟应该划在哪里呢？密尔曾经为这条界限确立了一个总原则："任何人的行为，只有涉及他人的那部分才须对社会负责。在仅只涉及本人的那部分，他的独立性在权利上则是绝对的。对于本人自己，对于他自己的身和心，个人乃是最高主权者。"③ 密尔主张把人的生活分开，一部分属于个人生活，对此个人应当拥有绝对自由，另一部分属于社会生活，对此个人应当服从法律和道德的规范。实际上，在现实生活中，个人生活与社会生活很难分开，而且，人的任何行为都应当受到法律和道德的约束，而不仅仅局限于所谓的"社会生活"。正因为如此，所以伯林说，这是一个极费争论而又不得不讨价还价的问题。那么，最低限度的自由究竟是什么？伯林指出了

---

① 戴维·米勒、邓正来编：《布莱克维尔政治思想百科全书》，中国政法大学出版社 2011 年版，第 189 页。

② ［英］以赛亚·伯林：《自由论》，胡传胜译，译林出版社 2003 年版，第 233 页。

③ ［英］约翰·密尔：《论自由》，程崇华译，商务印书馆 1959 年版，第 11 页。

一个所谓的答案："一个人不经殊死搏斗便不能放弃的，是他的人性的本质。"① 这就是说，所谓最低限度的自由，就是指人之为人所应当具有的最起码的自由。但伯林接着又说，由于人性的本质及其所隐含的标准本身就是一个永远争论不休的问题，所以，无论这个"不准干涉的范围"是根据什么原则来划定的，在这种意义之下，自由都是"免于……的自由"，即在变动不居的、但永远可以辨认出来的界限以内，不受任何干扰。② 我们可以看到，伯林实际上并没有也不可能真正解决"不准干涉的范围"的界限问题，最终还是重弹古典自由主义消极自由观的老调。

伯林认为，个人自由的程度取决于选择范围的开放程度。他说："'消极自由'的程度在特定的场合是难以估计的。表面上它可能简单地依赖于至少在两种可能方案间做出选择的能力。不过，并不是所有选择都是同等自由或完全自由的。……因此，光是备选项的存在，就自由这个词的正常意义而言，尚不足以使我的行为是自由的（虽然这种行动可能是自愿的）。我的自由的程度似乎依赖于：（1）有多少可能性向我开放；（2）每一种可能性在实现上的难易程度；（3）在我的性格与环境给定的情况下，当这些可能性彼此相较时，它们在我的生活计划中有多大的重要性；（4）人们故意开启或关闭这些可能性的程度；（5）不光行动者，还有行动者生活于其中的社会的一般观点对这些各种各样的可能性作何评价。所有这些变量都必须被考虑进去，即使这样，也不能保证结论必然准确或没有争议。同样有可能的是，自由存在着许多不可公度的种类与范围，它们无法用单一的尺度进行衡量。"③ 在这里，伯林不仅提出了判断个人自由程度的条件，而且还提出了世界上可能存在着不可通约的自由的观点。也就是说，存在着没有任何合理尺度能对它们进行比较的自由。结合伯林所持的以多样性和人类的善的不可通约性为基础的多元论主张，我们可以得出结论说：伯林的消极自由是"由多种多样的经常冲突的有时还是不可通约的自由构成的，而对于这些冲突又没有任何理论或原则能够予以解决。……所以不可能有什么理论或计算自由的微积分能告诉我们否定的自由什么时候达到最

---

① ［英］以赛亚·伯林：《自由论》，胡传胜译，译林出版社 2003 年版，第 194 页。

② 同上书，第 195 页。

③ 同上书，第 199 页，脚注。

大限度"①。这就不难理解为什么伯林始终无法解决密尔的"界限"问题。

伯林之所以无法真正解决个人自由的程度问题，关键在于他完全脱离了具体的社会历史条件，把个人自由实现的程度和发展水平的问题抽象化了。在马克思看来，自由实现的程度和发展的水平最终要受到人类社会实践的深度和广度的制约。整个人类社会发展的历史，就是人们不断推进社会实践，不断创造出各种物质文化条件，从而不断实现自由的历史。在每一个新的社会发展阶段上，人类的自由都获得了新的扩展，虽然每个阶段又都有自己的历史局限性。由于伯林把个人自由与社会自由对立起来，所以他自然也就无法从马克思的立场去考察个人自由问题。

（4）消极自由的至上性

在伯林看来，个人自由无疑是人类所追求的终极性目标，因此必须坚定地捍卫个人自由。然而，伯林并不主张个人自由在任何社会中，都是衡量社会行动的唯一的甚至是最主要的标准，因为个人自由并非人类的唯一需求，人类还要追求平等、民主、公平、正义、安全、幸福、和平、秩序、知识及统一等价值。伯林认为，若不能追求这些价值，则人类的生活就失去了意义。既然人类存在着这些最基本的需要，而自由与人类对其他价值的追求又存在着发生冲突的可能性，因此，为了给人们争取其他的生活目标提供空间，自由就必须受到节制。这种约束之所以有道理，是因为若不约束之，则要比我们压制它时所免不了的约束更为不好。这种判断取决于我们的道德、宗教、理智、经济与美学的价值，而这些价值又与我们如何看待人类以及人类天性中的基本需求有关。② 孤岛上的鲁滨逊·克鲁索在野人星期五到来之前是绝对自由的。但两个人共处之后，他们之间就有了相互的责任感，这里存在着执行法律的问题。因此，一个有尊严的社会需要有某种形式的权力平衡。③ 伯林的意思是说，以上这些价值都是人类的终极性目标，它们的作用与地位应当是均衡的，相互之间应当是独立的。因此，伯林认为，绝对不能把它们相互混淆。当俄国批评家别林斯基说，如果别人的自由被剥夺，如果我的同胞兄弟仍然生活于穷困污秽之

---

① ［英］约翰·格雷：《伯林》，马俊峰、杨彩霞、路日丽译，昆仑出版社1999年版，第23页。

② ［英］以赛亚·伯林：《自由论》，胡传胜译，译林出版社2003年版，第242—243页。

③ Isaiah Berlin and Ramin Jahanbegloo, *Conversations with Isaiah Berlin*, pp. 149–150.

中，如果他们还生活在脚镣手铐之中，那么，我也不要自由，我用双手拒绝这些自由，我宁愿和我的同胞兄弟同甘共苦时，伯林反驳说："牺牲并不会增加被牺牲的东西，即自由，不管这种牺牲有多大的道德需要或补偿。任何事物是什么就是什么：自由就是自由，既不是平等、公平、正义、文化，也不是人的幸福或良心的安稳。……如果我剥夺或丧失我的自由以求减轻这种不平等的耻辱，同时却并未实质性地增加别人的个人自由，那么，结果就是自由绝对地丧失了。自由之所失也许会为公正、幸福或和平之所得所补偿，但是失去的仍旧失去了。"① 这就是说，在伯林看来，这些价值之间既不能互相代替，也不能靠其他价值的"补偿"来掩盖某种价值事实上的损失。损失了哪种价值，就是绝对地损失了，别的价值无法替代。虽然伯林也承认建立在他人不幸的基础之上的自由是不道德的，但他又认为，通过牺牲个人自由以换取别种形式的自由的观点不啻混淆价值。因为，假如个人自由是人类的一项终极目的，则任何人的个人自由无论如何也不能被别人剥夺。正因如此，伯林坚决反对以一个无辜孩子的痛苦来换取千百万人的幸福的做法。在他看来，人们对其他价值的追求，只是促进了自由的条件，而不是促进了自由本身。他在 1958 年 11 月 18 日致好友斯蒂芬·斯彭德的信中说："与人衣食或许比解放他们更为重要，向那些衣不蔽体、食不果腹的人们大谈自由可能是轻佻而无情的，但在我看来，这一点并不能改变如下事实：自由——至少在它的一种政治意义上而言——是不受干预的自由；其他的价值观念或许比自由更重要，而且与之不相容——例如爱、平等、友爱、友好合作或是像卢梭和 G. D. H. 科尔那样的人所信仰的一切事物（他们虽然也曾大谈自由，但是对于这些热情而惬意的东西却比对自由更为喜爱，后者并不怎么热情，而且根本谈不上惬意）——这并不会使自由与它们雷同。"② 这就是说，在伯林的心目中，个人自由永远是第一价值，个人自由绝不能被剥夺，这是一种"建立在对绝对的普遍法则认识的基础上的哲学"③。然而，他又说："不

---

① ［英］以赛亚·伯林：《自由论》，胡传胜译，译林出版社 2003 年版，第 193 页。

② ［英］以赛亚·伯林：《致斯蒂芬·斯彭德的信》，转引自伊格纳季耶夫《伯林传》，罗妍莉译，译林出版社 2001 年版，第 311 页，脚注③。

③ ［英］以赛亚·伯林：《哲学引论》，周穗明、翁寒松译，生活·读书·新知三联书店 1987 年版，第 10 页。

过，仍然正确的是，为了保证一些人的自由，另一些人的自由有时候必须
被剥夺。这样做必须建立在什么原则之上？如果自由是一种神圣的、不可
侵犯的价值，就不会有这样一种原则。"① 可见，面对现实生活中大多数
人不自由的现状，伯林一方面不得不承认必须要削减其他人的自由，以确
保大多数人的自由的实现；但另一方面却又受到自己的阶级立场和自由主
义传统的制约，坚持个人自由的不可侵犯。这就体现了伯林思想观念中的
矛盾性。

我们说，自由与其他价值之间当然有区别，但把自由与它们割裂开
来，而且坚持认为，无论其他价值如何改善都与个人自由无关，只把自由
看成是个人选择的能力，这样一来，伯林的所谓"自由"就变成了一种
抽象而空洞的东西。

在伯林看来，自由不是知识。他认为，从古希腊哲学家一直到现代理
性主义者，多数人都坚信知识总是能够解放人类，知识可以把人从他所不
能理解的力量中解救出来，使其不再成为牺牲品，所以，真理能够使人走
向自由。他们认为普遍的、不可移易的规律是可知的，而有关这些规律的
知识将自动地使人不至于在黑暗中跌倒。然而，伯林并不认为知识与自由
之间有什么正比的关系。伯林承认这样一个事实：所有的知识都会在某一
方面增进自由。然而，他又认为，知识并不必然会增加人的自由的总量，
因为自由在某一领域增加的代价是自由在另一领域的损失。于是，伯林
说："我们的新知识会增加我们的理性，我们对真理的把握会加深我们的
理解，增进我们的力量、内在和谐、智慧、效率，但并不必然增进我们的
自由。……仅仅认识到有些事物或规律是我无法改变的，这本身并不会使
我对事物有任何改变；如果我一开始就没有自由，那么知识也不会增加
它。如果一切都受制于自然规律，那么也难以理解这种说法的含义：我能
在我的知识的基础上更好地'利用'它，除非'能'不是选择之'能'，
即不是那种惟一可以运用于如下情境之'能'：在这些情境中，我被恰当
地描述为有能力在两种方案中做出选择，而不是被严格地决定只能选某一
个而不能选另一个。换句话说，如果古典的决定论是一种正确的观点……
那么，有关它的知识就不会增加自由——如果自由不存在，那么发现自由

① ［英］以赛亚·伯林：《自由论》，胡传胜译，译林出版社 2003 年版，第 193—194 页。

不存在并不会创造自由。"①因此，虽然"发现我不能做我曾经相信能做的事可能使我变得更加理性——我将不再会拿我的头去撞石头墙壁——但并不必然使我变得更加自由；也许我所见之处都是石头墙壁；也许我本身就是一堵石墙的一部分；顽石般的我，只会梦想自由"②。伯林并不否认知识的增长能给我们带来益处：它能阻止我们根据圣贤所言，或通过观察动物的内脏或鸟的飞行来决定是否烧巫婆、鞭打疯子或预测未来的做法。在他看来，如果我们的预测能力及我们对未来的知识能够变得更强、更多，那么，即使这些能力和知识根本不会达到完美的程度，这一事实也会强烈地改变我们关于成为一个人、做出一种选择和采取一种行为的观点。它们可能会使我们的行为更理性、更文明和更可宽恕，也可能会以多种方式来改进我们的行为。然而，它们能增加个人或是团体的自由选择范围吗？它们当然会毁掉那些建立在非理性的信仰基础之上的想象的领域。作为补偿，它们可能会使我们的一些目标更容易、更和谐地达到。然而，谁能说这种平衡就一定是意味着自由的扩大呢？③因此，伯林坚决反对知识能使人更自由的观点。在他看来，破坏或缺乏自由的条件（知识、金钱）并不是破坏自由本身，因为自由的本质不在于它的易接近性，尽管它的价值可能是这样。伯林认为，人们的选择途径越是宽广，就越是自由。也就是说，自由的范围大小取决于行动机会的多寡，而不在于有关行动知识的多少。针对"知识扩展自由的领域"这一老生常谈的观点，伯林说："在何种意义上？它难道不会导致这种观念因为缺乏相反的观念而完全变成不必要的？……自由概念的'溶解'会伴随……'认识'的另外一个含义（我们不再说知道什么，而只说知道如何去做）的消亡吗？因为如果一切都被决定好了，那么也就没有东西好选择，也没有什么决定需要做。也许只有那些说过自由是对必然的认识的人才会思考这种状况。果真如此，他们的自由观念，与那些根据有意识的选择与决定来定义自由的人的观念，是根本不同的。"④

伯林之所以反对知识使人自由的观点，根本原因在于他的"自由"

① ［英］以赛亚·伯林：《自由论》，胡传胜译，译林出版社2003年版，第300页。
② 同上书，第301页。
③ 同上书，第315页。
④ 同上书，第316—317页。

概念本身。由于他是在选择能力和消极自由的意义上来理解自由的，而不是从改变世界的能力角度来看自由，所以，他就无法理解人们改造世界的能力的不断提高意味着人们越来越走向自由的道理，而只是在机械地计算所谓自由的数量。此外，这也反映了伯林反理性的立场。自由是对必然的认识，这一观点的实现要依赖于理性和知识的增长；承认知识使人自由，就等于承认人们有可能发现历史发展的规律，这就等于要给马克思主义以存在的合理性，而这正是伯林等自由主义者所极力否认的。因此，伯林只是说，解放一个人只是要把他从各种障碍中解脱出来，去实现他自己的自由选择，而不是告诉他怎样去运用他的自由。然而，问题是人靠什么去实现自己的自由选择？如果不是借助于知识与理性，而只是靠人的感性与非理性，这样的"自由选择"在现实生活中是不可能真正实现的。

自由不是平等。伯林说："对自由这个主题的探讨，还存在着另一种具有历史重要性的方法，这种方法将自由与其姐妹价值，即平等与博爱相混淆，从而导致相似的反自由主义结论。"[1] 这就是说，伯林认为追求平等并不等于追求自由。在伯林看来，无论是积极的或消极的自由概念，其本质都是对各种各样的侵扰者或专制者的拒斥。历史上资产阶级对平等的追求，本质上是以获得与贵族一样的权利为目的的。这实际上是在追求一种被认可的权利。这种对"地位"与"认可"的欲望和追求自由一样，都是人类深切需要并愿意为之而战的东西。它与自由相似，但是它本身却不是自由。[2] 伯林在这里所讲的实际上是近代资产阶级的"政治解放"。所谓政治解放是指资产阶级通过政治革命，推翻封建专制统治，争得资产阶级的民主自由，从而实现人在政治上的解放。封建专制权力的打倒本身就是直接奴役人的社会的解体，而政治国家被界定为普遍事务，则意味着它从私人领域中撤出。由此，私人领域获得了与公共领域相分离，并不受公共领域，特别是不受国家的非法干预和支配的地位。它成为国家、社会和其他个人都必须尊重的独立性的领域。因此，封建专制权力的被打倒和政治国家被界定为公共事务的领域，对于人的解放的最大意义就是直接消除了来自公共领域，尤其是国家领域对个人所施加的种种束缚和限制，使

---

① ［英］以赛亚·伯林：《自由论》，胡传胜译，译林出版社 2003 年版，第 226—227 页。

② 同上书，第 230 页。

个人作为私人获得了一个任何他人、社会和国家都不能干预和侵犯的领域，从而使个人有可能成为独立的行为主体。然而，伯林却质问道："为更高的地位而斗争、希望摆脱低下的地位，应该被称作为自由而斗争吗？……我怀疑，我们是不是要冒这种危险，即把人类所赞赏的他的社会境况的任何改善都称作他的自由的增长，从而使这个词变得太含糊、太扩展，以致使它实质上没有用处？"① 在伯林看来，平等与自由不仅是两个不同的概念，而且是两个相互冲突的概念和价值，因为人们在追求平等时，有时不得不以付出自由为代价。他说："那些准备用自己以及别人的个体行动自由来交换他们群体的地位以及他们在自己群体内的地位的人，并不单纯是要为了安全、为了在一个和谐的等级制度中有一个确定的位置而出让自由；在这个等级制度中，每个人每个阶级都知道自己的位置并准备用令人痛苦的选择特权——'自由的负担'——来换取和平、安适与其他一些威权或极权结构所不关心的东西。"②

从表面上看，伯林并不是要反对人类追求平等。当伊朗学者亚罕拜格鲁问伯林平等与自由能否调和时，伯林回答说："在某种程度上它们当然可以结合，但它们的极端形式不能结合。有了极端自由，强者就能吞掉弱者；有了绝对平等，就不可能有绝对自由，因为强者不得不被压制，否则他们会吞掉弱者与穷人。"③ 因此，绝对的自由和平等都是可怕的。针对那些耽于幻想的平等主义者的观点——他们相信平等是唯一的价值，或至少相信绝不应为了别的价值而在平等上有所让步，伯林说："平等只是众多价值之一：它与其他目标和谐的程度取决于具体情况，而不能从任何普遍规律中推导出来。它与其他任何终极原则一样理性。"④ 因此，有时为了其他价值，譬如效率和自由，它就必须作出妥协。

实际上，自由与平等之间的关系是一个令自由主义很头疼的问题。自由主义的基础是个人主义，而个人主义则蕴涵着不平等观念。这是因为它的理论基础是夸大个体的先天差异并使之在社会中得到充分体现，因而就

① ［英］以赛亚·伯林：《自由论》，胡传胜译，译林出版社 2003 年版，第 231 页。
② 同上书，第 232 页。
③ Isaiah Berlin and Ramin Jahanbegloo, *Conversations with Isaiah Berlin*, p. 145.
④ Isaiah Berlin, "Equality", *Concepts and Categories*, ed. Henry Hardy, London: The Hogarth Press, 1978, p. 96.

蕴涵着承认或默认等级差别的倾向。既然人在天赋方面不平等，因此，在自由主义看来，所谓"人生而平等"就只能理解为"内心道德"和"理性能力"的平等，即人人都具有遵循道义和理性规则行动的能力。于是，法治原则成为真正公平的原则，而法治社会也就成为最理想的社会。尽管当代自由主义力图协调自由与平等之间的冲突，由单纯强调"机会平等"转向重视"结果平等"，但只要它们的理论没有触及消灭资本主义生产资料的私人占有、不消除资本主义商品生产的利润原则，则真正的平等是不可能产生的。① 从本质上看，当资产阶级成为统治阶级以后，自由主义也不会真正再关注人民的平等问题了，因为这样无疑会有损于它们的利益及其个人自由。因此，它们在高扬个人自由至上性的同时，自然就要把对平等的追求说成是与追求自由不相干的事情，从而将平等看成次要的甚至是无足轻重的东西而弃置一旁。

自由不是民主。伯林说："个人自由与民主统治并无必然的关联。对'谁统治我?'这个问题的回答，与对'政府干涉我到何种程度?'这个问题的回答，在逻辑上是有区别的。……民主与个人自由的关联要比这二者的许多拥护者所认为的还要脆弱。自我管理的要求，或至少参与我的生活由以得到控制的过程的要求，也许是与对行动的自由领地的要求同样深刻的愿望，甚至在历史上还要更加古老。但这并不是对同一种东西的要求。"② 民主回答的是有关"谁统治我?"的问题，而不是有关"我可以自由地成为什么，或自由地做哪些事?"的问题，所以它属于积极自由的问题。

自由与民主之间的张力和平衡问题一直是政治哲学的重要问题之一。"自由主义刚刚走出封建阶段，刚刚以作为（至少潜在的）所有人共享权利的自由观念，替换掉作为传统特权或少数人垄断的自由观念，它就已经走上了民主政体之路。"③ 因此，民主并不必然是反自由的，至少在专制制度下民主或民主运动对自由的获得是一种推动力，因为这时民主运动的确立本身就是对国家权力的某种限制。然而，一方面，由于民主政体暗示着在政治生活中强调集体或社会因素，以牺牲个人因素为代价；要求伸张

---

① 侯惠勤：《试论当代自由主义思潮》，《南京大学学报》1992 年第 1 期。

② ［英］以赛亚·伯林：《自由论》，胡传胜译，译林出版社 2003 年版，第 198—199 页。

③ ［意］圭多·德·拉吉罗：《欧洲自由主义史》，杨军译，吉林人民出版社 2001 年版，第347 页。

以人民的名义确立的国家权力，关心权力的来源和归属，强调人民主权的至高无上性；另一方面，在传统西方社会中，自由以个人为中心，关心权力的运用方式和对国家权力的限制，所以，自由与民主之间又存在着冲突和矛盾。正因如此，所以伯林才说："正如民主实际上有可能剥夺个体公民在别的社会形式中可能享有的许多自由权利一样，完全能够想象，开明的专制君主有可能让其臣民有较大程度的个人自由。"①

自由主义一向认为，自由高于民主，民主不过是保障个人自由的一种实用手段。当民主妨碍自由时，民主要让位于自由。在自由主义看来，"纯粹民主的核心特征是建立在平等主义的多数决定的原则基础之上的。可是，多数一旦拥有绝对的权力，轻则滋生弊端，重则导致恐怖，最终泯灭了自由。与多数决定相一致的原则是平等的原则。该原则认为，众人的力量应该凌驾于个人的力量之上。多数人的智慧优于个人的智慧，立法者的人数比产生立法者的方式更为重要。一旦多数人的权力成为决定一切的权力，这时虽有民主，却没有自由。然而，在这种没有自由的民主之下，'公民'们充其量不过是心满意足的奴隶，因为民主中孕育着新专制主义，其形式是中央集权的、全能的以及人民作为一个整体直接参与的多数专制的政治权力。这种民主不足以防止、反而加剧了自由在社会中的逐步失落"②。这就是托克维尔所谓的"多数暴政"的问题。在这一观点看来，民主政治或许能够消除某一寡头政权、某一特权人物或特权阶级的害处，但民主政治仍然可以像它以前的任何统治者一样，对个人施以无情的打击。卢梭的"公意"思想是他们引用和抨击的典型例证。于是，伯林说道："对多数派的统治不能抱有什么希望；作为多数派统治的民主制逻辑上不承诺这个立场，从历史上它常常并不保护这种立场，而只相信它自己的原则。"③ 因此，在伯林看来，以为追求民主就是追求自由，是非常谬误的观点。

的确，正如有人所讲的那样："试想，'文革'中哪一桩暴行不伴随着振臂高呼出的多数声音。这种声音和暴行又曾令多少人心惊胆战、受尽凌辱，乃至命归黄泉。文化大革命声称摧毁封建旧制度余毒，却通过个人

①　［英］以赛亚·伯林：《自由论》，胡传胜译，译林出版社 2003 年版，第 198 页。

②　刘军宁：《当民主妨碍自由的时候》，载刘军宁《共和·民主·宪政——自由主义思想研究》，生活·读书·新知三联书店 1998 年版，第 85—86 页。

③　［英］以赛亚·伯林：《自由论》，胡传胜译，译林出版社 2003 年版，第 238 页。

崇拜与全面专政使人受害更深。托克维尔对多数人暴政的担心绝不是杞人忧天。"① 自由主义者喜欢以社会主义国家曾经出现过的"暴政"来说明在社会主义制度下的自由是有与无的问题，而非多与少的问题，却又丝毫不提及曾经发生在"自由世界"中的许多令人发指的暴行。他们有一个十分鲜明的价值预设：反人性的惨剧只能与法西斯主义、共产主义有关，而与美英式的自由主义、个人主义无关。② 社会主义国家在实践中的暂时挫折与失误当然也会造成可怕的结果，但从根本上讲，它并非马克思主义自身逻辑的必然结果，而恰恰是由于背离了马克思主义的基本原则所致。因此，在通常情况下，这种背离和失误总是可以根据马克思主义的基本原则而由无产阶级政党自上而下地予以自行纠正。

　　自由主义还从言论自由、出版自由、信仰自由与集会游行自由等方面来说明社会主义国家的专制与"自由世界"的自由。针对伯林认为个人自由与民主统治之间没有什么必然关联的观点，美国著名政治法学家史蒂芬·霍姆斯毫不含糊地说："伯林至少部分地是错误的：私人权利通过为公共论坛消除不可解决的论争而对民主政治起着至关重要的作用。把政治议程缩小到那些可通过讨论而解决的问题上，某些个人权利可以说也是有助于自治的。再说一遍，它们的功能不仅在于保护私人领域，而且在于减轻公共机构的负担。"③ 在霍姆斯看来，不能把对言论自由的所有限制都看成是专制，是堵塞言路，因为事实上，解决冲突常常要以避免冲突为先决条件，所以，自我克制对于自我调控的政治实体来说是必要的。因而，自缄其口是一种自我控制，而不是自我窒息。他还说："人们习惯上将民主同公开性、言论自由同新闻检查制度的废除联系在一起。因而，强调言论限制法对自治的作用，看起来是荒谬的，其实不然。民主政治的形态，无疑取决于能否策略性地从民主的议程中排除一定的事项。某些理论家甚至主张，问题压制术是民主制度借以产生和保持稳定的必要条件。"④ 这

① 刘军宁：《当民主妨碍自由的时候》，载刘军宁《共和·民主·宪政——自由主义思想研究》，生活·读书·新知三联书店1998年版，第93页。
② 侯惠勤：《历史反思中的一大误区——关于"政治屠杀"的神话及"忏悔"透析》，《南京社会科学》2001年第4期。
③ ［美］史蒂芬·霍姆斯：《民主制度的言论限制》，谢鹏程译，《天涯》1999年第4期。
④ 同上。

就是说，从理论上来看，言论自由也要受到一定的限制，即要以不损害国家的、社会的、集体的和其他公民的合法权益为前提。从西方国家的现实生活来看，它们也是这样做的。从言论自由方面看，美国宪法中虽然规定了"议会不得制定限制言论自由的法律"的条文，但又留下了许多保留条件，以保证资产阶级在感到自己的统治遭受威胁时，有可能调动军队来实行镇压和戒严等。如美国国会制定的《镇压煽动叛乱法》规定：言论、刊物有侮辱或煽动人民轻蔑美国政体、美国国情、美国陆海军的，应受到严厉制裁。在集会游行方面，西方国家也有种种规定：美国颁布了《统一公众集会法》；英国颁布了《煽动性集会法》、《公共秩序法》、《不法操典法》等。在信仰自由方面，美国分别于1947年和1954年制定的《忠诚宣誓法》与《共产党管制法》，都是为了肃清共产主义思想的影响和镇压其国内的无产阶级运动而制定的。[1]

自由主义者真正捍卫的是个人自由，而不是社会自由。哈耶克说："只要民主不再是个人自由的保障的话，那么它也可能以某种形式存在于极权主义政体之下。一个真正的'无产阶级专政'，即使形式上是民主的，如果它集中管理经济体系的话，可能会和任何专制政体所曾做的一样完全破坏了个人自由。"[2] 这就是说，在自由主义者的眼中，他们所看到的只是原子似的个人自由，哪怕这只是少数人，其实这就是他们自己；而对于大多数人民群众，他们只是赋予他们以建立在等价交换原则基础上的自由与平等，以及自由的竞争。马克思说："在现今资产阶级生产关系的范围内，所谓自由只不过意味着贸易的自由、买卖的自由。"[3] "如果说经济形式，交换，确立了主体之间的全面平等，那么内容，即促使人们去进行交换的个人材料和物质材料，则确立了自由。可见，平等和自由不仅在以交换价值为基础的交换中受到尊重，而且交换价值的交换是一切平等和自由的生产的、现实的基础。作为纯粹观念，平等和自由仅仅是交换价值的交换的一种理想化的表现；作为在法律的、政治的、社会的关系上发展

---

① 《阵地》杂志编辑部编：《人权民主自由纵横谈》，中国人民公安大学出版社1991年版，第321—323页。

② ［英］F. A. 哈耶克：《通往奴役之路》，王明毅译，中国社会科学出版社1997年版，第71页。

③ 《马克思恩格斯全集》第4卷，人民出版社1958年版，第482页。

了的东西，平等和自由不过是另一次方的这种基础而已。"① 也就是说，人民群众所得到的只是形式上的自由，而非实质上的自由。

马克思主义认为，社会压迫和奴役同社会自由是不相容的。社会自由首先要把社会从压迫和奴役中解放出来，而在阶级社会中这种压迫和奴役的根源在于私有制。在为资本主义社会的出现所拟定的各项原则中，马克思、恩格斯所批判的，既不是启蒙思想家们所提出来的各种"原则"本身，也不是法国的《人权宣言》中明文规定的其他基本人权，而是在资本主义社会里实现的自由、平等的、欺骗的、徒具形式的实体，以及作为其根源的私有制本身。马克思认为，无产阶级革命运动的任务就是要通过人类的经济解放，使法国革命中关于人权的宣言变得对所有人都有实际的意义。然而，"仅仅把马克思主义作为使人类从剥削和财富不平等中获得解放的思想，从而把社会主义民主的实质仅仅理解为从剥削和财富不平等中获得解放，即仅仅理解为实现经济自由的倾向，是根深蒂固的"②。哈耶克说，社会主义以对更大自由的允诺来宣传自己："社会主义的来临将是从必然王国向自由王国的飞跃。它将带来'经济自由'，没有'经济自由'，就'不值得拥有'已经获得的政治自由。只有社会主义才能完成长期的为自由而进行的斗争，而在这场斗争中，政治自由的取得仅仅是第一步。"③ 在伯林等自由主义者看来，马克思主义对经济自由的关注不等于对政治自由的关心，甚至有以前者代替后者的危险。这就是说，他们认为马克思主义只注重经济压迫的解放，而不重视甚至压制政治自由。这当然是一种歪曲。因为我们知道，马克思最初就是作为言论自由的战士而登上政治舞台的。马克思、恩格斯尊重表达自由的立场不仅贯穿在不屈从于政治权力上，而且他们还认为，就是在由每个人的自由意志所组成的无产阶级政党中，也应坚持这一立场。他们在人类社会自由问题上的这种立场，同时也表现了他们对社会主义制度下人类自由地位的展望。④ 恩格斯在晚

---

① 《马克思恩格斯全集》第46卷上册，人民出版社1979年版，第197页。

② ［日］藤井一行：《社会主义与自由》，大洪译，黑龙江人民出版社1982年版，第5—6页。

③ ［英］F. A. 哈耶克：《通往奴役之路》，王明毅译，中国社会科学出版社1997年版，第30页。

④ ［日］藤井一行：《社会主义与自由》，大洪译，黑龙江人民出版社1982年版，第19页。

年的一系列书信中阐述了自己关于党的纪律与党内表达自由之间关系的意见。①恩格斯的核心观点就是：为了党和工人运动的发展，必须在党和工人运动内部保障批评自由，开展自由的思想斗争。作为这一切的结果而在内部出现相互斗争的派别对于党和工人运动的发展毋宁说也是必要的。除非是对党和工人运动进行了明显有害的活动，否则，绝不能压制任何人或组织的表达自由。这就是说，在马克思、恩格斯看来，为从国家政权手中赢得自由的斗争与保障无产阶级政党内部的表达自由是相互联系的。②同样，我们认为，这也体现了马克思与恩格斯对于社会主义条件下人类自由，尤其是政治自由的观点与展望。

总之，社会主义不仅不像自由主义者所说的那样是通向奴役之路，反而意味着人类走上了真正的自由之路。这种自由不是仅仅着眼于少数人，而是着眼于绝大多数人。它的实现是实质性的，而非形式上的。然而，它的实现程度又是与社会生产力的发展水平、科学文化的进步紧密联系在一起的。自由主义者对于社会主义与自由之间关系的歪曲，从本质上来说，是出于他们的自身利益及其阶级立场。因此，这里的要害就在于：无论是讨论什么问题，只要自由仅仅是指个人自由，则涉及与集体、社会有关的问题就必然要与个人自由相冲突。在自由主义的视野中，这些问题最终都是无法真正解决的。

2. 积极自由

哈耶克曾经说过，社会主义的宣传最有效的武器之一是对更大自由的允诺，而这条允诺给我们通往自由的道路实为一条通往奴役之路。正是这种允诺使得许多自由主义者受到引诱而走上社会主义道路，使他们受到蒙蔽，不能看到社会主义与自由主义基本原则之间存在着的冲突，并常常使社会主义者得以僭用旧有的自由党派的名字。因此，大多数知识分子把社

---

①《致格尔桑·特利尔》（1889 年 12 月 18 日）；《致弗里德里希·阿道夫·佐尔格》（1890 年 8 月 9 日）；《致威廉·李卜克内西》（1890 年 8 月 10 日），以上书信参见《马克思恩格斯全集》第 37 卷，人民出版社 1971 年版。《致奥古斯特·倍倍尔》（1891 年 5 月 1—2 日）；《致奥古斯特·倍倍尔》（1892 年 11 月 19 日），以上书信参见《马克思恩格斯全集》第 38 卷，人民出版社 1972 年版。

②［日］藤井一行：《社会主义与自由》，大洪译，黑龙江人民出版社 1982 年版，第 20—24 页。

会主义奉为自由主义传统的当然继承者，而不接受社会主义会导致自由的对立面的看法。① 伯林也说，极权主义国家宣称自己才有真正的自由，这简直是对自由的无情的讽刺。② 伊格纳季耶夫评论说，作为一名曾经参与过冷战的知识分子，伯林的《二十世纪的政治观念》一文"可以解读为一部冷战教科书，解读为一个西方自由主义者在苏联威胁下对自由的捍卫"③。他的积极自由概念主要是针对所谓"极权主义"的自由理论而发的。伯林在阐述自己的自由理论时，是以三倍于消极自由的篇幅去论述积极自由的。他在 1968 年解释自己的这一做法时说，他这样做是因为他看到，"积极自由"的捍卫者们很少维护个人自由，即便对之加以维护，也是"以其最灾难性的形式习惯性地使用那种华而不实的论点和变戏法式的方式"④。

（1）积极自由的内涵

所谓积极自由就是指"去做……的自由"，即某一主体能够有权去做他想做的事，或成为他想成为的角色。关于这种自由理论的主张，伯林是这样概括的："'自由'这个词的'积极'含义源于个体成为他自己的主人的愿望。我希望我的生活与决定取决于我自己，而不是取决于随便哪种外在的强制力。我希望成为我自己的而不是他人的意志活动的工具。我希望成为一个主体，而不是一个客体；希望被理性、有意识的目的推动，而不是被外在的、影响我的原因推动。我希望是个人物，而不希望什么也不是；希望是一个行动者，也就是说是决定的而不是被决定的，是自我导向的，而不是如一个事物、一个动物、一个无力起到人的作用的奴隶那样只受外在自然或他人的作用，也就是说，我是能够领会我自己的目标与策略且能够实现它们的人。……我希望意识到自己是一个有思想、有意志、主动的存在，是对自己的选择负有责任并能够依据我自己的观念与意图对这些选择做出解释的。只要我相信这是真实的，我就感到我是自由的；如果

---

① ［英］F. A. 哈耶克：《通往奴役之路》，王明毅译，中国社会科学出版社 1997 年版，第 31 页。

② Isaiah Berlin and Ramin Jahanbegloo, *Conversations with Isaiah Berlin*, p. 147.

③ ［加拿大］伊格纳季耶夫：《伯林传》，罗妍莉译，译林出版社 2001 年版，第 268 页。

④ 转引自萨尔沃·马斯泰罗内主编《当代欧洲政治思想，1945—1989》，黄华光译，社会科学文献出版社 1998 年版，第 95 页。

我意识到这并不是真实的，我就是受奴役的。"①

　　根据积极自由的含义，我们可以知道存在着三种著名的积极自由理论。② 第一种是斯多葛派的自由观。第二种则要追溯到柏拉图，后来又得到了康德和很多后期的唯心主义者的响应。根据这种观点，只有我们正当行事时，我们的行动才是具有自由意志的。所有人的目的都是要行善事，但一旦他们未能做到这一点，那么一定是由于错误或由于激情而产生偏离所造成的。因此，除非是善行，否则任何行动都不是具有自由意志的。就柏拉图而言，这种论调乃是以一种对宇宙的目的论的观点为基础的。它指出，如果我们是有充分理性的，且能够正确理解这个世界，那么我们每个人都有一种我们要去追寻的目标或目的；对康德来说，它是以这样一种观点为基础的，即一种完全一贯的道德意志能激励我们去干无论什么事情。它也意味着当我们的"实在的"自我控制了我们的"现象的"自我时，我们才是自由的。第三种积极自由理论是卢梭对自由的认识。他把自由与对我们为自己制定的法律的服从等同起来，这又反过来等于服从公意。卢梭认为，政治生活的基础是一种社会契约，与个人意愿相对，它等同于对遵守法律的一致赞同；法律只有以一般利益为目的才是有效的；只有当我们服从法律时，我们每个人才是自由的。如果我们力图去违反那些我们曾帮助确立起来的法律，我们将会被国家的法律执行机关强迫去服从，在此过程中我们会被"强迫地获得自由"。第二次世界大战之后，西方自由主义阵营对卢梭的批评达到了登峰造极的地步，因为从 20 世纪 50—60 年代起，他们几乎都是把卢梭视作极权主义理论的始作俑者，从而大致勾勒出了一条以卢梭为起点，中经康德、黑格尔，最后发展出当代极权主义的思想史的线索。③ 伯林也不例外。他也是把马克思主义作为一种极权主义理论来看待的。因此，他对积极自由理论的批判主要是针对以上第三种理论而发的。事实上，第一、二种理论对自由主义来说不仅没有多少害处，反而是有益处的，因为它们可能使人民养成奴性，从而使自由主义者对自己的处境可以高枕无忧。

---

　　① ［英］以赛亚·伯林：《自由论》，胡传胜译，译林出版社 2003 年版，第 200 页。

　　② 戴维·米勒、邓正来编：《布莱克维尔政治思想百科全书》，中国政法大学出版社 2011 年版，第 187—188 页。

　　③ 李强：《自由主义》，中国社会科学出版社 1998 年版，第 64 页。

伯林反对积极自由，主要是针对马克思的积极自由观而来的。他认为，马克思的积极自由观会导致极权主义的社会自由，从而泯灭个人自由，走向其反面。因此，我们说，伯林反对积极自由的关键就在于：以个人自由来反对社会自由。

（2）能力意义上的积极自由

积极自由的内涵之一是：自由不仅仅是缺乏外在干预的状态，同时也意味着以某种方式行为的权力或能力。伯林认为，这种意义上的积极自由会导致社会自由，从而扼杀了个人自由。1881年格林在累斯特郡自由主义协会发表的著名演讲中说："我们也许都会同意，正确意义上的自由是上帝赐予人类的最大恩惠；实现自由是我们公民所有努力的真正目标。然而，当我们提及自由时，我们应该谨慎地考虑它的含义。我们所谓的自由并不仅仅是不受强制的自由。自由并不仅仅意味着我们可以做我们喜欢做的事，而不管我们喜欢做的事是什么。自由并不意味着一个人或一些人可以享受以其他人的损失为代价的自由。我们言及自由指的是一种积极的（positive）权力或能力，从而可以做或享受某种值得做或享受的事，而这些事也是我们和其他人共同做或享受的事。"① 他又说："仅仅清除强制，仅仅让一个人做他愿意做的，这种情况本身还不构成真正的自由……真正自由的理想是最大程度地使人类社会所有成员的能力得到最大发挥。"② 可见，在格林看来，自由的概念是与权力和能力的概念联系在一起的。自由并不仅仅是一种古典自由主义式的个人摆脱国家的压制或奴役的消极概念，而是一种去实现某种目标、去做某种事情的实际的权力或能力。之所以会有这种变化，在于古典自由主义认为，人是有理性的，让人们自己管理自己的事情便万事大吉，而限制则只会使事情变糟，于是就产生了消极的自由观。然而，放任主义的结果又使人们认识到了消极自由观的局限性。对于社会上的一切不令人满意的事物和现象，唯有通过国家的积极的干预才有可能解决。在这种情况下，国家的作用正是为了维护自由，而不是妨碍自由。所以，格林认为，所谓自由就是个人能够积极主动地发挥自

① ［英］T. H. 格林：《论自由主义立法与契约自由》，转引自李强《自由主义》，第107—108页。

② ［英］以赛亚·伯林：《自由论》，胡传胜译，译林出版社2003年版，第47页，脚注。

己的能力去行动。依照格林的道德观，积极的自由、主动的自由、真正的自由在于个人道德的自我完善，在于每个人充分发挥个人能力去实现共同善。伯林认为，"真正的自由"、人们"自己的最佳能力"是典型的积极自由的陈述，它有可能导致托克维尔所担心的"集体暴政"。总之，格林的自由概念"具有两种性质。它是积极的，即是一种要做某事的自由，而不是一种出于给人做某事的自由。它的目标是明确的，即是一种要做某种具有一定性质的事情的自由，就是说要做某种具有值得去做的事而不是去做任何一种事"①。

　　然而，在伯林看来，自由仅仅意味着一个人的行为不受外在力量的干预，而不意味着一个人有能力履行某种行为。譬如，我也许没有能力跳跃十英尺的高度，也许没有钱完成一次环球旅行。但如果我的这些行为不是由于外在力量的阻碍而无法实行，我不能说我没有自由。也就是说，"纯粹没有能力达到某个目的不能叫缺少政治自由"②。哈耶克不仅同样反对作为力量或能力的自由概念，而且他的第一反应也与伯林异曲同工。他说："这种'自由'似乎存在于许多人的梦想之中，具体表现为如下幻想：他们能飞翔、他们能不受地心引力之影响，并且能够'像鸟一样自由'飞到任何他们所向往的地方去，或他们有力量按其喜好变更他们的环境。"③ 这就是说，他们在讨论这个问题时，都喜欢以人的某种先天"不能"来说明并非唯有能力才有自由，因为"不能"并非就是不自由。然而，这种说法并不能给他们的观点提供什么有力的证据，也不能解释人类制造的飞行器、潜艇等给人所带来的自由自在之感。在马克思看来，这实际上是人的肢体的延长所带来的结果。从这种意义来看，这其实正是人的"能力或力量"给人带来巨大自由的体现。伯林之所以要反对这种"能力"意义上的自由，是因为它很可能为许多暴君利用，当作最坏的压迫行为的借口。用哈耶克的话来说，就是："这种视自由为能力或力量的观点，一经认可，就会变得荒诞至极，使某些人大肆利用'自由'这一术语的号召力，去支持那些摧

---

　　① ［英］欧内斯特·巴克：《英国政治思想——从赫伯特·斯宾塞到现代》，黄维新、胡待岗译，商务印书馆1987年版，第21页。

　　② ［英］以赛亚·伯林：《自由论》，胡传胜译，译林出版社2003年版，第190页。

　　③ ［英］F. A. 哈耶克：《自由秩序原理》上册，邓正来译，生活·读书·新知三联书店1997年版，第10页。

毁个人自由的措施；另一方面，这种观点一经认可，各种诡计亦将大行其道，有些人甚至可以借自由之名而规劝人民放弃其自由。正是借助于此一混淆，控制环境的集体力量观取代了个人自由观，而且在全权性国家中，人们亦已借自由之名压制了自由。"① 也就是说，在伯林与哈耶克看来，视自由为能力或力量的观点，不仅容易，而且已经发展为社会主义和福利国家的论辩依据，从而为它们压制个人自由提供了口实。这一点正是他们反对这种意义上的积极自由概念的主要原因。

我们知道，马克思自由观的一个重要的内涵就是：自由不仅意味着个人享有某种抽象的权利，而且意味着个人有能力去享受这种权利。马克思、恩格斯很早就看穿了资产阶级自由的局限性。我们从他们分别发表的《论犹太人问题》（1844）和《大陆上社会改革运动的进展》（1843）的文章中，就可以看到这一点。他们"在开始其社会活动的时候……就不是作为资产阶级自由思想家，而是作为已经克服了资产阶级局限性的自由思想家，向封建政权提出了人类社会自由的主张的"②。他们辛辣地嘲讽资产阶级自由的虚伪性与欺骗性，这种自由意味着富人与穷人都有在大桥下过夜的权利。在资本主义商品经济条件下，工人也是商品，即劳动力的所有者，因此工人和资本家一样，在形式上、法律上具有与商品交换原则相适应的自由权和平等权。于是，资本主义就把过去只限于一部分社会成员才享有的政治自由变成了所有社会成员在法律上平等享有的普遍权利。然而，资本主义私有制决定了这种政治自由在实质上只是"资本榨取工人最后脂膏的自由"③，是为维护资产阶级的私有财产和剥削制度服务的。工人阶级和劳动人民由于在经济关系中处于受剥削的地位，因而在实际上无法真正实现他们的政治自由权利。

格林把自由定义为人们有能力最大限度地实现自我的思想，从某种意义上说，这与马克思所追求的最高社会目标是相一致的：共产主义就是为了人的全面而自由的发展。在马克思之前，思想家们都是在精神领域中寻找人类力量的证明，把人类的完善归结为道德上的完善。格林虽然主张自

---

① 〔英〕F. A. 哈耶克：《自由秩序原理》上册，邓正来译，生活·读书·新知三联书店1997年版，第10页。

② 〔日〕藤井一行：《社会主义与自由》，大洪译，黑龙江人民出版社1982年版，第1页。

③ 《马克思恩格斯全集》第4卷，人民出版社1958年版，第457页。

由不仅在于不被约束，还在于有能力来行动，但他只是限于抽象地讨论，并没有涉及和解决这种"能力"的产生与培养的来龙去脉问题。历史最终由马克思通过劳动概念才第一次科学地解决了这个问题。马克思说："劳动首先是人和自然之间的过程，是人以自身的活动来引起、调整和控制人和自然之间的物质变换的过程。人自身作为一种自然力与自然物质相对立。为了在对自身生活有用的形式上占有自然物质，人就使他身上的自然力——臂和腿、头和手运动起来。当他通过这种运动作用于他身外的自然并改变自然时，也就同时改变他自身的自然。他使自身的自然中沉睡着的潜力发挥出来，并且使这种力的活动受他自己控制。"① 于是在这种改造外在世界的过程中，人改造了自身，使那些原先只是大自然进化过程所赋予人的、仅仅以潜能形式沉睡于人体内的各种素质苏醒、萌发起来，最终发展成为人所特有的种种本质力量——肉体能力、感觉能力、思维能力、想象能力、创造才能等。正是凭借着这些本质力量的发挥，人类才创造了丰富灿烂的物质文明和精神文明。所以，马克思强调，劳动绝不能只从谋生的意义上去理解，而应该同时把它理解为人类自我创造、不断升华的基本途径，理解为人的自我实现的基本方式，因为劳动过程是人以自己的活动克服障碍以实现预先目的的过程。马克思说："克服这种障碍本身，就是自由的实现，而且进一步说，外在目的失掉了单纯外在必然性的外观，被看作个人自己自我提出的目的，因而被看作自我实现，主体的物化，也就是实在的自由，——而这种自由见之于活动恰恰就是劳动。"② 于是，马克思证明了劳动才是人类的真正本质，才是推动人类达于完美境界的真正动力之所在。既然一切文明成果都是人的创造，那么，就应该把人本身看作最大的社会价值。因此，历史进步的终极目标不应该也不可能是别的，而只应该是人本身的发展。马克思说："先前的历史发展使这种全面的发展，即不以旧有的尺度来衡量的人类全部力量的全面发展成为目的本身。在这里，人不是在某一种规定性上再生产自己，而是生产出他的全面性。"③《资本论》里更是明确地说：只有"人类能力的发展"才是

---

① 《马克思恩格斯全集》第23卷，人民出版社1972年版，第201—202页。
② 《马克思恩格斯全集》第46卷下册，人民出版社1980年版，第112页。
③ 《马克思恩格斯全集》第46卷上册，人民出版社1979年版，第486页。

"目的本身"①。

可见，马克思不仅没有以自由的名义来压制自由，相反，他还科学地解决了人如何才能实现全面自由的发展这一关系人类前途的最大问题。伯林与马克思的分歧就在于：前者所钟情的只是资产阶级的个人自由，而后者则是在正确地解决了与社会自由的关系的基础上提倡个人自由的。

（3）理性自主意义上的积极自由

积极自由的含义之二是指一种理性的自主，它要求个人的生活受理性的引导，或用他的理性来统治他的欲望或感情。在伯林看来，自由的积极意义就是自主，而所谓自主就是自己做自我的主人。伯林认为，以做自己的主人为要旨的自由与不让别人妨碍我的选择为要旨的自由，在逻辑出发点上并没有很大的差别，只不过是同一件事的"消极"与"积极"的描述方式而已。但是，在历史上，"积极"与"消极"的自由观，却朝着不同的方向发展，而且不一定依照逻辑常理，终至演变成直接的冲突。伯林将这种现象的产生归结于"自由"与"自我"概念的混同。伯林发现，"我是自己的主人"和"我不是任何人的奴隶"这类说法往往与对自我的认识有关。伯林认为，自由的概念直接来自人们对什么构成自我和个人的认识。人们往往把自我这个概念分为两个层次，即占主导地位的自我和处于依附地位的自我。前者具有更高级的本质，它是真实的、理想的、自治的自我；后者的性质依赖于前者，它是经验的、非自治的、较低层次的自我，且往往被欲望和感情所左右。伯林所说的这两种自我的划分与西方传统哲学的主客二分有直接的关系。主客的分离标志着人类自我意识的觉醒，但它同时又割裂了主客体之间的关系，从而最终导致了理性的膨胀。西方理性主义哲学认识论的一个突出特点是把情感、意志等非理性因素从构成认识的整体环节中分离出去，否认主体的非理性因素的作用，主张以理性支配非理性，因此就有了理性自我支配非理性自我的学说。

伯林从两个层面阐述了理性自主意义上的积极自由所造成的两种后果。其一，伯林从个体的层面得出结论说，理性自主意义上的积极自由必然导致斯多葛主义的自由观。罗素说："当政权转到马其顿人手里的时候，希腊的哲学家们就自然而然地脱离了政治，而更加专心致意于个人德

---

① 《马克思恩格斯全集》第 25 卷，人民出版社 1974 年版，第 927 页。

行的问题或解脱问题了。他们不再问：人怎样才能够创造一个好国家？而是问：在一个罪恶的世界里，人怎样才能有德；或者，在一个受苦受难的世界里，人怎样才能够幸福？"① 伯林也说："在一个寻求幸福、公正或自由的人觉得无能为力的世界上，他发现太多的行动道路都被堵塞了，退回到自身便有着不可抵挡的诱惑。希腊的情况就可能如此。斯多葛理想与马其顿集权专制之前的独立民主制的衰落，并非全然没有关联。"② 人只要有欲望，就有失望的可能，不管它是不是别人有意反对的结果。如果个人的欲望与自己真正的或理性的自我是不协调的，则遏制这些欲望并不会危及个人的自由。因此，个人应当尽量使自己摆脱一切让人失望的欲望，甚至是所有的欲望，因为一切欲望都会让人失望。这样一个人不但不会更不自由，他反而更自由了，因为他摆脱了有可能奴役他的理性的感情，或别人违反他的理性操纵他的感情。对于这样一种以放弃欲望来求取内心宁静的所谓自由观，伯林揶揄道："无法拥有的东西就必须学会不去企求，被消除或被成功抵制的欲望与实现了的欲望一样是好的，这样的学说是高尚的，但在我看来，这不折不扣地是一种酸葡萄学说：我没有把握得到的东西，就不是我真正想要的东西。"③

　　与伯林一样，马克思在早期同样不赞成斯多葛主义式的精神自由。在他的博士论文和《神圣家族》中，马克思都批判了纯粹的精神自由观，主张把精神自由与现实结合起来。然而，在这里，真正要害的问题在于：个体层面的理性自主的积极自由观与斯多噶主义的自由观之间有直接的对应关系吗？在斯多葛派所处的希腊后期，尤其是在自由思想遭到践踏的罗马社会中，自我意识哲学的出现意味着人们逃避外部现实，追求内心的宁静和满足。这种情形的出现完全是剥削阶级高压统治的产物。我们只要联系一下伯林发表《两种自由概念》的政治意图，就可以明白：他之所以要把理性自主的积极自由观与斯多噶主义的自由观直接挂钩，就在于他认为，共产主义国家实行极权主义体制，人民没有个人自由，只能拥有精神自由。我们承认，在社会主义国家，以前由于出现了一些偏离马克思主义

---

① ［英］伯特兰·罗素：《西方哲学史》上册，何兆武、李约瑟译，商务印书馆1963年版，第293页。

② ［英］以赛亚·伯林：《自由论》，胡传胜译，译林出版社2003年版，第209页。

③ 同上。

基本原则的"左"的做法，在一定程度上侵害了个人自由，但这只能说是特例，这与剥削阶级的高压统治有根本性质上的区别。这些"左"的做法完全可以根据马克思主义的精神由党来自行纠正。伯林与马克思对待斯多噶主义自由观的不同态度，实际上就体现了他们对于个人自由是否真正关怀。对于这种精神自由观，伯林只是简单地以一句"酸葡萄心理"的话一笑了之，并未提出应当如何使之变为现实的问题。而马克思一开始作为革命民主主义者，就非常重视把精神自由与现实结合起来。后来，在唯物史观的创立过程中，马克思日益科学地揭示了自由的实际内容，科学地指明了自由变为现实的道路。

其二，伯林从社会的层面得出结论说，理性自主意义上的积极自由必然导致真实的自由外化为某种国家意志、集体意志或某种规律，并以某种共同目标的名义扼杀个人自由。伯林认为，在现实的社会生活中，个人的这种真实的自我往往被某种层面的社会整体（部落、种族、教会、国家等）所代替。这个"整体"以真正的自我自居，将其意志强加于其成员，即个人，并且声称是为了把这些个人提升到更高的自由水平。由此带来的必然结果就是：在社会生活中，以某一目标的名义而强制人们是可能的，有时甚至是合理的。因为，如果人们更有知识，他们本来会认识到这个目标的，可是，由于人们的盲目与无知，他们事实上尚未认识。这样一来，人们就非常容易主张为了他人的利益而强制他们，我也就可以声称我对他人利益的认识比他们对自己利益的认识更清楚。问题还不仅限于此。我还可以进一步声称，人们实际上争取的恰恰是他们在无知状态中所拼命反对的，因为人们的真实目的往往潜隐在人们的意识深处，是他们不易察觉的。因此，个人虽然在表面上是被强迫的，但实际上这种强迫使他能够按照真实自我的意志去行为，所以，个人在本质上仍然是自由的。伯林认为，一旦我采取了这种立场，我就必然会忽视人们和社会的实际需要，就会以人们自己的名义而欺侮、压迫和拷问人们，就会以自由的名义而剥夺人们的自由。[①]

在自由主义看来，就是康德所谓的家长制政府的行为。在康德看来，公民自由意味着"没有人能强制我按照他的方式（按照他设想的别人的

[①]　［英］以赛亚·伯林：《自由论》，胡传胜译，译林出版社 2003 年版，第 202 页。

福祉）而可以幸福，而是每一个人都可以按照自己所认为是美好的途径去追求自己的幸福，只要他不伤害别人也根据可能的普遍法则而能与每个人的自由相共处的那种追逐类似目的的自由（也就是别人的权利）"①。这就是说，在康德看来，个人应当有权以他自己认为合适的方式追求自己的幸福，而不应当只是按照其他人有关幸福的观念行事。康德认为，由他人来评判好与坏，这是最坏的一种暴政，就是家长制主义作风。在康德看来，家长制政府否认了个人的选择自由，它不是把个人看成是负责任的、独立的公民，而是把他们看成是不成熟的儿童。"他们不能区别什么对自己真正有利或有害，他们的态度不得不是纯消极的，从而他们应该怎样才会幸福便仅仅有待国家领袖的判断，并且国家领袖之愿意这样做便仅仅有待自己的善心。这样一种政权乃是可能想象的最大的专制主义，（这种体制取消了臣民的一切自由，于是臣民也就根本没有任何权利）。"② 而在伯林看来，"家长制是专制的，不是因为它比赤裸裸的、残酷的、未开化的专制更具压迫性，也不是因为它无视内在于我的超验的理性，而是因为它对于我自己作为人的观念是一种侮辱；人之为人就意味着按照我自己的意图（不一定是理性的或有益的）来造就我自己的生活，尤其是有资格被别人承认是这样一种人"③。这正如密尔所讲的那样，一个人不顾忠告与警告，而犯下的所有错误，其为恶远不如任令别人强迫他，去做他们所认为的好事。因此，伯林说："用迫害威胁一个人，让他服从一种他再也无法选择自己的目标的生活；关闭他面前的所有大门而只留下一扇门，不管所开启的那种景象多么高尚，或者不管那些作此安排的人的动机多么仁慈，都是对这条真理的犯罪：他是一个人，一个有他自己生活的存在者。"④ 大多数的民主主义理论家主张说：为了矫正不义的行为，或者扩充个人与群体的自由，集权的手段有时是必需的。针对此说，伯林认为他们忽略或小看了事实的另一面：权力或权威的集中，正是基本自由所面临的一个经常性的威胁。他说："假定权力被理性地控制并运用，它们便永远不会太集中，这样一种学说首先无视追求自由的核心理由——所有家长

---

① ［德］康德：《历史理性批判文集》，何兆武译，商务印书馆1990年版，第182页。
② 同上书，第183页。
③ ［英］以赛亚·伯林：《自由论》，胡传胜译，译林出版社2003年版，第229页。
④ 同上书，第196页。

制政府，不管多么仁慈、谨慎、中立与理性，到头来都倾向于把大多数人当做未成年人，或当做愚不可及或负不了责任的人，或当做成熟太慢以至于在任何可以预见的未来（实际上就是永远）无法自立的人。这是一种使人堕落的政策，在我看来并不是建立在任何理性与科学的基础之上，而是相反，建立在对深刻的人性需要的一种深刻误解之上。"① 于是，伯林转述康德的观点说："拒绝家长制，因为自我决定正好是家长制阻碍的东西；有时即使这是治疗特定邪恶不可缺少的，但对于专制的反对者来说，这也至多是一个必要的恶；就像所有诸如此类的权力的集中一样。"② 因此，在伯林看来，这种外律导向的形式，其实质就是一种使人不成其为人、不使人的价值成为终极价值的行径。

在伯林看来，法西斯主义与苏联共产主义就是这样的家长制政府。有人曾经评论说，伯林之所以憎恨法西斯主义与苏联共产主义，就是因为它们在道德上的玩世不恭及对普通人的共同蔑视。它们都试图用灌输的办法让人们放弃经过自身判断得来的信仰。伯林认为自己的道德观点的核心在于对否认人类道德主权的企图的强烈厌恶。以上两种主义都是由于试图对自己的追随者进行洗脑而犯下了罪行。因此，伯林对于马克思主义的所谓错误意识理论以及苏联的"人类灵魂工程师"抱有强烈的反感。③

这就是说，在伯林看来，任何社会目标以及思想教育形式的存在都是对人性的践踏、对个人自由的扼杀。伯林心目中的英雄赫尔岑说过："无限遥远的目标不是目标，只是……欺骗。"④ 在赫尔岑看来，"任何遥远的目的、任何凌掩一切的原则或抽象名词，都不足以辩解自由之受压制，或者欺骗、暴力以及暴政。人生俯仰动止所寄托的道德原则，须是我们依当下本有处境而实际凭倚的原则，而非我们根据或许有、可能有、应该有的情况而采取的原则。此理一旦抛弃，废除个人自由及一切人性文化价值之路即豁然大开"⑤。哈耶克也说过："个人自由是和整个社会都必须完全

---

① ［英］以赛亚·伯林：《自由论》，胡传胜译，译林出版社2003年版，第60页。
② 同上。
③ ［加拿大］伊格纳季耶夫：《伯林传》，罗妍莉译，译林出版社2001年版，第271—272页。
④ 赫尔岑：《彼岸书》，转引自伯林《俄国思想家》，第112页。
⑤ 同上书，第127—128页。

地、永久地从属于某个单一目的的至上性这一观念水火不容的。自由社会绝不能从属于某个单一目的，这条规则的唯一例外就是战争和其他暂时性的灾难，……在和平时期，应绝不容许一个单一目的绝对优选于其他一切目的，这甚至也适用于现在谁都承认的当务之急的目标。"① 原因何在呢？这是由于伯林等当代自由主义者完全继承了康德的"实践理性"观点，即把理性视为存在于每个正常人内心并最终支配其行动的"道德良心"。

自由主义之所以要把实践理性限制在个体的实践范围内，乃基于一种假定：个人即社会，理性、自由与个人同在。因此，个人之间从根本上是相互协调的，解决一切社会冲突的出路是诉诸个人理性。只有当个人摆脱了外在束缚而真正拥有决断权利的时候，这种理性在现实生活中才能实现。由于个体实践的差异性，不可能形成一个共同的世界观，一套单一的价值体系②，所以，伯林反对在社会生活中人们所选择的众多目标之上高悬某种单一的目标，认为这样就使人们的选择活动成为不必要的事情，从而使人变成了单一目标的奴隶。在伯林的心目中，马克思就是这样一位高高在上、对愚昧的芸芸众生满怀轻蔑之情的"先知"。这些先知们自以为自己比别人更了解宇宙的发展变化规律以及别人心中的真正所想，因此就处处以导师自居。伯林认为，这是贬抑人性，是"洗脑"。在伯林看来，人之为人，就在于具有选择能力。这是人的"基本自由"。依据这种抽象的人性观念，伯林完全否定了组织和思想教育的功能。他认为这是一种优越者对低劣者进行控制的观点，是对人类行为决断权和理性的践踏，并且声称建立在这种观点之上而形成的对自由的认识是狭隘而危险的，因为它允许那些自称比我们更开明的人以更优越的自我的名义来控制我们。

我们说，伯林这种判断的前提本身就是不成立的，因为个人的价值观和世界观的形成是与个人的社会化、个人对社会规范的认同分不开的。实际上，自由主义者以伯林式的口吻所提出的这种观点，表面上极其尊重人的自主选择权利。然而，他们"忘记"了一点：在阶级社会中，当整个社会被分成两部分人，其中大多数人由于食不果腹而整日忙于生计，无暇

---

① ［英］F. A. 哈耶克：《通往奴役之路》，王明毅译，中国社会科学出版社 1997 年版，第 195—196 页。

② 侯惠勤：《试论当代自由主义思潮》，《南京大学学报》1992 年第 2 期。

从事理论问题的研究，而少数人作为不劳动阶级则发展了自己除生计问题以外的其他方面的能力。在这种情况下，否认马克思式的"先知"对大多数人思想的启迪，才真正是愚民政策，才是对人权的极其虚伪的"高扬"，其目的是维护有产者的统治地位。唯物史观的创立，使得马克思主义成为人类历史上真正把握了社会历史发展规律的科学理论。借口马克思主义是打着历史进步的招牌而行压制个人自由之实，是自由主义者惧怕马克思主义传播威力的真实写照。反对单一目标的实质是否定马克思主义关于社会主义必然要代替资本主义的社会发展规律学说，从而反对马克思主义在国家政治生活中的指导地位。

论战，有时采取以其人之道还治其人之身的方法是很有效的。事实上，任何社会都会将自己的基本价值观灌输给自己的成员，资本主义社会也不例外。以美国为例，美国自诩为世界上"最民主"、"最自由"的国家，但它也存在着对公民进行"洗脑"的记录。为了防止共产主义思想的影响，美国曾对其广大公务人员进行了人身检查、监视和所谓测谎。1947 年杜鲁门签署了《忠诚宣誓法》，规定联邦调查局应调查政府中公务人员是否对政府忠诚，凡属同情、联系共产党或进步性质团体者，皆被认为对美国不忠诚，概应清除。美国司法局长克拉克曾对联邦调查局的这种活动有过一段形象的描述："在我的指挥下，胡佛领导的联邦调查局，已经把美国 2501717 名公务人员进行了逐个检查，使共产主义思想再也不能在他们的脑子里存在。"1954 年美国为镇压国内无产阶级运动，制定了《共产党管制法》，对共产党人多加限制。① 约翰·杜威也曾经公开呼吁过："我们应严肃地、认真地、大力地利用民主的学校与学校中的民主方法，并应在自由的精神中教育国家的少年和青年去参加一个自由的社会。……并采取步骤，使学校成为标准自由人明智地参加自由社会的更完善的工具。"② 这难道不是典型的"洗脑"行为吗？为什么自由主义者不指责资本主义制度扼杀个人自由呢？这充分地展现了自由主义者所惯用的手法：以双重标准来对待同一件事情。

---

① 《阵地》杂志编辑部编：《人权民主自由纵横谈》，中国人民公安大学出版社 1991 年版，第 321—322 页。

② ［美］约翰·杜威：《人的问题》，傅统先、邱椿译，上海人民出版社 1965 年版，第 27—28 页。

从某种意义上说，目标就是理想。对于马克思来说，共产主义就是人类的最高理想，这种理想绝非形而上的产物。马克思说："共产主义对我们说来不是应当确立的状况，不是现实应当与之相适应的理想。我们所称为共产主义的是那种消灭现存状况的现实的运动。这个运动的条件是由现有的前提产生的。"① 这就是说，理想有两类：一类是"现实应当与之相适应的理想"，这是一种脱离实际生活的形而上的产物；另一类则是从现实的前提和条件中引出的理想，这种理想是和现实运动的规律相一致的。个人的全面发展在其实现的条件具备以前，对于共产主义者来说，就是一种理想，而一旦具备了实际的条件，它就不再仅仅是理想。因此，共产主义者的理想和信念必须建立在对现实历史运动的深刻理解和各种客观情况的冷静分析和正确认识的基础之上。否则，任何理想和信念在某种意义上也就有了"欺骗"的意味。② 可见，伯林把社会目标的存在与个人自由的扼杀等同起来，并以之来攻击马克思主义是没有道理的。因为共产主义理想和目标的实现是建立在活生生的现实人的社会实践基础之上的，而不是抽象的形而上的产物，并且它的目的正是人的全面而自由的发展。

（4）社会自由与个人自由之间的关系

伯林之所以要把批判的矛头主要对准马克思主义的积极自由观，就是因为他与其他自由主义者一样都认为，这种自由观将导致提倡社会自由，从而泯灭个人自由。也就是说，在自由主义看来，社会自由与个人自由之间是相互对立和相互排斥的关系。实际上，"马克思主义既不从抽象的个人出发，也不从抽象的群体出发，而是着眼于个体和群体在实践基础上的具体的历史的统一。无论是个体或群体都不是绝对的，都不能单独地成为唯一的存在和唯一的价值源泉"③。马克思不仅从无产阶级的解放，而且从全人类的解放的高度提出了社会自由的问题。资产阶级思想家赋予社会以自由的外貌，却掩盖了最残酷的剥削、奴役和不自由。之所以能够这

① 《马克思恩格斯全集》第3卷，人民出版社1960年版，第40页。

② 孙伯鍨：《马克思的实践概念——纪念〈关于费尔巴哈的提纲〉写作150周年》，《哲学研究》1995年第12期。

③ 孙伯鍨、侯惠勤：《试论资产阶级自由化的哲学基础》，《高校理论战线》1991年第5期。

样，是因为他们的理论是建立在等价交换原则的基础上的。在资本主义社会，资本家与无产者各作为自己商品的所有者在交换时即在劳动力买卖时，是按"等价原则"即按劳动力价值进行的，是"平等"的，他们之间的买卖行为也是"自由"的。自由主义者是满足于这种自由与平等的。他们的阶级立场使他们的理论排除了以下事实：一旦双方的交换结束，"原来的货币所有者成了资本家，昂首前行；劳动力所有者成了他的工人，尾随于后。一个笑容满面，雄心勃勃；一个战战兢兢，畏缩不前，像在市场上出卖了自己的皮一样，只有一个前途——让人家来鞣"①。也就是说，在资产阶级统治下，一旦进入生产过程，工人不仅要接受资本家的奴役，而且要听命于物化资本即机器的奴役，于是就出现了劳动异化现象。从自由观的角度看，异化就是自由的反面，就是强制与不自由；从价值观的角度看，异化就是对自由的向往和对不自由现象的否定性价值评价。

在马克思看来，社会自由从宏观上反映了一定的历史时代和一定的社会范围内的自由状态，体现了人类认识和改造世界的一种总体支配力，揭示了人的抽象的共同的自由；而个人自由则是从微观上反映了历史上单个人的自由状态，体现了个人在认识和改造世界中的能动自主性，揭示了具体的单个人的自由。我们要正确理解社会自由与个人自由之间的关系，首先就要正确理解社会与个人之间的关系。马克思在谈到个人如何创立他们的社会关系，又如何为这种社会关系所制约时说："在任何情况下，个人总是'从自己出发的'……由于他们的需要即他们的本性，以及他们求得满足的方式，把他们联系起来（两性关系、交换、分工），所以他们必然要发生相互关系。但由于他们相互间不是作为纯粹的我，而是作为处在生产力和需要的一定发展阶段上的个人而发生交往的，同时由于这种交往又决定着生产和需要，所以正是个人相互间的这种私人的个人的关系、他们作为个人的相互关系，创立了——并且每天都在重新创立着——现存的关系。他们是以他们曾是的样子而互相交往的，他们是如他们曾是的样子而'从自己'出发的，至于他们曾有什么样子的'人生观'，则是无所谓的。这种'人生观'——即使是被哲学家所曲解的——当然总是由他们

---

① 《马克思恩格斯全集》第 23 卷，人民出版社 1972 年版，第 200 页。

的现实生活关系决定的。显然，由此可以得出结论：一个人的发展取决于和他直接或间接进行交往的其他一切人的发展；彼此发生关系的个人的世世代代是相互联系的，后代的肉体的存在是由他们的前代决定的，后代继承着前代积累起来的生产力和交往形式，这就决定了他们这一代的相互关系。总之，……发展不断地进行着，单个人的历史决不能脱离他以前的或同时代的个人的历史，而是由这种历史决定的。"① 可见，决不能抛开现实的社会关系和历史进程来规定现实的个人的本质。在现实生活中，人的本质是由他生活于其中的社会关系的总和决定的。在现实中，单个人与单个人的活动是可以直观到的，而单个人之间的关系和联系却不是靠直观所能把握的。人们之间的社会关系尽管也是物质的客观的关系，却不像自然客体那样能成为感性直观的对象，而只能成为思维和理解的对象，在观念中被把握。这种关系，对于思辨唯心主义来说是一种实体化了的观念和异化了自我意识；而对于直观唯物主义和经验主义来说，它不是被归结为抽象的人的本质因而重新陷入唯心主义，就是被当作纯粹的虚构而被抛弃。因此，正是存在于个人之间的这些联系和关系构成了马克思称之为"社会"的那种内容。② 这就是说，马克思是在实践的基础上完成了对于个体和社会抽象对立的超越。由此可知，生产力状况、社会关系类型和个人自主活动类型从根本上说是一致的，个性不仅是社会发展的活力，而且是社会发展的结果。③

自由主义将个人自由与社会自由相对立，是它把个人从本体论意义上来理解所必然得出的结论。也就是说，它认为，如果存在着所谓社会自由，则从本质上说，个人自由就是社会自由，至少个人自由是独立于社会自由之外的。然而，依据唯物史观，无论是在自然领域还是在社会领域，脱离社会、阶级和集体之外的个人自由是不存在的。这是因为：第一，人的争取自由的一切活动都是在一定的生产关系和社会关系中进行的。第二，个人的能力和才干无疑是获得自由的必不可少的条件，但"只有在集体中，个人才能获得全面发展其才能的手段，也就是说，只有在集体中才可能有

① 《马克思恩格斯全集》第 3 卷，人民出版社 1960 年版，第 514—515 页。

② 孙伯鍨：《马克思的实践概念——纪念〈关于费尔巴哈的提纲〉写作 150 周年》，《哲学研究》1995 年第 12 期。

③ 侯惠勤：《试论当代自由主义思潮》，《南京大学学报》1992 年第 1 期。

个人自由"①。因此，我们说，任何个人的能力和才干只有在集体性的社会实践中才能获得，也只有在集体中和在社会劳动中才能充分地、创造性地表现出来。第三，在社会历史进程中，社会广大成员个人自由的获得和自由度的增加都是通过用新的生产关系来代替旧的生产关系而实现的，而这种生产关系的变更只有通过集体的行动才能实现。正是由于个人自由对社会和集体的依存性，所以就意味着社会和集体应当积极地支持和帮助社会成员正当的个人自由的实现；同时又意味着社会个体为了社会和集体的利益，在必要时要牺牲一定的个人自由。这一点在自由主义看来是绝不能接受的，认为这是扼杀个人自由。实际上，牺牲一定的个人自由去维护社会和集体的利益是迄今为止人类历史发展各个阶段上都不可避免的。

与此同时，马克思又主张个人自由的发展对人类历史发展和人类自由也具有重要的意义和作用。马克思绝非像伯林等自由主义者所说的那样，是要以社会自由来压制个人自由。恰恰相反，马克思思考问题的核心始终是如何使人最终达到全面而自由的发展。对于自由主义者，所谓自由是在私有财产不可侵犯的前提下来讲的。这样的自由对于无产者来说只能是虚无缥缈的奢侈品而已。马克思主义关于社会自由的理论同资产阶级所谓社会自由理论的根本不同在于：后者容忍并维护资产阶级的压迫和剥削，而前者则要从根本上铲除一切形式的奴役和统治以及它的基础，主张每一个人都得到解放，社会本身才能得到解放；每一个人都得到自由，才能达到社会自由。因此，在马克思看来，生产力的发展只是人类自身发展的基础和条件，而不是目的本身，它还要受外在目的的制约，而人类力量的发展才是目的本身，共产主义社会的基本原则就是每个人的全面而自由的发展。马克思把个人自由作为划分历史阶段的尺度，因而把人类历史划分为三个阶段，而"建立在个人全面发展和他们共同的社会生产能力成为他们的社会财富这一基础上的自由个性"被看作是人类发展的第三个阶段。在这里，个性的自由发展成了社会进步的一个尺度和标志。个人如果不获得自由而全面的发展，社会就没有真正的解放和自由。只有每一个人的自由全面发展，人才能成为社会关系、自然界和自身的主人，人类社会才是真正的自由王国。

① 《马克思恩格斯全集》第3卷，人民出版社1960年版，第84页。

第四章 伯林的价值多元论

伯林作为战后的一位自由主义大师，其地位毫无疑问地是由《两种自由概念》一文所奠定的。这是"一篇货真价实的'自由主义宣言'，约翰·格雷把它与哈耶克、波普尔和塔尔蒙的著作一起列为 1944 年之后自由主义获得'复兴'的标志之一"①。在 20 世纪 50 年代的西方世界，当自由成为学术研究、大众媒体新闻、大众文化和官方宣传中一个逃脱不掉的主题时，这篇文章以其"更适合大众读者口味的和更具有影响力的"②特点，在冷战的特定氛围中既成为自由主义发展史上的新阶段，又成为意识形态斗争的一个缩影。然而，我们还是要看到，伯林两种自由概念提出的理论基础是价值多元论，这才是其思想的核心。有学者指出，尽管伯林一向以论述范围广泛而著称——举凡文艺复兴以来的重要思潮和人物几乎无不涉及，但他所有著述的中心思想非常简单，两点足可概括：第一，力图从理论上、思想史上论述价值多元论的重要性；第二，尽可能地在实践上、现实中保证每个个人有选择的自由。③ 美国当代政治哲学家盖尔斯敦也认为：自由主义的力量在很大程度上源自它与由伯林对道德世界所作的价值多元论的阐释之间的一致性；由伯林的《两种自由概念》一文所"得出的结论鼓舞了当代道德哲学中的价值多元主义运动，现如今，这一运动已经羽翼丰满"④。因此，我们可以说，"伯林在当代自由主义思想转变中的最重要的作用，也是他对当代思想史的重要贡献，在于始终如一地

---

① ［意］萨尔沃·马斯泰罗内主编：《当代欧洲政治思想，1945—1989》，黄华光译，社会科学文献出版社 1998 年版，第 90 页。

② ［美］埃里克·方纳：《美国自由的故事》，王希译，商务印书馆 2002 年版，第 367 页。

③ 甘阳：《自由的敌人——真善美统一说》，《读书》1989 年第 6 期。

④ ［美］威廉·A. 盖尔斯敦：《自由多元主义》，佟德志、庞金友译，江苏人民出版社 2005 年版，第 5 页。

倡导多元主义的价值观"①。透过伯林的价值多元论思想，我们不仅要看到其中所蕴含着的真理，同时也要明晰其中所隐含着的悖论，因为正是这种悖论将使其事与愿违，最终导向其对立面，即价值一元论。

第一节　价值多元论对自由主义的辩护

一　价值多元论的基本观点

1. 价值一元论的根源：普遍主义情结

伯林的价值多元论是针对长期统治西方思想传统的价值一元论提出来的。实际上，价值多元论思想并非伯林首创，它在历史上有其先驱。亚里士多德、蒙田、休谟、约翰·密尔、威廉姆斯·詹姆斯及马克斯·韦伯著作中的各种段落很容易作多元主义的解释。② 比如，韦伯早在 1919 年所作的著名演讲《以学术为业》中，就提出了"价值多神论"的主张。③ 韦伯对于价值多神论所处的情境、其产生的历史缘由及其所构成的挑战，都进行了一定的探讨。在其他的著作里，韦伯也明确地将价值多神论作为文化科学和社会科学方法论的出发点。伯林的价值多元论与韦伯的价值多神论之间的不同，主要是缘于他们两人所面临的历史处境不同。④ 如同消极自

---

① 胡传胜：《自由的幻像——伯林思想研究》，南京大学出版社 2001 年版，第 202 页。

② ［美］约翰·凯克斯：《反对自由主义》，应奇译，江苏人民出版社 2003 年版，第 234 页。

③ ［德］马克斯·韦伯：《学术与政治——韦伯的两篇演说》，冯克利译，生活·读书·新知三联书店 1998 年版，第 39 页。

④ 钱永祥说："当韦伯提出价值多神论、并且由此强调抉择的重要之时，他的思考脉络，是近代世界'除魅'后的理性化与官僚化趋势。在这种趋势之下，实质理性丧失客观地位，工具理性支配整个社会生活；一个完全理性化了的文化、一个彻底官僚化了的社会，代表着个人自由的消失和意义的枯竭。此时，个人的自由系于——表现在——个人最主观的价值认定：自由就是以一种近乎存在主义的投入方式，突破工具理性的封锁，肯定自己的生命之神，借以恢复世界以及生命的意义。在政治层次，韦伯这种对于创造性个人的期待，转化成了对于卡里斯玛型领袖（在近代的制度就是'民粹式的领袖民主制'）的期待。他相信，在常规化、官僚化的情境里，惟有这种领袖，才能冲破现代社会的'铁笼'，容许社会取得新的动力和目标，从而允许个人的创造力的发挥。换言之，韦伯谈价值多神论，强调价值来自抉择，目的在于描绘出一种近代'除魅'后的世界里的自由人格：一种英雄式的个人，敢于献身、敢于负责、敢于面对庸俗的世界追求理想。"（参见钱永祥《"我总是活在表层上"》，《读书》1999 年第 4 期）而伯林在经历了第二次世界大战后，自然无法再像韦伯一样，将价值的抉择联系到某种具有创造力的人格，视人格的主体性为自由的精髓所有。

由在当代西方政治哲学中的权威地位是由伯林所奠定的一样，价值多元主义之所以在今天成为一个被各个领域的作家应用和经常肯定的标签，主要也是由于伯林的影响。①

伯林认为，西方思想从古代理性主义一直到启蒙运动所开启的近代理性主义，都以对普遍性的追求为己任，认为理性所把握的东西是超验的，它不以时空条件为转移。因此，对价值一元论和文化一元论的强烈追求，贯穿于两千多年来的西方思想传统之中，西方传统文化中具有强烈的普遍主义情结。在古希腊的自然哲学中，无论是唯物主义学派还是唯心主义学派，他们都力图在千差万别的事物中找到统一性的基础，发现"始基"，即万物的最后根据和共同基础。无论是泰勒斯的"水"、毕达哥拉斯学派的"一"、赫拉克利特的"永恒的活火"，还是德谟克利特的"原子"，莫不如此。再往后，这种一元论的思维方式还体现在柏拉图的理念论、斯多葛学派对普遍理性的强调及其自然法思想以及中世纪基督教作为世界性宗教对一神论、救赎论、上帝统治论等教义的提倡之中。在伯林看来，文艺复兴运动与启蒙运动体现了西方文化的典型特征，即理性主义一元论。从这一时期开始，自然科学的世界观被认为是唯一正确的世界观。人们开始相信"只有一种或一组正确的方法：凡是不能由此来回答的，就是根本无法回答的。这种立场的含义是，世界是个能够用理性的方法加以描述和解释的单一体系；它的实际逻辑结论是，如果想对人类的生活加以组织，不留下任何混乱或不受控制的自然和机遇的作用，那就只能根据这种原理和定律加以组织"②。孔多塞也曾经热切地倡导过这样一种观念："通过把社会动物学延伸至人类，研究人类就类似于研究蜜蜂与海狸，而人类的历史便能变为自然科学。"③ 因此，18 世纪启蒙运动的一个理想就是能够将自然科学中牛顿的贡献应用于社会科学领域。

近代自然法学说的一个特点，就是从自然的角度而不是从超自然的神的角度来看待事物，进而从人性的自然法则中推出社会生活的法则。理性主义一元论以共同人性作为其理论的出发点，尽管不同的理论家对于人性

① [美] 约翰·凯克斯：《反对自由主义》，应奇译，江苏人民出版社 2003 年版，第 209 页。

② [英] 以赛亚·伯林：《反潮流：观念史论文集》，冯克利译，译林出版社 2002 年版，第 100 页。

③ [英] 以赛亚·伯林：《自由论》，胡传胜译，译林出版社 2003 年版，第 106 页。

的具体看法可能有不同，但他们都认为人的本性在任何时代和社会中都是同一的。这一点在启蒙主义者的理性王国中表现得最典型。所有启蒙思想家都认为：美德最终在于知识，所有美德之间相互和谐；平等、自由、博爱、同情与正义之间相互和谐；若有人说真理会给人带来痛苦，这必定会被证明是错误的；若有人论证说绝对自由与绝对平等之间不可能兼容，则这种讨论中必定有某种误解。① 于是，在真善美和谐统一的理性王国中，任何不幸和冲突都是不可能存在的。作为一种理性的动物，人类所表现出来的任何不合理性的东西，都是与人的本性不相符合的，都会随着人类理性的不断运用而得到消除。他们都确信，这个时代正在通往解决所有自人类诞生以来就困扰人类的问题之路。总之，在伯林看来，"不管人们之间的差异有多大，不管文化有什么不同，道德、政治观点的分歧有多么深，形形色色的学说、宗教、伦理、观念却无不坚信一点：对于困扰人类的最深层次的问题，一定存在着一个唯一正确的答案"②。因此，E. 卡西勒说："18 世纪浸染着一种关于理性的统一性和不变性的信仰。理性在一切思维主体、一切民族、一切时代和一切文化中都是同样的。宗教信条、道德格言和道德信念，理论见解和判断，是可变的，但从这种可变性中却能够抽取出一种坚实的、持久的因素，这种因素本身是永恒的，它的这种同一性和永恒性表现出理性的真正本质。"③

理性主义的抽象同一性必然要忽视特殊性，从而压抑个性的多样发展。伯林认为，两千年来西方核心传统的假定之一就是："所有的冲突，因此所有的悲剧，都源于理性与非理性或不充分理性……之间的冲撞，而这种冲撞原则上是可以避免的，在完全理性的存在者那里则是根本不可能的。"④ 因此，伯林指出，那些相信理性解决之道的人在实际生活中就会企图通过教育来使人类拥有理性。若被教育者不理解或不合作，则可通过

---

① ［英］以赛亚·伯林：《浪漫主义的根源》，吕梁、洪丽娟、孙易译，译林出版社 2011 年版，第 32 页。

② Isaiah Berlin, "My Intellectual Path", *Conversations with Isaiah Berlin*, p. 7.

③ ［德］E. 卡西勒：《启蒙哲学》，顾伟铭、杨光仲、郑楚宣译，山东人民出版社 1988 年版，第 4 页。

④ ［英］以赛亚·伯林：《自由论》，胡传胜译，译林出版社 2003 年版，第 226 页。

强迫来使其保有理性。于是，"当理性成为理性时，它反而变成了非理性"①。因此，伯林认为，理性一元论的极端发展必然会导致用非理性的力量去实现理性主义的理想。"理性的滥用"就是 20 世纪之所以会产生诸多悲剧的主要根源。比如，那些依照积极自由来建构的政治设计、历史必然性以及任何社会目标与思想教育形式的存在，都是对人性的践踏和对个人自由的扼杀。

2. 价值多元论的根源：不可通约性

伯林对理性一元论的批判，建立在他对马基雅维里、维柯与赫尔德等人思想的解读基础之上。通过解读这些思想家的著作，伯林认识到："多元主义以及它所蕴含的'消极的'自由标准，在我看来，比那些在纪律严明的威权式结构中寻求阶级、人民或整个人类的'积极的'自我控制的人所追求的目标，显得更真实也更人道。它是更真实的，因为它至少承认这个事实：人类的目标是多样的，它们并不都是可以公度的，而且它们相互间往往处于永久的敌对状态。……多元主义是更人道的，因为它并未（像体系建构者那样）以某种遥远的、前后矛盾的理想的名义，剥夺人们……的生活所必不可少的那些东西。结果，人在各种终极价值中进行选择。"②在此基础上，伯林提出了他基于多样性和人类的真正善具有不可通约性的价值多元论的主张。其基本内容是：首先，在任何道德或行为准则的范围内，终极价值或人类目标之间总会产生一些冲突，而人们无法用一个合理的标准来解决这些不可通约的价值冲突；其次，任何善或价值本质上都是复杂的和内在多元的，其中一些要素之间不可通约，甚至互相冲突；最后，不同的文化形式产生出不同的道德和价值，这些文化尽管包含着一些重叠交叉的特征，但其中也有许多不可通约的优点、美德和善的观念。这种根源于不同文化或社会结构的善的观念也是互相冲突的。③

盖尔斯敦非常赞赏伯林的多元论思想。他说："我已经开始相信由以赛亚·伯林的道德多元主义得出的一些东西为我们呈现的道德世界提供了最好的描述。在他描述的世界中，基本的价值在理论上是多元的、矛盾

①　韩震：《重建理性主义信念》，北京出版社 1998 年版，第 39 页。
②　[英] 以赛亚·伯林：《自由论》，胡传胜译，译林出版社 2003 年版，第 244—245 页。
③　[英] 约翰·格雷：《伯林》，马俊峰、杨彩霞、路日丽译，昆仑出版社 1999 年版，第 41—45 页。

的、不可通约的，在实践中是不可能融合在一起的——在这个世界中没有可以在哲学上加以定义的单一的、意义明确的至善，更不要说从政治上加以强制了。"① 凯克斯进一步指出："多元主义者对冲突如此感兴趣，部分理由在于他们为价值的多元性和条件性提出了强有力的证据。对这些最好的解释是，冲突的价值是不相容的和不可公度的，而这正是它们的多元性和有条件性的理由。"② 这就是说，不同的价值之间之所以无法进行排序，是因为它们之间没有一个统一的标准去衡量高下。因此，也就不可能有任何一个或一套善或价值，能够在指导人们的行为时处于最高位置。换言之，在伯林的价值多元论中，价值之间的不可通约、不可兼容是一个关键性的概念。对它理解与否，将直接关系到能否准确地把握伯林的价值多元论思想。

　　简单来说，价值的不可通约性包括以下几层意思：第一，不存在某种类型的最高价值或价值结合方式，使其他所有的价值都能根据考虑它们与它的逼近程度而加以评价，即不存在至善的价值；第二，不存在这样的中介，所有不同类型的价值都能根据它加以表达和排列，而又不遗漏任何重要的方面，从而使不同类型的价值的互换成为可能，即价值之间的不可互换性；第三，不存在能够在所有价值之间提供秩序或先后顺序并为所有通情达理的人们接受的某种或某些原则，即不存在排列价值的规范性原则。③

　　为什么会发生价值之间不可通约性的情形呢？首先，这要归因于内在相冲突的价值的性质本身。也就是说，有些价值之间的联系本身就是互相冲突的和排斥的。所以，这种价值的不相容性是来自价值本身的性质而不取决于行为者对它们的态度，因为对两种不相容的价值都赞成的态度不会使它们成为相容的。④ 此外，价值之间不可通约性的原因还可归结为人性。理性一元论者认为人性是永恒的、不变的、普遍的。由此固定的人性出发，理性一元论者设计人类的目标及达成目标的途径。与此相反，伯林

　　① ［美］威廉·A. 盖尔斯敦：《自由多元主义》，佟德志、庞金友译，江苏人民出版社2005年版，第40页。
　　② ［美］约翰·凯克斯：《反对自由主义》，应奇译，江苏人民出版社2003年版，第218页。
　　③ 同上书，第219页。
　　④ 同上书，第218—219页。

的人性观是历史主义的。格雷指出："这种观点认为，人的特性和多样的本性既是由于族类的创造性而形成的，也是通过多少代人的活动的交织而历史地创造的。这种历史主义不同于休谟式的对于人性的自然主义观点，因为它把人的特性看作是自我创造和人类的自我转化的多样形式，而不是人类所有成员共同具有的本性的变化出来的形式。我们可以说，伯林对人类本性的历史主义观点是他的价值多元论的人类学前提或根据，因为它认为是人类内在的原始倾向为人类形成了多元的本性或创造了多种多样的生活方式。"① 伯林认为，人类的自我创造总是使自己成为多元的而不是单一的。如果联系到伯林对"观念"在历史上所起作用的强调，我们就可以合理地推断出这样一个结论：如同观念塑造了民族主义、种族主义等运动一样，观念也塑造了人性的历史生成。这种历史主义的人性观显然与马克思主义的历史主义人性观是根本对立的。马克思主义认为，现实中的人是怎样的，是由其所处的生活方式和生产方式来决定的。也就是说，生活方式与生产方式决定人、人性和人的本质。可见，马克思主义的历史唯物主义是从人的社会物质关系出发来说明人、人性和人的本质的，这与伯林从人的观念的变化来说明人性的历史唯心主义观点之间有着原则的区别。

二 价值多元论到自由主义的证成

伯林的自由主义观念建基于两大支柱性理念，即价值多元论和消极自由。② 在《两种自由概念》中，他提道："多元主义以及它所蕴含的'消极的'自由标准……"③；在《我的思想之路》一文中，他说："如果多元主义是一种正当的观念，……那么随之而来的就是宽容和自由主义。"④可见，在伯林那里，价值多元论既是自由主义的基本价值之一，又能够与自由主义和谐相处，是对自由主义价值观的一种强有力的辩护。

---

① ［英］约翰·格雷：《伯林》，马俊峰、杨彩霞、路日丽译，昆仑出版社 1999 年版，第74 页。

② ［美］威廉·A. 盖尔斯敦：《自由多元主义》，佟德志、庞金友译，江苏人民出版社2005 年版，第 65 页。

③ ［英］以赛亚·伯林：《自由论》，胡传胜译，译林出版社 2003 年版，第 244 页。

④ Isaiah Berlin, "My Intellectual Path", *The Power of Ideas*, ed. Henry Hardy, Princeton：Princeton University Press, 2000, p. 13.

　　从历史上来看，自由主义与价值多元论之间的和谐似乎是不言而喻的。自由主义作为西方资产阶级意识形态的表达，是在反神学、反封建的普遍主义思维方式的过程中产生的。它所提出的以个人主义和个人自由为核心的思想体系，是为了对抗欧洲基督教会和封建专制对人的蔑视，它要求把追求价值偏好及生活方式的权利还给个人，由个人自主决定和做出选择。于是，现实中人们多样化的价值追求就决定了价值多元论存在的必要性和合理性。为了有效地避免和解决个人在现实中行使权利时所可能引发的各种冲突，自由主义从某种共同的人性或人的需要出发，制定了能够适用于所有人的普遍规则，以期为个人平等地划定自由选择的私人空间，从而解决私域交界处的利益冲突问题。从这一角度来说，"自由主义在一开始就是蕴含着价值多元论预设的，只是人们没有明确系统地阐述罢了"[①]。

　　那么，伯林是如何来证成从价值多元论可以过渡到自由主义的呢？综观伯林的全部思想，我们说，他的论证维度主要有两个：选择自由的维度与反一元论的维度。

　　1. 选择自由的维度

　　在伯林看来，若价值是多元的且不可通约的，则当它们之间发生冲突时，就决定了人们时刻面临着不得不进行的自我选择，这是人之为人的一种活动。在《两种自由概念》中，伯林说："如果……人的目的是多样的，而且从原则上说它们并不是完全相容的，那么，无论在个人生活还是社会生活中，冲突与悲剧的可能性便不可能被完全消除。于是，在各种绝对的要求之间做出选择，便构成人类状况的一个无法逃脱的特征。"[②] 后来，在《自由四论》结集出版时所写的"导论"中，他进一步地说道："那些因为自由本身的缘故而看重自由的人相信自由就是选择而不是被选择，这是人之为人的不可让渡的组成部分。"[③] 人类"无法逃避选择的一个更核心的理由（这个理由在日常的意义上是概念性的，而不是经验性的）在于，目的是相互冲撞的，人不可能拥有一切事物"[④]。也就是说，在伯林看来，这个

----

　　① 马德普：《价值多元论与普遍主义的困境——伯林的自由思想对自由主义政治哲学的挑战》，《天津师范大学学报》2001 年第 6 期。

　　② ［英］以赛亚·伯林：《自由论》，胡传胜译，译林出版社 2003 年版，第 242 页。

　　③ 同上书，第 58 页。

　　④ 同上书，第 49 页。

原因人们更多地是从理论上来考虑，而非实际情况的反映，但它仍然说明了人类自由的基础在于选择，哪怕这种选择仅仅是一种抽象的选择。可见，"伯林把选择能力和对生活方式的自我选择看作是人类存在的构成要素，看作是人类区别于其他动物的特征"①，从而也就把人的选择能力看成是人类自由的本质。他还说："人类生活中最珍贵的是为了选择而选择；不仅是选择善的东西，而且是选择本身。"② 对此，格雷指出："对伯林来说，自由的内在价值，特别是否定的自由的内在价值，就在于它是选择的'基本自由'的具体化——这里的选择不是指在真正的善之间的理性选择和根据自主性而称作是值得采取的选择，而是绝对的选择自身。这种选择可以是任性的或异想天开的，违反常情的或反理性的，充满幻想的或自我毁灭的，但它仍是选择，同样还是否定的自由（以及真正意义上的肯定的自由）的价值的根源。"③ 这实际上也就是存在主义所主张的那种选择观。存在主义从自由是人的本质、个人具有绝对自由的观点出发，认为每一个人不仅可以自由地选择自己的本质，也可以自由地选择自己的行为。他既可以只关心自己，也可以同时关心他人和社会。这都是他的自由选择，而不是出于任何尽职责之念。他的唯一义务就是对自己及其行为负责。总之，存在主义者认为，除了个人的自由选择外，不存在任何其他的是非善恶等道德标准。然而，这却是一种"没有根据和标准的选择"④。这恰恰也是对伯林的选择观的真实评价。正是选择活动对于自我创造的重要性和自我创造对于人们的必要性奠定了伯林思想中的自由主义的基础。⑤

"尽管伯林没有明确地说明，但他的意思暗示最符合多元论观点的政治意识形态将是自由主义的，因为在最大程度上强调选择自由的正是自由主义。"⑥ 伯林自以为自由选择的行为搭建起了从价值多元论通往自由主

① ［英］约翰·格雷：《伯林》，马俊峰、杨彩霞、路日丽译，昆仑出版社1999年版，第11页。

② ［英］以赛亚·伯林：《自由及其背叛》，赵国新译，译林出版社2005年版，第26页。

③ ［英］约翰·格雷：《伯林》，马俊峰、杨彩霞、路日丽译，昆仑出版社1999年版，第26—27页。

④ 同上书，第71页。

⑤ 同上书，第149页。

⑥ ［英］乔治·克劳德：《自由主义与价值多元论》，应奇等译，江苏人民出版社2006年版，第90页。

义的桥梁，却未料到，正是由于他的选择观中所隐含的那种独特的悲剧观，将自由主义无可挽回地推向了悲剧性的境地。

悲剧理论首先是作为一种艺术理论而存在的。"悲剧精神的实质是悲壮不是悲惨，是悲愤不是悲凉，是雄伟而不是哀愁，是鼓舞斗志而不是意气消沉。悲剧的美，属于崇高和阳刚；正因为这样，悲剧才是战斗的艺术。"① 这是美学意义上的悲剧。悲剧的客观基础是人的苦难和死亡，所以，它在日常生活中可以被当作苦难的同义词。伯林悲剧观的独特性在于，他把自古希腊以来的西方悲剧理论移植到政治哲学的视域中，从"苦难"这一日常生活意义上来阐释他的悲剧观。

在西方思想中有三大主要的悲剧观：理性主义悲剧观、唯意志论悲剧观与马克思主义悲剧观等。其共同之处在于它们都承认悲剧与人类与生俱来的有限境遇有关，因为人类在面对自然力量、社会力量及其自身时，都存在着许多力不从心的窘境。因此，悲剧的发生对于人类来说是不可避免的。②

伯林指出，在 19 世纪初，人们的悲剧观发生了改变。"在浪漫派之前，人们一直相信悲剧是由于错误或者'人孰无过'的人类天性而产生的。但是在浪漫主义者所揭示的世界中，悲剧则是不可避免的：在生命的终极目标这个问题上，人们必定会发生争执；而且这些目标本身也是冲突的。世上所有美好的事物不可能同时降临。价值观的冲突和悲剧性的损失都是不可避免的。"③ 因此，依据价值多元论，伯林认为，客观价值的冲突和人类的自我选择活动，归根到底必然会导致重大的损失，这是构成生活中产生许多悲剧的深层原因。正如豪舍尔指出的那样，在伯林"对人和人生需求的认识中，确实有一种强烈的悲剧因素：人类实现的大道，有可能彼此交汇和彼此阻碍，一个人或一个文明，为铺设一条完美人生之路而追求的最受珍爱的价值或美，有可能陷入致命的相互冲突；结果是对立的一方被消灭和绝对无法弥补的损失"④。因此，我们可以说，按照伯林

① 陈瘦竹、沈蔚德：《论悲剧与喜剧》，上海文艺出版社 1983 年版，第 5 页。
② 刘明贤：《试论伯林的悲剧观》，《学海》2005 年第 3 期。
③ ［加拿大］伊格纳季耶夫：《伯林传》，罗妍莉译，译林出版社 2001 年版，第 334 页。
④ ［英］以赛亚·伯林：《反潮流：观念史论文集》，冯克利译，译林出版社 2002 年版，第 47 页。

的思维逻辑来看，悲剧是选择活动本身所隐含的必然结果。

然而，悲剧能否被超越呢？在亚里士多德和黑格尔看来，悲剧世界是一个理性的、具有公正道德秩序的世界。悲剧人物的毁灭是其自身所为的后果，他们的灾难从道德原则上说是合乎理性的。因此，悲剧不仅可以被超越，而且这种超越的本质意味着理性的胜利，意味着无限的、普遍的、绝对的宇宙真理对有限的、片面的、相对的人类情趣的否定。而叔本华等生命哲学家则把这种超越看成是生命意志或者是尼采的酒神精神对理性的超越。

对于伯林来说，悲剧在本质上是无法被超越的。豪舍尔说："伯林著作的整体倾向就是扩大和加深我们对这种不可避免的冲突和损失以及由此引起的绝对选择之必然性的意识。他使给人带来和谐和安宁的所有人生观都产生了裂痕，它们虽能消除紧张和痛苦，同时也削弱了人的活力和热情，使人们忘记自己的真实的人性。他不断呼吁我们回到自己的本质自由和责任上来。"[①] 所谓"真实的人性"和人的"本质自由"，在伯林那儿就是指人的选择活动和选择能力。因此，在伯林那里，人的生存轨迹就是不断地选择，不断地损失，同时也在不断地产生着悲剧。对于这样的悲剧，我们只能抱以无可奈何的态度听之任之，根本谈不上也无法超越之。可见，伯林的政治哲学是一种充满了悲剧色彩的自由主义理论。

我们承认，伯林的悲剧观在一定程度上真实地反映了我们所面临的处境。这种处境是我们不得不加以直面的，而且它也的确让我们深切地感受到了其中所蕴含的悲剧性意味。但我们同样需要承认的是，无论是从美学的角度上来看，还是从政治哲学的意义上来看，伯林所谓的"悲剧"现象在一定意义上很难称得上是"悲剧"，因为所谓完美、完满、最终解决等都是从本质意义上而言的，而不是从细节意义上说的。此外，伯林从抽象人性的角度出发来谈论人的选择问题，最大的弊病在于它的非历史性。因此，伯林对悲剧观问题的理解就不可避免地要走向悲观、走向悲剧，从而也将使得自由主义最终走向悲剧之路。

与伯林的观点相反，马克思主义指出物质生活的生产方式制约着整个

---

① ［英］以赛亚·伯林：《反潮流：观念史论文集》，冯克利译，译林出版社2002年版，第47页。

社会生活、政治生活和精神生活的过程，揭示了道德生活产生的经济基础，从而科学地解决了人类历史中悲剧产生的真正根源。马克思认为存在两种悲剧。一种是旧事物、旧制度的悲剧。当一个阶级所赖以占据统治地位的生产方式一旦过时，则该阶级就必然要遭毁灭而被新的有生命力的阶级所取代。但只有当它还没有完全丧失其存在的理性时，它的毁灭才是悲剧性的。从人类历史的发展来看，这种毁灭是完全必要的。要达到共产主义社会中每个人个性的自由发展，在这之前的时代中就必须牺牲一部分人的自由，这是人类不得不面临的有限境遇。另一种是新生事物、新生力量的悲剧。这种悲剧的主人公是先进的、新兴的阶级和生产力的代表，他要与没落阶级进行殊死搏斗。由于新兴阶级还处于幼小阶段，其力量还不足以推翻依旧强大的没落阶级，因此必然遭到失败。悲剧的主人公代表了先进的历史潮流，他坚信其理想必定成功，这种悲剧英雄带着对未来的憧憬而慷慨赴死。马克思从唯物史观出发，认为悲剧既然产生于"历史的必然要求和这个要求的实际上不可能实现之间的悲剧性的冲突"①之中，即人类在一定的历史时期，由于面临不自由的现实历史而进行的实践活动中，则悲剧的超越也就只有通过以人类实践活动为基础的人类从必然王国向自由王国的飞跃来完成。马克思认为历史是由人创造的，是人的自由选择的结果。但这种创造与选择必须以一定的历史必然性为基础，人只能在一定的历史条件下不完全自由地创造自己的历史。因此，人类解放理想的实现过程，同时就是人类社会运动中不以人的意志为转移的客观历史规律起作用的自然历史过程。在其中，悲剧的不断被超越就是历史的必然要求不断地被实现的过程，从而也就是人类不断地走向自我解放的历史过程。

2. 反一元论的维度

乔治·克劳德说："这两个主题——一方面是多元论与一元论的对比，另一方面是消极与积极自由的区别——通常一直被批评者们看作是互不相干的，而且甚至伯林自己也没有很明确地把它们融为一体。"②这句话并不符合事实。伯林之所以要极力倡导价值多元论，就是为了最

---

① 《马克思恩格斯全集》第29卷，人民出版社1972年版，第586页。

② ［英］乔治·克劳德：《自由主义与价值多元论》，应奇等译，江苏人民出版社2006年版，第97页。

终不受制于由理性一元论所导致的极权主义，从而保障人们享有最低限度的消极自由。他自己多次谈到过这两者之间的关系。因此，我们不能认为这两个主题之间在伯林那里毫无关系，而应该把它们看成是密切联系和互相支持的。只有这样，我们才能抓住伯林对自由主义所做的多元论辩护的要点。

正如克劳德所指出的那样，在多元论与一元论的关系上，"伯林的主要批判对象是马克思主义"①。众所周知，伯林是坚决站在自由主义的立场上来反对马克思主义的。他的基本思维逻辑是这样的：马克思主义主张积极自由，积极自由易导致单一目标的确立乃至一元论的产生，并进而走向极权主义。对此，我们可以从两方面来进行分析。

第一，关于一元论与多元论关系的辨析。伯林曾经转述罗素的话说："哲学大师们的中心思想本质上都是非常简单的。"② 这句话放在伯林的身上也是恰如其分的。伯林思想的核心，其实就是一句话：以多元论反对一元论。然而，伯林自己又说过："虽然我是个多元论者，但在我的思想中也有某些统一体。"③ 对于伯林来说，这个"统一体"就是自由，就是选择的自由、个人的自由、消极的自由。

在伯林看来，假如我们能够创建一个社会，在这个社会里人们公认只有一个压倒一切的人类目的，那么在这样的社会里，原则上只会存在关于什么是达到这种目标的最佳手段或最有效途径的争论，而且这种争论也是技术性的，即性质上是科学的和经验性的争论，而不会产生关于政治目的或价值标准一类的严肃问题。④ 这样一来，发现达到目的的途径就是专家们的事情了。伯林认为，这就是一元论的世界，而一元论正是从柏拉图至今的西方哲学的中心论题。

伯林之所以反对以上观点，首先，因为这是一元论的观点，而一元论

① ［英］乔治·克劳德：《自由主义与价值多元论》，应奇等译，江苏人民出版社 2006 年版，第 108 页。

② ［英］以赛亚·伯林：《哲学引论——与艾赛亚·伯林的对话》，载布莱恩·麦基编《思想家——当代哲学的创造者们》，周穗明、翁寒松译，生活·读书·新知三联书店 1987 年版，第 52 页。

③ Isaiah Berlin and Ramin Jahanbegloo, *Conversations with Isaiah Berlin*, p. 148.

④ ［英］以赛亚·伯林：《政治理论还存在吗?》，载詹姆斯·A. 古尔德、文森特·V. 瑟斯比编《现代政治思想——关于领域、价值和趋向的问题》，杨淮生、王缉思、周琪等译，商务印书馆 1985 年版，第 413 页。

的信条总是倾向于在现实中以高悬起来的唯一目标的形式与现实中的人的自由相冲突，从而缩小以至剥夺了每个个人选择的自由。因为目标既然只有一个，选择自然也就多余了，从而也就压制和泯灭了人性。与此相反，价值多元论则为每个个人敞开了自由选择的大门，因为价值多元论既然深信各种价值之间是无法统一的，因此它也就必然承认人类的目标是多样的，这些目标并不能用同一尺度来衡量，而且还不断地处在彼此竞争冲突之中。正是因为处在这样的境况中，人类才赋予选择的自由以这么大的价值。伯林在 1991 年夏季接受记者采访时说，20 世纪"是欧洲经历过最糟的一个世纪。人类文明史上没有比这个世纪更可怕的时代了。在我有生之年中发生的事，比历史上任何其他时代发生的事都恶劣，甚至比野蛮民族肆虐的时代还糟"①。在伯林看来，20 世纪以来人类灾难的始作俑者就是俄国革命。他认为，马克思主义坚持历史决定论，坚持世界主义，坚持共产主义美满结局的乌托邦理想，坚持为了能达致和谐圆满的未来而牺牲现在。这样一来，个人自由将不复存在。伯林说："世界主义是空洞的。人们若不属于某个文化，是无从发展起的。即便人会反抗自己的文化，把文化整个变样，他还是属于一个源源不断的传统，新的潮流会产生……但追根究底，人还是从自己的那条河而来。这个在潮流底部的固有传统源头，有时候虽然会整个改头换面，却始终在那儿。"② 可见，伯林是戴着意识形态的有色眼镜来看待发生在 20 世纪的共产主义运动的。这样，他自然就不会注意到社会主义国家中的广大人民群众在经济生活、政治生活等方面所取得的巨大成就。根据自由与自由的条件相区分的观点，伯林并不认为这些所谓的"成就"会与人的自由有多大的关系。他从个人本位主义的观点出发，从资产阶级利益的角度出发，自然要对共产主义运动极端仇视。这是阶级立场所必然导致的结果。所谓反对单一目标、高扬个人自由的实质是为了否定马克思主义、维护资产阶级的利益而已。

其次，伯林认为一元论寻求所谓的"单一答案"。从某种意义上说，伯林的理解是对的，因为一元论就是要寻找某种统一性。然而，伯林说，

---

① ［意］加尔代斯：《民族精神再兴：记民族主义之善与恶——与伯林对谈》，载《公共论丛》第 5 辑，生活·读书·新知三联书店 1998 年版，第 222 页。

② 同上书，第 224 页。

一元论认为只有这种"单一答案"才是正确的，而且无论采取的方法是否相同，社会科学与自然科学在结果上都是追求唯一性，这种观点是不对的，这实际上是机械决定论的结论。根据机械决定论，只要知道了物体所处的初始条件，就能推断出这个物体在任何时间的状态，这个答案是唯一的。与此相反，马克思主义的辩证决定论虽然承认经济因素在社会历史发展进程中所起的决定性作用，但它却从来不认为别的因素就不起作用，因而就是有害的，必须加以清除的。因此，历史上对马克思主义进行歪曲的"经济决定论"就不过是这种所谓"单一答案"的翻版而已。实际上，别说是社会科学做不到"单一答案"，就是自然科学本身也是这样，这里有一个适用范围的问题。寻求"单一答案"的奢望，在历史上不能说是没有，但伯林将一元论的"一"由万物的"统一性"变成"唯一正确的答案"无疑是属于偷换概念。此外，他还犯了以偏概全的错误，将这种祈求"单一答案"的作为扩大到了一切决定论的头上，并以此来指责马克思主义的辩证决定论。实际上，伯林批判"单一答案"的落脚点是在"炒蛋论"上。在他看来，列宁与毛泽东为了追求某种所谓的"理想"而不惜牺牲一切，结果蛋也打了，却未炒成蛋。也就是说，理想没有实现，人的自由却被扼杀了。这才是伯林反对"单一答案"的实质之所在。

最后，伯林认为，一元论主张寻求全部答案，并且认为一旦做到这一点，一切问题的终极解决之道也就找到了。果真如此的话，人类的认识活动也就意味着到了终点。马克思主义从来没有过这种奢望，它只是以经济活动的决定性作用为指南，指导人们去不断地探索层出不穷的世界万物的奥秘。从可知论的观点看，人类当然具有认识一切事物的能力，但永远也无法达到这一点，这就是所谓的认识的至上性与非至上性的统一。对事物的真理性认识的范围越广，表明人类对世界的认识就越深入。但马克思并不认为完美无缺的生活就来到了，因为既对立又统一是整个世界的普遍规律。自由主义喜欢把共产主义的理想说成是乌托邦，但他们自己同时更喜欢把"真正的乌托邦"硬扣在马克思主义的头上。

自由主义者关于一元论与多元论关系的观点是对马克思主义的歪曲。马克思主义的辩证决定论既是历史决定论，又是历史选择论。它在承认归根到底意义上的经济必然性的同时，也承认政治、文化、道德等各个领域在人类历史发展过程中的作用。它丝毫没有贬低个人在历史进程中的积极作用。它的目标本身就是为了实现人的全面而自由的发展。然而，在马克思看来，如同人首先是社会的人一样，自由首先是社会的自由，没有社会自由就不存在个人自由。社会自由是个人自由的前提和基础。个人自由不能脱离社会自由，脱离社会自由的个人自由不成其为自由，其结果将走向自由的反面，成为极端的个人主义和政治上的无政府主义。个人自由是社会自由的个别存在、确证和体现。没有个人自由的社会自由是空洞的、虚幻的自由。因此，自由本身始终包含着社会自由与个人自由这一对立统一的两个方面。

　　表面上看来，伯林主张的是多元论，但透过其面纱，我们却能看到其中所隐含的一元论成分。在伯林的心目中，"自由"（实为个人自由）终究是真正的终极性价值。他的所谓多元化实际上只是资本主义化而已。

　　第二，关于极权主义的辨析。在伯林看来，极权统治者喜欢宣称自己是真正自由的故乡，他认为这是对自由一词的最大讽刺。伯林之所以会得出这样的结论，是因为他认为共产主义与法西斯主义都是极权体制，因而积极自由的前景必然是导向极权主义。极权主义是 20 世纪中叶两大阵营处于冷战时期所盛行的一个充满浓厚意识形态色彩的理论概念，伯林作为自由主义者毫无例外地站在了资本主义的阵营中，从而卷入了这场纷争。我们可以通过辨析极权主义这一概念，来揭示伯林反马克思主义的实质。

　　极权主义（totalitarianism），按其字面意思是指集权、全体控制，故又有人称之为全能主义。"这是一个于 1923—1925 年首先被用来反对墨索里尼，并首先由墨索里尼使用的政治术语。这也是自第一次世界大战以来出现的一个理论概念。尽管为革命所强化的政治统治或战争行为早已不时地被冠之以'极权的'或者'极权主义的'，但这一术语主要还是指两次大战之间的一些激进的独裁体制，即意大利的法西斯主义和德国的国家社会主义。"[1] "战后初期极权主义一词的使用表明，人们企图改进建立在独裁、专制主义、暴政等术语基础上的传统的分类体系。其主要目的是为左翼和右翼的政体提供一般性的术语。"[2] 这也就是说，极权主义一词最初

---

　　① 韦农·波格丹诺、邓正来编：《布莱克维尔政治制度百科全书》，中国政法大学出版社 2011 年版，第 661 页。

　　② 戴维·米勒、邓正来编：《布莱克维尔政治思想百科全书》，中国政法大学出版社 2011 年版，第 591 页。

并不具有意识形态的色彩，社会科学家们是在力图使它具有一种政权特性的价值中立的指标的意义上来使用这一概念的。但是，由于许多有关极权主义的重要著作都是在东西方的全球冲突影响下出现的，于是，"具有讽刺意味的是，作为对法西斯的描述而开始的，而且作为连接现代中央极权主义的左翼和右翼形式的桥梁而获得人们推崇的概念，最终却成了描述共产主义的概念。因此，这一概念的发展似乎更多的是揭示战后意识形态的历史内容，而不是比较政治体制的研究内容"①。

从政治分类学上明确地把社会主义划入极权政权，并断言其与民主自由政体水火不相容，从而把性质根本不同的社会主义与法西斯主义并列为极权体制者，首推哈耶克。② 他说："在极权主义国家中，无论是俄国、德国，还是意大利……"③ 他又说："我们的社会主义者曾以此（指计划经济——引者注）而为极权主义很好地准备了道路，……其基本内容在于剥夺我们的选择权。"④ 因此，他认为选择了社会主义就意味着选择了奴役。

在极权主义的研究中，真正起到了主要作用的是卡尔·弗里德里希与布热津斯基，他们"赋予这一术语以现象学的定义，其中包括这样一些特征：极端主义的意识形态，一党制的国家，秘密警察统治以及政府垄断社会的经济、文化和信息结构。具有这几方面特征，就是作为一种政体形式的极权主义思想。……这种政体打破了国家与社会团体之间的所有界限，甚至打破了国家和个人人格之间的界限"⑤。这就是弗里德里希等人在 20 世纪 50 年代所总结出来并得到了广泛流传的极权主义的六大特征。

这些特征告诉我们，在极权主义政体下，国家笼罩着社会各个层

---

① 戴维·米勒、邓正来编：《布莱克维尔政治思想百科全书》，中国政法大学出版社 2011 年版，第 592 页。

② 侯惠勤：《历史反思中的一大误区——关于"政治屠杀"的神话及"忏悔"透析》，《南京社会科学》2001 年第 4 期。

③ ［英］F. A. 哈耶克：《通往奴役之路》，王明毅译，中国社会科学出版社 1997 年版，第 98 页，脚注①。

④ 同上书，第 98 页。

⑤ 戴维·米勒、邓正来编：《布莱克维尔政治思想百科全书》，中国政法大学出版社 2011 年版，第 592 页。

面，包括其公民的日常生活。极权主义政府以某种全面的意识形态为基础，不仅要控制所有的经济、政治事务，还以动员并组织大众为手段，竭力控制人民的意见、价值和信仰，从而完全否定个人的自由、独立与创造性，消弭了国家与社会之间的一切分别。公民对国家的义务成为共同体首要的关注所在，而国家的目标则是用一种完美的理想社会来替代现存社会。

　　这些特征又告诉我们，极权主义的理论根源是集体主义政治理论。在自由主义者眼中，社会主义就意味着集体主义。哈耶克说："社会主义是集体主义的一种，因而符合集体主义本身的一切东西也必定适用于社会主义。社会主义者和自由主义之间争论的各点，几乎涉及一切形式的集体主义所共有的方法，而没涉及社会主义者运用这些方法想要达到的特定目标。"① 这与自由主义所宣扬的个人主义是相对立的。个人主义是与资本主义相适应，并在资本主义的发展中逐步形成发展的一种思想体系。它以自然人性论为基调，认为社会以个人为本位，是众多个人的简单集合，在此基础上，形成以个人为中心，把个人的利益、自由、幸福、权利和潜能等放在首位的价值观。它还认为个人是目的，社会是实现和协调个人目的的手段。因此，在资本主义社会，多数人都认为个人主义是和集体主义、社会主义相对立的思想体系。哈耶克曾经明确地指出，"社会主义或集体主义"是个人主义的"敌对面"②。

　　自由主义反对马克思主义的主要理由之一，在于它们认为马克思主义不关心人，只关心所谓国家、阶级和集体的利益。在这些集合名词的统治下，自由主义认为，个人没有自由，只能沦为这些"集体"达到自己目的的工具。之所以自由主义这样来看问题，一方面是由于自由主义是从本体论意义上来理解个人的，因而它将社会看成是个人的派生物。因此，它认为，所谓自由就只能是个人的自由。另一方面，这是由于自由主义将思想价值取向直接等同于人性根据和权力体制，因而炮制了"集体主义＝法西斯主义＝极权体制"和"个人主义＝个性自由＝民主政体"这样两

---

　　① 〔英〕F. A. 哈耶克：《通往奴役之路》，王明毅译，中国社会科学出版社1997年版，第38页。

　　② 〔英〕哈耶克：《个人主义与经济秩序》，邓正来译，生活·读书·新知三联书店2003年版，第10页。

个公式。实际上，思想价值取向是分层次的，作为世界观层面的哲学观念（如个人主义、集体主义）同政治和权力体系的联系是很复杂的，并不存在简单的一一对应关系。因此，不同信仰的人往往可以达成一定的政治共识，而任何社会权力都可以利用各种学说来为自己辩护。[①]

这些特征还告诉我们，极权主义实行的是一党体制。当代社会的民主政治，除了其本质不同以外，都是通过政党来领导的民主。在马克思主义看来，专政是阶级的专政，而非政党的专政，所以政党领导不等于政党专政。阶级组成政党，党领导自己的阶级和同盟者组成国家，由国家政权来行使专政职能。阶级通过自己的政党来实现对专政的领导。阶级的专政是通过国家政权机关来实现的。因此，所谓资产阶级专政就是指包括资产阶级执政党和它的在野党在内的整个资产阶级对广大劳动人民的专政。同样，所谓无产阶级专政就是指无产阶级政党所领导和代表的全体人民对少数敌对势力的专政。如果违背这样的理论，由政党直接操纵专政机关和直接行使专政职能，这才叫政党专政，由一党操纵才叫"一党专政"。因此，这里的关键在于要正确理解"一党"的含义。

从这个意义上来讲，资本主义国家尽管实行的是多党制，但实质上都是资产阶级的专政。比如，在美国，"民主党和共和党……在一些本质问题上，双方的相似之处是如此巨大，以至于可以将其差异忽略不计。……民主共和两党常被称作是'无意识形态差异'的两党。从某种意义上说确实是这样，它们在涉及国家核心利益时立场和步调空前一致，为了维护美国庞大的商业帝国的利益，它们彼此心照不宣"[②]。尽管在"2006 年进行的一项民意测验显示，53% 的民众希望拥有真正意义上的第三党"[③]，但是，由于美国所有 50 个州的法律主要是由民主共和两党制定和执行，所以，为了维持两党垄断政坛的局面，美国各州都针对第三党制定了苛刻的限制性选举条款。"在一些州，第三党候选人或独立候选人，必须征集相当数量的民众签名，并要交纳花销巨大的手续费。有时征集签名的时间

---

①　侯惠勤：《历史反思中的一大误区——关于"政治屠杀"的神话及"忏悔"透析》，《南京社会科学》2001 年第 4 期。

②　［美］迈克尔·帕伦蒂：《少数人的民主》，张萌译，北京大学出版社 2009 年版，第213 页。

③　同上书，第214 页。

被缩短为一个星期，在如此短的时间内得到那么多签名实在是难以想象。在一些州，选了两党的候选人后再选第三人便是非法。……仅 2004 年，少数党和独立候选人就在 26 个州打了至少 42 场关于其竞选门槛的官司。最高法院公布了一项国会提出的法案，即参加全国大选的独立候选人必须拿到全民普选票的 1% 才能参选第二轮，这样实际上就把大部分独立候选人的资格剥夺了。在爱荷华州 2006 年 7 月的州议会选举中，公民必须投票支持一个政党，但在领到的选举表单中只有两个大党的候选人。……少数党不但得不到联邦政府的公共资金支持，而且必须应对国会许多近似苛刻的指控。……通过这种方式，两大党以法律赋予的权力为依托，成功地排斥了其他党派染指政治的权利，确保了两党垄断局面。"①

极权主义概念的模糊性进一步说明了它"是一个在基本含义和使用方法上都极具意识形态的概念"②。比如，在与民主的关系上，弗里德里希等人主张极权主义与政府的民主形式相反；但塔尔蒙等人则极力主张极权主义本身就是一种特殊的民主形式，相当于大众政治和社会政治，并认为多数大众民主所需要的也是极权主义所需要的。③ 此外，关于极权主义这一概念是否提供了一种政府形式而成为卓越的政治概念，或是提供了一种社会形式而成为一种社会经济思想，对这一问题尚无统一认识。④ 尽管极权主义这一概念缺乏社会科学的含义，"然而，它对于冷战的思想特征和对于战后社会学知识却有着无可估量的作用"⑤。

总之，尽管作为现代国家的形式，极权主义和宪政民主有许多共同点（比如政府都垄断着国家军事力量的使用权及某种形式的大众传播工具；民主国家也常常压制异见，尤其是在危机期间），但是，极权主义思想的混乱历史仍然说明了一点：把性质完全不同的共产主义与法西斯主义并列为极权体制的意识形态思维和做法是混淆视听和不科学的。之

---

① ［美］迈克尔·帕伦蒂：《少数人的民主》，张萌译，北京大学出版社 2009 年版，第 214—215 页。

② 戴维·米勒、邓正来编：《布莱克维尔政治思想百科全书》，中国政法大学出版社 2011 年版，第 592 页。

③ 同上。

④ 同上。

⑤ 同上。

所以伯林等人会把共产主义硬生生地拉进极权主义行列，这一方面确实体现了两者之间在某些方面的相似性，但另一方面也充分地反映了自由主义对共产主义的敌视。因此，对于这样一场论争，我们从学理意义上是无法与之进行讨论的。我们只能把自由主义者的观点归于意识形态论争服务的需要。①

第二节　价值多元论对自由主义的背离

自由主义与价值多元论之间"和谐共处"的局面在20世纪中期以后似乎被打破了，人们开始越来越多地发现了两者之间存在着的矛盾冲突，这种冲突甚至达到了宣告自由主义陷入危机②的程度。人们对两者之间关系的看法有如此巨大的反差是符合人类认识发展规律的。自由主义孕育于中世纪，出于反对封建专制制度的需要，资产阶级最关注的是个人在经济上和政治上的各种自由权利。最初呈现在资产阶级头脑中的还仅仅是一种观念上的、理想中的自由主义制度，他们这时还不可能深刻地认识到这种制度与理论中所可能隐含着的各种矛盾与冲突。因此，他们提出了隐含价值多元论观点在内的古典自由主义的各项主张。其后，资本主义社会在几百年的发展过程中，一方面，各种社会矛盾充分暴露；另一方面，人们的政治权利和经济状况到第二次世界大战后都得到了巨大的改善。正是在这种情形下，随着人们对各种问题思考的不断深入，自由主义与价值多元论之间的矛盾和冲突开始彰显出来了。

一　价值多元论与自由主义之间的张力

约翰·格雷认为自由主义有四个基本要素，其中个人主义居首，其余要素依次为普遍主义、社会向善主义和平等主义。在格雷看来，所谓普遍主义就是指："不管人们的文化遗产或历史环境是什么，仅仅由于他们作为人的尊严，一些重要的义务或权利是每一个人都应该拥有的。这种强烈

---

① 对于极权主义理论的进一步研究，参见孙哲《权威政治——国际独裁现象研究》，复旦大学出版社2004年版，尤其是第189—196页的内容。

② 甘阳：《伯林与"后自由主义"》，《读书》1998年第4期。

的反相对主义的主张……把自由主义政体至少潜在地看成所有政体中最好的和唯一正当的政体，即使在许多情况下它只是能够实现的近似物。换句话说，即使不否认其他政体也可能是通向自由主义政体之路的一个必要阶段，一些人或许甚至还承认自由主义政体将永远不能完全地或永久地实现，本质的、原教旨主义的或教条的自由主义一定仍然确信，所有的政治制度都应该根据它们接近自由主义政体的程度这个唯一的标准来评价。"①可见，自由主义的普遍主义实际上就是一种一元论形式的变种。有学者指出，自由主义的普遍主义大体上经历了三种形式：18 世纪以洛克为代表的自然法学说，19 世纪以边沁、密尔为代表的功利主义和 20 世纪以伯林为代表的价值多元主义。对于自由主义的普遍主义理想来说，这三种论证方式，每一种都受到了严重的挑战，并且无一能够证明是成功的。其中，伯林的价值多元主义的论证是最拆台脚、最事与愿违的一种论证。②虽然价值多元主义与自由主义密切相关，多元主义承认各种价值，自由主义宽容各种价值，多元主义是自由主义出现的历史前提，自由主义则为多元主义的发展提供了广阔的空间，但两者之间仍然存在着挥之不去的内在张力，它们并非必然处于和谐一致的良性互动之中。事实上，当伯林一方面认为价值多元论与自由主义之间亲密无间，另一方面又说这两者之间不但互不相同甚至也不交叉，而且在逻辑上也没有关联③时，他实际上已经意识到了这两者之间存在一定的张力，但他却无力去解决这一问题。因此，格雷指出："伯林著作的最大难题还是多元论和自由主义的紧张关系，这表明伯林试图所做的综合并非完全成功。"④

　　承认多元主义的真理性是以承认价值的多样性这一事实为前提的。由于价值之间的不可通约性和冲突性，如何解决这种冲突就成为任何一种良善的生活首先要解决的重大问题。与传统的解决方式（一元论和相对主

①　John Gray, *Post - liberalism: Studies in Political Thought* , London: Routledge , 1993, p. 286.

②　马德普：《普遍主义的贫困：自由主义政治哲学批判》，人民出版社 2005 年版，第 2—3、155 页。

③　Isaiah Berlin and Ramin Jahanbegloo, *Conversations with Isaiah Berlin*, p. 44.

④　［英］约翰·格雷：《伯林》，马俊峰、杨彩霞、路日丽译，昆仑出版社 1999 年版，第164 页。

义）相比，多元主义提出了较新颖的解决方法。一元论认为存在着一种压倒性的价值，而其余的一切价值均是比照它而进行比较和排序的。各种形式的一元论的分歧在于对这种压倒性价值的理解不同。相对主义者否认存在压倒性的价值，认为所有价值都是有条件的，它们的理性的和道德的权威以其所遭遇的情境为转移。多元主义认为，价值是有条件的，但仍然具有独立于情境的理性和道德的权威。① 肯定多元价值的同等地位也就允许它包含各种不存在唯一正确解决办法的冲突，这并不是说这些冲突不可能有正确的解决方法。相反，恰恰是存在着许多种不同的正确的解决方法，主要价值之间的冲突可以以不相容的方式得到解决。因此，如果自由主义者信奉多元主义，则他们就必须要否认任何单一的或复合的价值具有理性的和道德的权威以至于常常具有比与之相冲突的任何其他价值更强的要求；他们必须拒绝承诺在任何时间、任何情境价值冲突的场所之中，都理所当然地以有利于自由主义价值的方式加以解决，而认为"自由主义和非自由主义生活方式的互动不会有预定的结果。……在许多情况下，自由主义和非自由主义生活方式的互动更可能导致的是这种多元社会，而不是后者被前者同化"②；他们必须排斥包括自由在内的所有价值的绝对性、优先性，必须承认包括自由在内的任何价值的条件性，而不管它的内容是什么，应该断然放弃为自由主义寻求普遍、绝对的根据或者是基础，因为多元论既没有基础也不要求基础；他们作为价值多元论者，要彻底地贯彻自己的逻辑，就只能承认自己的特殊主义的性质，就不能号称揭示了价值世界的普遍真理，那么多元价值作为一种关于价值和人类生活方式的宏大叙事就是自我否定的和无意义的。如果要坚持自己的普遍性立场，那么就只能走向自己的反面，从而深陷于自己的逻辑反悖中。如此一来，"价值多元主义能够包容非自由主义的价值吗？"这一问题将迎刃而解，因为自由在某种特定的具体情境中，可能会服从于比它们更为重要的某种价值，尽管这种价值可能是属于非自由主义的。这种观点一方面是与价值多元主义的原则相一致的，但另一方面也就等于是抛弃了自由主义，因为它赋予

---

① ［美］约翰·凯克斯：《反对自由主义》，应奇译，江苏人民出版社2003年版，第210—213页。

② ［英］约翰·格雷：《自由主义的两张面孔》，顾爱彬、李瑞华译，江苏人民出版社2002年版，第101页。

了一些非自由主义的价值以与自由主义价值同等的地位。

然而,恰恰相反,自由主义者相信自由主义的基本价值(如权利、正义等)的要求要优先于与之相冲突的其他价值的要求。显然,自由主义的这种观点与彻底的多元主义①是相矛盾的。如果自由主义者只是与有限的多元主义为伍,那就证明他们已经预设了某个或某些价值处于压倒性的地位;而如果他们同意与彻底的多元主义结合,剥夺了自由价值凌驾于一切之上的特权,将自由只是视为自由主义内涵的基本价值之一,不诉求与他们的自由具有压倒性的信念相一致的方式解决多元的价值冲突,不鼓吹自由主义价值应当联合或独立地优于或者是克制和它相冲突的任何其他价值,则以上两种假设都将使自由主义者成为非自由主义者。自由主义之所以称为自由,就在于它坚定地主张基本的自由主义价值应当优于非自由主义的价值,否则自由主义就成了空洞无物的东西,自由主义也就丧失了赖以存在的最后一块阵地。

自由主义者不可能在价值多元主义和自由主义理想之间真正地做到两全其美。在格雷看来,伯林自由主义的两大支柱性理念之间不能相互结合。我们越是推崇多元主义,就越是倾向于削弱作为至善的消极自由的地位。这是因为,多元主义信奉这样的观点:没有一种良善生活的观念和任何特定的价值在与其他观念和价值的冲突中总是会有依据地优先于后者。因此,伯林将消极自由视作自由主义的精髓而排斥积极自由等其他价值观,是与多元主义理念不相符的。伯林的自由主义原则正是在这个意义上,不断地在价值不确定性的礁石和不可通约的旋涡中摇摆。格雷说:"当价值多元主义被应用于自由或任何其他核心自由主义价值观念时,它并不支持自由主义原则。相反,自由主义原则为价值多元主义所颠覆。核心自由主义价值观念是价值冲突的场所,自由主义原则并不能解决这些冲

---

①　丹尼尔·温斯托克提出了区分"激进多元主义"与"有限多元主义"的观点。前者是指任何客观价值在原则上都可以被其他任何价值所替代,任何客观价值的结合体都是可以接受的;后者是指有一些价值(对于伯林来说,消极自由就属于此类价值)不能被完全替代。转引自〔美〕威廉·A. 盖尔斯敦《自由多元主义》,佟德志、庞金友译,江苏人民出版社2005年版,第66页。

突。"① 凯克斯认为自由主义的普遍主义与价值多元论之间的不相容性是全面性的，因为"多元主义者拒斥所有的意识形态信条，不管其内容是什么，而自由主义作为一种政治意识形态本质上包含着这种信条。一种政治的意识形态必须把某些价值拥戴为压倒性的，否则它就是空洞无物的。相反，多元主义者必须拒斥所有价值的压倒性地位，不管它们的内容如何，因为他们的核心信念就是没有一种价值应当常常在所有的情境中都压倒所有与之相冲突的价值"②。

总之，价值多元主义揭露了自由主义体系在价值多元的现实要求与自由至上的基本原则之间难以克服的逻辑悖论：既将自由作为永恒的、首位的价值追求，肯定自由主义原则的普遍性，又不得不承认其他价值存在的合理性及特定时期的优先性。因此，价值多元主义这一本应服务于自由主义的东西却演变成了自由主义最难以应对的论敌。

二 自由主义对价值多元论的应战

多元论框架下客观价值的冲突和价值选择的两难困境，构成了价值多元论的理论核心。面对这一哲学难题，西方哲学界迅速做出了回应。其中影响最大的当属罗尔斯的正义理论，而对罗尔斯批评最为尖锐的则是格雷。

罗尔斯承认自己的正义原则与伯林的自由主义一脉相承。通观《正义论》一书，我们可以看到，罗尔斯实际上也是在力图用抽象思辨的语言去解读价值多元化问题，从中找到促进价值和谐的途径。他说，在面对多元价值时，"在决定何为次序的问题上存在困难，我们显然期望一种完全的正义观，即一种能排列所有能够出现（或可能出现）的要求的次序的正义观"③。他提出"无知之幕"、新契约论等概念都是为此而做的努力。罗尔斯在《正义论》中指出："正义是社会制度的首要价值，正像真

---

① ［英］约翰·格雷：《自由主义的两张面孔》，顾爱彬、李瑞华译，江苏人民出版社 2002 年版，第 97 页。

② ［美］约翰·凯克斯：《反对自由主义》，应奇译，江苏人民出版社 2003 年版，第 232—233 页。

③ ［美］约翰·罗尔斯：《正义论》，何怀宏、何包钢、廖申白译，中国社会科学出版社 1988 年版，第 128 页。

理是思想体系的首要价值一样。一种理论，无论它多么精致和简洁，只要它不真实，就必须加以拒绝或修正；同样，某些法律和制度，不管它们如何有效率和有条理，只要它们不正义，就必须加以改造或废除。……作为人类活动的首要价值，真理和正义是决不妥协的。"① 在罗尔斯看来，正义原则之所以能够凌驾于其他各种价值体系之上，是由于各种关于善的生活的理想常常是冲突的，而作为公平的正义则超然于各不相同的价值体系之上，以其纯粹的程序性规则作为社会基本结构原则，公平地保证任一价值不被其他价值所压制，从而使诸价值得以在这样的良序社会中和谐共处与获得自由实现的可能。罗尔斯坚持社会中存在一个最为基本的善，各种价值都可依据这个最为基本的善来调节。这在其"差异原则"中表现得尤为明显：自由的平等优先于机会的平等，机会的平等优先于财富的平等。这种优先原则是"词典式优先"，不可为了后者而损失前者。他以自由的平等为基本要素，把社会各价值有序地排列起来，以此来协调不同价值之间的对立和冲突。他认为价值多元论的内在冲突不可能威胁到正义原则和自由价值本身，通过调整自由的原则就可以避免伯林的两难选择。为此，罗尔斯提出了基本自由的思想，但他并未给出基本自由的标准，而且这样的标准也难以取得坚持不同价值的社会群体的广泛认可。后来，为了修正《正义论》中备受诟病的道德普遍主义色彩，罗尔斯在《政治自由主义》中，以所谓"合理多元主义"为前提，把他的正义原则收缩到了纯粹政治领域，以被各种合理的完备性学说深刻分化的公民在单纯政治领域内的"重叠共识"，作为其免除了立场的正义原则的支持。罗尔斯认为这种"重叠共识"是存在的，其理论的目标便是建立这种"重叠共识"，并以此统领社会，达到共同的理想生活。罗尔斯的论证极为精深、复杂而谨慎，是政治哲学中的一个里程碑，然而他的精致论证却不可避免地要面对自由主义内部的种种诘难。

格雷尖锐地批评了罗尔斯，认为他的政治自由主义方案在解决多元价值冲突的问题上是完全失败的。格雷在对正统自由主义理论进行批判的基础上，提出了以"权宜之计"来解决价值多元化背景下权利与价值的冲

---

① ［美］约翰·罗尔斯：《正义论》，何怀宏、何包钢、廖申白译，中国社会科学出版社 1988 年版，第 1—2 页。

突问题。

格雷认为，自由主义思想从一开始就包含着两个互不相容的哲学形态，总是有"两张面孔"：在第一种形态中，自由主义是一种普遍的、理性的共识，它企图实现对全人类来说所谓最好的生活方式；它是对一种普遍政权的追求，宽容是对一种理想生活形式的追求；洛克、康德、罗尔斯以及哈耶克为其代表。在第二种形态中，自由主义是一种可以在许多政权中被人们追求的共存方案，宽容是不同生活方式之间实现和平共存的条件；霍布斯、休谟、伯林、迈克尔·奥克肖特为其代表。

格雷将多元主义，从一般自由主义所承认的个人伦理与理想的多样性，扩展为晚期现代社会人类生活和繁荣方式的多样性。在他看来，晚期现代社会是一个包含多种生活样式，同时人们也归属于多种生活样式的社会。以理性共识为目标的传统自由主义不符合这一现状，也无法解决这一现状下的种种问题。传统自由主义的根本错误在于：它理所当然地认为，受到宽容的其他价值观、生活方式、社会制度都应该在自由主义的基础上达到理性的共识。格雷否认社会中存在着这种罗尔斯式的"重叠共识"，认为价值多元化在今天已经成为一种普遍的生活状态，人们不可能为他们的生活方式提出普遍性的要求。伦理现实已经向我们表明，世上存在着不同的生活方式，我们的价值观念根源于这些不同的生活方式，是这些生活方式决定着我们的观念。没有哪一种理想的生活方式是我们共同追求的目标，各种生活方式之间无中心与边缘之分，价值之间无高低之别且不可通约。对立的价值观念可以指导不同的生活方式，在这些不同的生活方式中人们也许都能够生活得很好。面对价值多元化的客观现实，格雷采取"权宜之计"的策略来应对。他说："不同的政体和生活方式可以不再对立，而是成为可供选择的不同形式。当这一点实现时，作为一种伦理理论的价值多元主义就指向了作为一种政治理想的'权宜之计'。"[1] 盖尔斯敦称格雷这是"试图在多元主义与自由主义之间插入一个楔子"[2]。

什么是权宜之计呢？格雷说，权宜之计"把有关善和正义的各种对

---

① ［英］约翰·格雷：《自由主义的两张面孔》，顾爱彬、李瑞华译，江苏人民出版社 2002年版，第 70 页。

② ［美］威廉·A. 盖尔斯敦：《自由多元主义》，佟德志、庞金友译，江苏人民出版社2005 年版，第 11 页。

立观点看作是政治生活的一个普遍特征。……与自由主义宽容不同，'权宜之计'并不看重有朝一日世界将会在真理上趋同这样一种希望。……'权宜之计'理论并不想象可能存在一个没有幻想的世界，或是一个完全合乎愿望的世界。它仅仅寻求治愈我们各种错误的希望，这些错误的希望产生于那些承诺价值冲突会结束的哲学。在我们的时代，一种以权利为基础的傲慢的自由主义是那些哲学中最突出的。……'权宜之计'放弃对一种普遍政权的规划。如果这种规划是自由主义的本质所在，那么'权宜之计'就只能是一种后自由主义哲学。……自由主义规划的目标不是建立一个普遍政权和一种普遍生活方式，而是在各种不同政权和生活方式之间求得'权宜之计'。……自由主义涉及到的是处理那些将永远存在差异的文化之间的冲突，而不是建立一种普遍的文明"①。格雷认为，传统自由主义的宽容寻求以一种理性分歧来调和对立的普遍要求，但它从没有放弃就人类最佳生活方式达成共识的希望。虽然"'权宜之计'继续着自由主义对和平共存的追寻，但它是通过放弃一种信念而这么做的，这种信念就是：可以有一种生活方式或惟一一种政权对所有人来说都是最佳的"②。罗尔斯式的自由主义试图通过提出一个普遍认可的正义概念来超越多元主义，因此它对重叠共识寄予厚望，它想象已经在某些晚期现代社会中找到了这种共识，它的真正目标是恢复一种不存在或正在消失的单质文化。与此相反，"权宜之计"哲学很好地适应了各种在现在和将来都包含多种生活方式的社会。③因此，只有通过"权宜之计"，各种不同的价值才能更好地存在于这个多元社会中。

格雷试图以其"权宜之计"的哲学主张来抗衡正统的自由主义，但实际上他并没有明确地阐述究竟什么是以及如何具体地达成和运用"权宜之计"，他只是提出了"权宜之计"的信念与目标。因此，格雷的"权宜之计"缺乏明晰性和可操作性。这就使得格雷在应对价值多元论与自由主义之间的张力问题上的努力打了折扣。格雷在1998年曾经出版过《伪黎明：全球资本主义的幻象》一书，致力于反全球化。在这之后，西

---

① ［英］约翰·格雷：《自由主义的两张面孔》，顾爱杉、李瑞华译，江苏人民出版社2002年版，第139—141页。

② 同上书，第142页。

③ 同上书，第141—142页。

方思想界倾向于将他归入左派知识分子的阵营。然而，也正是格雷，仍然将自由主义所坚持的个人主义信念列为自由主义的首要特征，"因为它确立了个人用以对抗集体性的道德至上性"①。因此，格雷的政治哲学作为自由主义的一种新形态，并没有脱离自由主义的窠臼。从总体上看，他与罗尔斯之争实际上只是代表着新自由主义内部面对价值多元化时的两种不同态度，他们在坚持个人权利优先性、关注平等、坚持个人主义和普遍主义理论基础及维护资本主义统治秩序等方面是毫无差别的。②

正像格雷自己所说的那样，政治是一种历史实践，"当社会包含各种截然不同的伦理信念时，求助于基本权利并不会产生出一个合法的、为人们接受的解决办法"③。格雷的"权宜之计"既不是多元论与自由主义之间的一个楔子，但也绝不是一把能够很好地解决问题的钥匙。其根本原因就在于，当自由主义始终沉醉于其个人主义信念时，西方社会的各种矛盾和冲突是无法从理论和实践上予以真正解决的。多元价值共存的现代性在现实中是我们必须予以正视的事实。但与此同时，不可否认的是，任何社会制度下的任何社会中都有其"指导思想"。它能够确保多元化的社会不至于走向一盘散沙、各自为政及主流价值缺失的境地。一元论与多元论之间并非绝对排斥。当这个"一"在坚持其原则性的同时，能够始终与时俱进，对"多"抱以包容，甚至容许"多"与"一"进行理论的碰撞，则看似尖锐对立的矛盾和冲突就容易得到解决。反之，若"一"始终排斥"多"，犹如自由主义始终以其个人主义来排斥集体主义，则不断翻新的各种理论都只会如同流星般在历史长河中一闪而过，虽然也曾瞬间耀眼夺目，但终究还是归于尘埃。因此，我们既要坚持反基础主义、反唯理性主义的政治理论叙事，又要致力于从制度上实现人和人的和解，消除人与人的对立，这样才有可能真正解决马克思主义意义上的人的自由和解放的问题。

---

① ［英］约翰·格雷：《自由主义》，曹海军、刘训练译，吉林人民出版社 2005 年版，第127 页。

② 董新春：《价值多元化过程中的自由主义嬗变——现代自由主义与传统自由主义的差异探析》，《内蒙古社会科学》2006 年第 6 期。

③ ［英］约翰·格雷：《自由主义的两张面孔》，顾爱彬、李瑞华译，江苏人民出版社 2002 年版，第 120 页。

第五章　超越伯林的自由理论(上)：
第三种自由概念

　　自从伯林的《两种自由概念》一文发表以来，尽管其间也有不少人对他的观点提出了异议，甚至是完全否定的观点，但毋庸置疑的是，伯林对自由概念的二分法是西方政治哲学过去几十年的发展历程中绕不过去的理论框架。史拉克是这样评价的：《两种自由概念》一文"一直在英语世界的政治哲学家们关于政治自由的所有讨论中占有压倒性的地位。尽管批评之声此起彼伏，但它仍然是我们的大多数论证的分析基础。理由在于伯林为我们给出了消极自由的一个非常明确的定义，而且针对所有其他的可能性为它做出了辩护"[1]。

　　然而，就是在《两种自由概念》这篇自由主义的经典著作中，伯林在"对地位的追求"这一部分提到了一个问题，即所谓的"第三种自由概念"。他说："在第三种意义上，把对承认与地位的要求称为对自由的要求，这难道是自然的或可取的吗？……为更高的地位而斗争、希望摆脱低下的地位，应该被称作为自由而斗争吗？……我怀疑，我们是不是要冒这种危险，即把人类所赞赏的他的社会境况的任何改善都称作他的自由的增长，从而使这个词变得太含糊、太扩展，以致使它实质上没有用处？"[2]很显然，伯林对这第三种自由概念持一种非常明确的否定态度，因为根据他关于自由与自由的条件相区分的观点，他认为这第三种自由概念必然会使"自由"观念与其他概念相混淆，从而使自由的含义变得毫无意义。

---

　　① ［美］朱迪恩·史拉克：《两种自由在美国》，载《第三种自由》，东方出版社 2006 年版，第 354 页。

　　② ［英］以赛亚·伯林：《自由论》，胡传胜译，译林出版社 2003 年版，第 231 页。

他坚持认为，无论是从积极的还是从消极的意义上看，自由观念的本质都是对侵犯自我领地的某事或某人的抵抗。因此，任何一种自由概念，至少最低限度都必须存在一个在其中我不受挫折的领域，即存在干涉缺席的观念。①

西方政治哲学过去几十年的发展基本上是在伯林的自由概念两分法的理论框架中展开的，但在这一过程中，种种试图超越这种两分法的尝试和挑战也在不断地涌现。② 广义地说，无论是伯林自己，还是其他人，都把试图超越伯林的自由概念两分法之外的任何自由观念看作是第三种自由概念。随着肇始于 20 世纪 50 年代的西方共和主义思潮的复兴及其在 90 年代的进一步发展以及 80 年代社群主义政治思潮的产生，由斯金纳与佩迪特等人所提出的"第三种自由"的概念成为其中最为引人注目的尝试。

第一节 第三种自由概念的缘起

自由是近代以来最重要的政治概念之一，自由主义最核心的原则就是自由。然而，自由也是歧义最多的一个概念。在近代早期，公民的自由是指一种在法律和社会意义上处于独立状态的地位。在 18 世纪，自由的基本含义被理解为霍布斯意义上的不受干涉的消极自由。19 世纪以来，尽管有许多思想家想扩展自由概念的内容，以使之成为体现人们真正利益的概念，但仍然没有动摇 18 世纪时的定义。这个定义一直主导着西方政治思想中的自由观念，是唯一性的定义。③ 这其中，贡斯当所提出的古代人的自由与现代人的自由的二元对立架构以及伯林所提出的消极自由与积极自由的区分，更是极大地加强了这一不受干涉的消极自由观念的影响。

社群主义是在批评以罗尔斯为代表的新自由主义政治哲学的过程中发

---

① ［英］以赛亚·伯林：《自由论》，胡传胜译，译林出版社 2003 年版，第 231、233 页。

② 《第三种自由》一书编选了 15 篇具有代表性的文献，贯穿其中的主线就是编者（应奇、刘训练）对于第三种自由概念的形成理路及其可能前景的批判性理解。

③ 李宏图：《语境·概念·修辞：昆廷·斯金纳与思想史研究》，《世界历史》2005 年第 4 期。

展起来的。它主张以社会本原取代个人本原、公共善优于个体权利、社群利益高于个体自由。当代共和主义理论是对自由主义、民主主义以及现代性问题进行深刻反思的结果。汉娜·阿伦特对"古典共和主义的理想，尤其是对自由作为公共事务而非个人行动的理解"[①]直接推动了这一古老理想的复活。晚近以来，共和主义思潮中最为引人注目的理论成果之一就是由菲利普·佩迪特（Philip Pettit）与昆廷·斯金纳（Quentin Skinner）等人所提出的"第三种自由"的概念。正如有的学者所正确地指出的那样："准确地把握第三种自由概念的内涵，不但影响到政治哲学史的谱系构成，关系到自由主义、社群主义之争的恰当理解，而且有助于在既多元分化又全球一体的复杂社会中对自由理想的坚持与捍卫。"[②]

一　社群主义对自由主义的批评

社群主义对以罗尔斯为代表的新自由主义进行了批评，而罗尔斯的新自由主义又是对以约翰·密尔为代表的功利主义的批评。这里，我们先简略地回顾一下历史。

18 世纪末 19 世纪初，西方资本主义进入了自由竞争时期，即自由放任主义阶段。这一时期自由主义的主要观点是：第一，把功利主义作为自由主义的理论基础。边沁认为，趋利避害、追求功利是人的本性。社会是虚构的，个人的利益才是真实的，社会利益不过是个人利益的总和。所以，最大限度地追求个人利益，个人利益增加了，必然带来全社会的繁荣。亚当·斯密认为，在完全竞争的市场经济条件下，每个人追逐的是自身的利益。但这样做时，却常常被一只"看不见的手"引导着去增进社会的利益。第二，个人自由是社会进步的源泉，而这种自由是"按照我们自己的道路去追求我们自己的好处的自由"[③]。这种自由包括思想言论自由、信仰自由、志趣自由、贸易和经营自由、个性发展和追求幸福的自由，等等。第三，在处理个人自由与国家的关系上，只要不妨碍他人，国家对个人的自由不可加以干涉，任何对自由的干涉都会造成社会停滞的后

---

① 戴维·米勒、邓正来编：《布莱克维尔政治思想百科全书》，中国政法大学出版社 2011年版，第 492 页。

② 应奇：《论第三种自由概念》，《哲学研究》2004 年第 5 期。

③ ［英］约翰·密尔：《论自由》，程崇华译，商务印书馆 1959 年版，第 15 页。

果。国家或政府对经济生活和社会生活应采取放任主义或"不干涉原则"。"安静些"、"管得最少的政府是最好的政府"成为当时人们的格言。这种自由主义理论适应了自由资本主义时期资产阶级要求经济自由、竞争自由和契约自由的需要。其核心基础是要维护和发展资产阶级的个人自由和权利。这构成了古典自由主义的精髓。在自由资本主义时代，古典自由主义对资本主义的发展曾起过积极的作用，它推动了欧美的政治改革，加速了欧美工业化进程，推动了国民经济的蓬勃发展。但自由贸易、自由竞争和工业化进程也相应地带来了一系列的社会矛盾。

从 20 世纪初开始，在批评功利主义的过程中，传统自由主义发展到了新自由主义阶段。19 世纪末 20 世纪初，这一时期的自由主义重新解释了自由的概念和自由主义的理论基础，提出并且论证了国家对社会经济活动和社会生活进行全面干预的主张。20 世纪 30 年代到 60 年代，罗斯福的"新政"自由主义和英国的凯恩斯主义的主要贡献是全面论证了国家干预的理论和政策。罗斯福"新政"的成功，使新自由主义成为席卷整个西方的政治思潮。50 年代到 60 年代，新自由主义达到鼎盛，并成为西方主要资本主义国家实现战后复兴、建立"福利国家"的重要理论基础，对战后整个资本主义世界的发展起到了重要指导作用。但到了 60 年代末，西方资本主义社会的各种矛盾愈演愈烈，终于在 70 年代爆发了严重的经济危机，出现了经济的滞胀。与此同时，民权运动、学生造反、反战运动、女权运动等此伏彼起。这就宣告了新自由主义理论和政策的破产，引起了人们对新自由主义理论及其政策的怀疑。在这种情况下，罗尔斯对新自由主义进行了全面、系统的论证，引起了巨大的反响，使新自由主义在西方资本主义世界特别是在英国和美国的影响持续到了 70 年代末。

罗尔斯立足于以洛克、卢梭为代表的传统契约论和康德的自由主义哲学，放弃了当时占统治地位的功利主义哲学，提出了分配公正及福利国家的问题，并从个人主义角度出发对权利问题重新思考，强调了正义、公平和个人权利的优先性。他所提出的两个正义原则简单地说，就是平等原则和差别原则。平等原则适用于政治领域，它用以确保公民的平等的自由。罗尔斯所说的自由包括：政治自由（选举权与被选举权）、言论和集会自由、良心自由、思想自由及个人财产的自由等。差别原则适用于社会经济领域，它用以保证一种平等的分配，即平等地分配收入、财富和机会等。从政治哲学的角度来看，以罗尔斯为代表的新自由主义的核心观点是：必须给正义、公平和个人权利以优先的地位。继罗尔斯之后，一大批基于个人权利之上的政治哲学著作相继问世，如罗伯特·诺齐克的《无政府、国家与乌托邦》和罗纳德·德沃金的《认真对待权利》等。尽管这些新自由主义者在具体观点上不尽相同，但他们都强调个人权利具有压倒一切的优先性，把个人权利而不是功利作为分析问题的出发点。比如，罗伯特·诺齐克的《无政府、国家与乌托邦》一开篇就是这样一句话："个人拥有权利。有些事情是任何他人或团体都不能对他们做的，做了就要侵犯到他们的权利。"① 因此，有人把以罗尔斯的理论为代表的新自由主义称为"权利优先论"或"权利基础论"。

新自由主义在整个 20 世纪 70 年代一直占据着主导地位。但自 80 年代以来，新自由主义受到了社群主义的激烈批评。社群主义者主要是从三个方面来展开这种批评的。首先，他们批评了新自由主义的"自我"的观念，主张以社会本原取代个体本原。新自由主义者从个人主义立场出发，假定社会是由独特的个人组成的，个人先于社会而存在。每个人都先验地拥有一个作为他所认同的自我，这种自我先于他的目的和价值而存在。当自我认同及自我拥有的目的与利益毫无关系时，自我才把自己当作是自由的、独立的和有选择能力的。与此相反，社群主义者认为，自由主义颠倒了个人与社群的关系，因为任何个人都不能脱离社群，个人的认同和属性由其所在的社群所决定。因此，个人是社群、社会的产物，自我对其目的和价值不具有优先性，而是由这些目的和价值所决定的。这些目的和价值并非先天地形成，而是由社会历史文化所形成的。任何人都不能自由地选择这些目的和价值，对于个人来说，这些目的和价值是构成性的，它规定了人之为人的原因。桑德尔对新自由主义的"自我"概念进行了批评。他认为，新自由主义的自我是一种混沌无知的自我，它完全脱离现实的社会大环境，它不受任何历史背景、文化传统、家庭生活、种族与经济政治地位的影响，而且自由的正义是为理性的个人所设计的，可以自由

---

① ［美］罗伯特·诺齐克：《无政府、国家与乌托邦》，何怀宏等译，中国社会科学出版社 1991 年版，第 1 页。

选择自己的生活方式。这种自我完全是一种假设，现实生活中根本不存在，真正的自我必然要受到各种"归属"的制约。在社群主义者看来，新自由主义者过分强调自我的作用、自我的决定和自由的个性，这是唯意志主义的基础。桑德尔提出了"环境的自我"概念，而泰勒与麦金太尔则提出了"环境规定我们"的观点。他们认为，根据角色理论，我们常常充当不同的角色，这种社会的归属不以人的意志为转移。在这里，理性的选择几乎不起什么作用。① 总之，社群主义者认为，个体并非像自由主义理论所主张的那样是先于社会而独立存在的，相反，社群才具有对个体和自我的优先地位。

其次，社群主义主张不是权利优先于公共的善，而是公共的善优先于权利。自由主义道德的中心原则是个体权利优先，因此，它推行的是权利政治。它认为，人人都有权根据自己的价值观从事活动，把一种善的观念强加在所有公民身上将违背最基本的个人自由。也就是说，新自由主义所寻求的原则不预先设定特定的善的概念，这就是康德的道德至上律，也是罗尔斯所说的正义是社会制度首要道德之意。在新自由主义者看来，只要也只有当自我优先于其目的时，权利便优先于善。所谓权利优先于善具有两层意思：一是不能因普遍的善而牺牲个人的权利。这其实也就是伯林所说，不能为了所谓千百万人的幸福而牺牲一个无辜小孩子的生命；二是在界定这些权利的正义原则时，不能把它建立在任何特定的所谓善良生活观上。桑德尔指出，权利优先于善的主张是错误的，这是因为，把政治建立在权利之上，意味着相信正义对于我们的所有特殊目的和我们的善的感知，都应当具有绝对的优先性；接受正义优先于善意味着相信我们的认同可以先于善而确立；由于我们的认同是由我们对善的感知所构成的，所以正义不可能具有优先性。

于是，社群主义者提出了他们的不同于新自由主义的权利论和美德论。他们认为，作为公平的正义是一种正当行为的原则，而人们的正当行为与其道德目的或善是不可分割的，道德原则与道德本身不可分。新自由主义把公平原则的正义视为人类社会的首要的善，它忽视了道德品格或美德本身对人类社会的意义。社群主义者主张，每个人都应当努力追求美

---

① 俞可平：《社群主义》，中国社会科学出版社1998年版，第49、23页。

德，在追求美德的过程中实现一种善良的生活。个人生活在社群之中，社群给予个人以共同的目的和价值，形成个人的认同。因此，个人的善离不开社群的善，而这两者的有机结合就形成了真正的善，即公共的善。公共的善在现实生活中具体表现为公共利益或简称为公益。于是，社群主义从善优先于权利中引申出公益优先于个人权利的结论。总之，社群主义者认为，个人的自由选择能力以及建立在此基础上的各种个人权利既不能离开群体而自发地实现，也不会自动地导致公共善的实现。反之，只有公共善的实现才能使个人权利得到最充分的实现。因此，公共善而非个体权利才是人类最高的价值。

最后，社群主义主张社群利益高于个体自由。新自由主义以个体为中心，认为一个良好的社会在于对个体自由的绝对维护。与此相反，社群主义则把社群利益置于政治话语的中心，强调个人自由与社群的价值观相一致，从而提出了国家积极施政与公民积极参政的主张。

传统自由主义始终把国家视为对自由的最大威胁，认为政府管得越多，个人自由就越少。因而，传统自由主义极力限制国家权力的扩张。面对 19 世纪下半叶的西方社会现实，新自由主义者认识到，要对大垄断资本的任意扩张进行限制，重新获得经济自由，就必须依靠国家的力量和政府的权威。英国新自由主义者格林指出，国家的目的是帮助人们实现共同善。使共同善得以实现的条件是什么呢？格林认为，人的道德发展首先当然是主要依赖于个人的努力，此外，还需要人们彼此互助、共同追求，但这的确又是一系列的外部条件促进的，这些条件将促使人实现道德善，达到共同善。在格林看来，正是国家提供了这些外部条件。因此，格林主张国家不应该是消极的、放任的国家，而应该是积极的国家。罗尔斯在运用"差别原则"时，主张把国家职能扩大到分配领域，要特别关照处境最差的群体。正是罗尔斯的这一主张，招致了自由至上主义者诺齐克的强烈反对。然而，新自由主义的国家观只是对传统的自由主义国家观的一种修正、补充和发展，因为"资产阶级所需要的是这样一种国家干预原则，它既能使国家至高无上的作用合理化，同时又不会忽略资产阶级个人的自由"①。相反，社群主义者在国家观上主张"大政府"与"强国家"。他

---

① 刘明贤：《格林的新自由主义理论评析》，《广东社会科学》2001 年第 5 期。

们认为，公民的美德与其价值观分不开，而唯有国家才能够引导公民确立起正确的价值观。若让公民自发地作为，其结果只能是损坏社会的公益。因此，国家的职能越大，提供的公共利益范围越广，获益的人越多，就越符合善良生活的要求。与此同时，社群主义者又主张，公民对国家事务的关心和对政治生活的参与，既是公民应尽的职责，也是公民的美德。公民积极参与政治是实现其自我价值和争取、扩大个人权利以及防止集权政治的重要途径。

二　当代共和主义思潮的复兴

共和主义这一术语是与君主制相对而言的，它是西方政治思想传统中历史最悠久的观念之一。学术界一般将其划分为古典共和主义与近现代共和主义两个阶段。"共和国家的统治原则上是由公民为着共同的善所从事的一项共同事业（公有物），而传统的君主则对其臣民拥有个人权威，并像对待私有财产一样统治其王国。"① 自古希腊城邦国家出现以来，共和思潮就在欧洲政坛流行起来。古典共和的理论源头可以追溯到柏拉图及其名著《理想国》与《法律篇》，亚里士多德则进一步发展了古典共和主义思想，成为古希腊时期共和思想的集大成者。古罗马时期的共和主义思想成为了古罗马共和国的实践准则。后来，由于基督教君主主义的产生，共和主义黯然失色长达数世纪。在古典共和主义思想传统中，关于政治自由的讨论一般被置于关于生活在"一个自由的国家"中意味着什么这一分析之中。在现代政治理论中，这种讨论首先在文艺复兴时期的意大利得以继续。这是因为，在中世纪后半叶，共和主义在意大利北部诸城邦国家再度复兴起来。这种讨论既是捍卫城市共和国传统自由的手段，同时又是反对君主和教会权力的手段。这个时期最重要的成果就是马基雅维里论述李维《罗马史》前十卷的《李维史论》一书。在这之后，受到了马基雅维里巨大影响的詹姆斯·哈林顿、约翰·弥尔顿及其他的英国共和主义者，在 17 世纪的宪政革命中，对"自由国家"进行了辩护。再往后，在 18 世纪法国反对君主专制主义的过程中，孟德斯鸠在其《论法的精神》中

---

① 戴维·米勒、邓正来编：《布莱克维尔政治思想百科全书》，中国政法大学出版社 2011 年版，第 490 页。

对共和主义的优点进行了分析。① 可以说，共和主义在 19 世纪仍然是反对传统的君主制的一种理想。然而，到了 20 世纪，它却几乎从政治舞台上消失了，取而代之的是自由主义、民主思潮、民族主义以及社会主义等现代的意识形态。这其中的原因是多种多样的。② "部分原因是现在没有要与之斗争的旧式国王了，再就是因为自由共和国里参与公益事业优先于公民的私人生活这一古老的观念已不再对持有更加消极的个人主义观念的自由主义者具有吸引力了。"③ 因此，在 20 世纪上半叶，西方的政治理论文献中有关共和主义的讨论是很少的，它作为君主制的对立面被仅仅视作一种民主的政体形式而已。但是，到了 20 世纪下半叶，共和主义思想又复兴了。

　　这一转变的背景可从以下几方面来看：首先是社会背景。共和主义的复兴与当代西方国家（尤其是美国）公共生活的衰落以及全球化浪潮的出现密切相关。公共生活的衰落是指公民意识和奉献精神的衰退、公民参与和社会合作的减少、社会信任和社会资本的丧失、公民社会作用的削弱以及公共道德的侵蚀等。与之相伴随的是政治冷漠、消费主义和享乐主义的滋长、蔓延以及精神空虚和宗教影响力的下降。④ 其次是理论背景。一方面，由美国革命意识形态起源的争议所引发的关于美国立国制宪思想的"共和主义修正"，后来又延伸到对现代思想史的重新解释和宪法学界⑤；另一方面，在自由主义与社群主义的论战中，共和式政治社群观念得到了学者们的重视，社群主义在批判自由主义过分强调原子式个人主义、程序正义及政治生活的工具性格之余，提出了较积极的政治社群理想。⑥

---

　　① ［英］昆廷·斯金纳：《论正义、共同善与自由的优先性》，载《消极自由有什么错》，文化艺术出版社 2001 年版，第 131—132 页。

　　② 关于共和主义在 19 世纪以后式微的原因，参见萧高彦《共和主义与现代政治》，载许纪霖主编《共和、社群与公民》，江苏人民出版社 2004 年版，第 18—21 页。

　　③ 戴维·米勒、邓正来编：《布莱克维尔政治思想百科全书》，中国政法大学出版社 2011 年版，第 492 页。

　　④ 刘训练：《当代共和主义的复兴》，载许纪霖主编《公共性与公民观》，江苏人民出版社 2006 年版，第 190 页。

　　⑤ 同上书，第 191—194 页。

　　⑥ 关于共和主义在 19 世纪以后式微的原因，参见萧高彦《共和主义与现代政治》，载许纪霖主编《共和、社群与公民》，江苏人民出版社 2004 年版，第 4 页。

当代西方共和主义思潮可以大致分为两个流派：一派是以阿伦特为代表的"新雅典共和主义"，他们主要崇奉亚里士多德和卢梭的学说，主张共和主义的自由必须通过积极自由式的路径来实现；另一派是以斯金纳和佩迪特为代表的"新罗马共和主义"，他们主要崇奉罗马伦理学家、历史学家及马基雅维里。

本书并不准备就共和主义理论本身展开详细的讨论，而主要着眼于研究与共和主义理论中"自由"概念有关的内容。为此，我们首先简述一下汉娜·阿伦特有关共和主义的自由观。阿伦特在发表于1958年的《人的条件》一书中重新阐述了亚里士多德的古典共和主义理想，其后她又在《论革命》一书中将之运用于解释美国革命，这样就使她成为晚近以来复活共和主义理想的第一人。在她关于自由宪政的共和主义的论著中，"《人的条件》是阿氏宪政思想的核心，而《极权主义的起源》与《论革命》可分别看作是其核心内容或原理之'实例化'的'破'与'立'，三部著述完整地构成了一个系统而独到的共和主义宪政的阐释框架"①。而与此同时，伯林发表《两种自由概念》的演说也正是在1958年，他与哈耶克、波普尔一道，将传统自由主义的消极自由概念发挥到了极致。如此一来，我们就可以从以下两方面来解释这样一个问题：阿伦特的共和主义自由观为何在晚近以来的共和主义思潮中，影响远不及斯金纳与佩迪特等人的观念？第一，20世纪五六十年代正是意识形态激烈斗争的冷战时期。在西方资本主义国家，人们常常把斯大林主义与法西斯主义相提并论为极权主义体制。在这种体制下，国家将自己的思想和意志强加于社会个体，人民毫无自由可言，只能逆来顺受，听从命运的摆布。在这里，公共领域吞噬了私人领域。与此相反，西方国家被认为是一个自由的国度，因为它们对公民个人的自主选择提供了宪法上的保障。在这里，私人领域吞噬了公共领域。自由主义当然是要保护私人领域，反抗公共领域，然而，阿伦特则是主张保护公共领域，抵制私人领域。因此，当她说"脱离政治的自由"时，她对自由主义的自由观没有多少同情，这是因为她的自由不是自由主义的自由，而是共和主义的自由，这是因为她赋予了政治行

---

① 黄基泉：《西方宪政思想史略》，山东人民出版社2004年版，第496页。

动以极高的价值。① 与阿伦特不同，伯林则是顺应了当时的冷战氛围，重新复兴了自霍布斯以降的西方消极自由的传统。因此，反潮流的阿伦特自然要受到人们的冷遇了。第二，这与阿伦特自身的思想特点直接相关。与法兰克福学派相比，她从来不属于任何知识分子团体，也从来不是任何政治运动的偶像。她在知识领域相当孤立，这也使她更具有原创性。② 思想观念上的矛盾性也使她在当代政治思潮或政治思想流派中难以定位。因此，伯林对阿伦特的为人及其思想观念都是相当反感的。他曾经引述其他人的话这样说过：任何钦佩她的人都是不用脑子思考的人；任何一个真正有教养的人和严肃认真的思想家都不会与她为伍。③

传统自由主义和当代的保守自由主义都强调个人权利和私人领域，海德格尔也对公共事务和非个人的行为表示不信任。但阿伦特则重视公共领域，主张从封闭的个人领域中走出来，去积极地参与公共生活。她认为个体只有投身到公共实践活动中去，才能获得自我的身份认同。阿伦特在《人的条件》中，从人类最基本的活动出发，探讨了人的三种基本生存状态：劳动、工作与行动。它们的区别在于：前两者都是人类在自然环境中采取的活动模式，而行动则是人类之间的一种互动关系。"劳动"不是人类所特有的，它纯粹是为了动物性的生存本能而存在的，这是一种人类最缺少自由的活动模式。"工作"则是一种创造性的、完全属于人类的活动。但这种活动仍然要受到自然界的必然规律的支配，所以，人类仍然是不自由的。在阿伦特看来，人类最高的自由出现在相互作用之中，双方都是自由的，这就是她所谓的"行动"的含义。她说："在人类生活的所有能力和潜能当中，行动和政治是唯一我们如果不至少假定自由存在着，就根本无法想象的东西……没有自由，政治生活本身就是无意义的。政治的存在理由是自由，它的经验场所是行动。"④ 这就是所谓古典共和主义的

---

① ［英］迈克尔·H. 莱斯诺夫：《二十世纪的政治哲学家》，冯克利译，商务印书馆 2001 年版，第 118—119 页。

② 同上书，第 80 页。

③ Isaiah Berlin and Ramin Jahanbegloo, *Conversations with Isaiah Berlin*, p. 85.

④ ［美］汉娜·阿伦特：《过去与未来之间》，王寅丽、张立立译，译林出版社 2011 年版，第 138—139 页。

自由观或政治观，也是一种存在主义对自由的关切，这种自由被政治化了。[1] 她的政治观不是美国的那种自由民主，其共和主义色彩不仅表现在她强调积极参与公共生活，而且表现在她把政治之"善"建立在人存在的自由之上。这种自由不是体现为法定的权利，而是体现为人的充分的自足性，即作为自由思想、自由判断和自由行为主体的人。阿伦特认为，在公共领域中，人们能够积极地展现自己的个性，实现自己的最高本质。由于"行动"存在于人与人的交往中，因此，"言谈"成为行动的最重要内容之一，这种言行方式就是她理想的政治活动方式。在这种政治中，人们之间既相互平等，又存在差异。通过自由地言谈，每个人都能充分地展示其多样性，同时又避免了暴力。总之，对于阿伦特来说，政治、行动与自由是三位一体的。她认为，自由与解放不同。解放有两重含义，一是政治方面的，即从专制下获得的解放；二是经济方面的，即从必然的束缚下获得的解放。这两种解放对于自由虽然是必要的，但它们都只是消极自由，不过是自由的前提条件而已。真正的自由是赋予行动以极高价值的共和主义的自由。总之，以阿伦特为代表的新雅典共和主义学派（其成员还有约翰·波考克、查尔斯·泰勒等人）的基本观点就是主张一种把自由等同于公民积极参与政治生活的积极自由观。

晚近以来，在社群主义批评新自由主义的背景下，当代共和主义理论得到了进一步的发展。其代表人物是英国剑桥大学历史系教授昆廷·斯金纳、政治学教授约翰·达恩，现美国约翰·霍普金斯大学历史系教授约翰·波考克以及美国普林斯顿大学政治学教授菲利普·佩迪特。其中，新罗马共和主义学派的领军人物斯金纳在思想史研究领域，运用"历史语境主义"的研究方法，解读历史文本，考察自由观念的形成和变化，分析这种观念与其所代表的政治行为之间的关系，最终提出了第三种自由概念。[2] 这种自由观与佩迪特所提出的"非支配的自由"观都主张共和主义自由观是一种强调个人行动免于支配和奴役意义上的消极自由。正如维罗

---

① ［英］迈克尔·H. 莱斯诺夫：《二十世纪的政治哲学家》，冯克利译，商务印书馆2001年版，第94页。

② ［英］詹姆士·塔利：《笔为利剑——昆廷·斯金纳对政治的分析》，转引自李宏图《笔为利剑——昆廷·斯金纳与思想史研究》，载凯瑞·帕罗内《昆廷·斯金纳思想研究——历史·政治·修辞》，李宏图、胡传胜译，华东师范大学出版社2005年版，中文版序言，第7页。

里所指出的那样，自由主义在其漫长的历史发展进程中，"曾经遇到过各种各样的挑战，……但它从来没有或者说很少遇到以自由——即自由主义的核心价值——的名义发起的挑战，惟一的例外就是来自积极自由和真正自由对纯粹形式自由的挑战。出于这个原因，不管我们到底如何评价共和主义的价值，我们都得承认共和主义使 20 世纪末极为沉闷的智识氛围重新获得了生机"①。斯金纳与佩迪特等人以此理论为理据，对伯林的两种自由概念在西方政治哲学史上过去几十年中所处的权威地位发出了挑战。② 这是本章将要着力进行分析的内容。

在这里，我们需要捎带指出的是，除了以上这些代表人物以外，在欧洲大陆，坚持共和主义理念的还大有人在，哈贝马斯就是他们中间的典型代表。哈贝马斯所提出的"宪法爱国主义"与"协商式民主"的观点中就蕴含着共和主义的基本理念。由于本书的重点是分析共和主义的自由观，而非共和主义理论本身，所以关于这一点此处就不再赘述了。

第二节　第三种自由概念的辨析

共和主义的自由概念属于一种政治自由或者说是社会自由。那么，这种自由观的理论基础是什么？它是如何来看待政治生活的？斯金纳等人又是如何以之来试图突破伯林的权威地位的？也就是说，他们的研究思路和方法是怎样的？在此基础上，我们进一步来分析第三种自由概念的含义，从而廓清它与伯林的自由概念之间的分歧。

---

① ［意］莫里奇奥·维罗里：《共和主义的复兴及其局限》，载《公民共和主义》，东方出版社 2006 年版，第 154 页。

② 正如学界许多人所指出的那样，斯金纳对于古典共和主义自由观的理解有一个发展过程。由于本章论证主题的限制，我们将不追溯斯金纳的有关思想发展过程。斯金纳晚近思想的转变在很大程度上是受到了佩迪特"非支配的"自由观的启发和影响，但他所提出的"第三种自由"在内涵上与"非支配的自由"之间并没有本质区别。尽管较之佩迪特的论证来说，斯金纳缺乏系统的哲学论证，但斯金纳的历史语境主义研究方法在颠覆古典自由主义自由观方面有其独到之处。因此，本章在具体分析斯金纳的"第三种自由"概念的含义时，将兼顾佩迪特的观点，而不再进一步细分两人的观点。

一　共和主义自由观的理论基础

1. 共和主义的自我观念

伯林的《两种自由概念》谈的是政治自由，密尔的《论自由》谈的也是政治自由，而共和主义所谈的自由依然是政治自由。要想分析共和主义所理解的自由概念，我们就必须搞清楚共和主义理论是如何来理解政治生活的。为此，探究共和主义所理解的自我概念就显得至关重要，因为这关系到共和主义的价值原则及其理论的推导过程。

无论古典自由主义、功利论自由主义与新自由主义之间有多大的分歧，但有一点它们是一致的，即它们都属于自由主义。因此，它们的理论基础和出发点、它们的一切价值取向和逻辑推导都是植根于个人主义的。个人主义的原则要求把个体作为单独的个人进行推理，认为个体的存在优先于各种各样的社会共同体。这种原则体现为"我们首先是有差异的个人，然后才形成关系并且参与和别人的合作安排，因此，多元性优先于统一性。我们首先是占有主体，然后才选择我们想占有的目的，因此，自我又优先于目的"①。也就是说，个人主义原则认为，个人是本原，社会是派生的；社会、国家是个人为了保障自己的某种权利或利益而组成的人为的机构，因此，自由主义式的个人主义将国家看作是调停冲突和协调行为的必要工具，除了个人的目的之外，社会或国家没有任何其他目的。正是立足于这种理性主义基础之上的自我的概念，自由主义的各项原则才得以建立起来。因此，"当自由主义论及自由、民主或市场经济等观念时，其重点是强调个人的自由、个人的参与或个人的经济活动"②。

共和理论中的自我概念完全不同于自由主义的自我概念。在这里，我们首先必须关注一下亚里士多德的政治思想，因为他的《政治学》乃是共和主义理论的渊源之所在。亚里士多德在对动物进行分类时，曾经把人和其他一些动物都称作是"政治的动物"，其意是指群居动物中有共同活动者。在《政治学》中，他又进一步说，人类比蜂类或其他群居动物更

---

① ［美］迈克尔·丁·桑德尔：《自由主义与正义的局限》，万俊人等译，译林出版社2001年版，第163页。

② 李强：《自由主义》，中国社会科学出版社1998年版，第147—148页。

具政治性，理由是在万物之中，唯有人类才具备理性言说的能力。他认为"理性言说"与"声音"不同。声音是一般动物（包括人类）都具备的机能，它可以表达各种情感。但理性言说则能表达利与害、义与不义，使理性沟通成为可能。因此，理性言说就使得人类能够辨识正义与利害，从而使人成为最善于过政治生活的动物。由于人是天生的政治动物，人又有着自足的欲念，因此，城邦或政治共同体建立的目的就是通过公民的沟通审议而追求最高最广的善。亚里士多德认为，人天生有过社群生活的本能，但人又不以群居于家族、村落为满足，因为这些社群组织只能解决日常生活与非日常生活的需要，远未达到完全自足的状态。人要过完全自足、幸福美满的日子，就必须生活在城邦之中。可见，所谓自足并非是指一种个体孤独的生活，而是人通过与他人共同生活，才能达到的一种理想的善的境界。亚里士多德的这种观念成为以后共和主义的基本理念。

泰勒说："我的认同是由提供框架或视界的承诺和身份规定的，在这种框架和视界内我能够尝试在不同的情况下决定什么是好的或有价值的，或者什么应当做，或者我应赞同或反对什么。换句话说，这是我能够在其中采取一种立场的视界。"① 因此，我们可以看到，共和理论中的自我概念依赖于一种能够使自我置身于其中的架构，这种架构成为自我判断某种形式的生活善及其自身地位有无尊严的依据。正是由于对此架构的认同以及人有自足的欲念，所以，共同体中的身份与资格对于自我概念就具有构成性的意义。② 这就是说，共和理论中所讲的共同体是一种由自我个体人为组成的，而不是指那些自然的共同体。因此，一方面，这说明了共和理论中的自我并不是像自由主义所提倡的那种孤独地存在着的自我，也不是外在于真实历史而处于契约理论中的那种非历史的自我，而是处在一定的历史阶段的共同体中的自我。"一个人不能基于他自身而是自我。只有在与某些对话者的关系中，我才是自我：一种方式是在与那些对我获得自我定义有本质作用的谈话伙伴的关系中；另一种是在与那些对我持续领会自我理解的语言目前具有关键作用的人的关系中——当然，这些类别也有重

① ［加拿大］查尔斯·泰勒：《自我的根源——现代认同的形成》，韩震等译，译林出版社2001年版，第37页。

② 彭斌：《自由的概念——一种共和主义的阐释》，硕士学位论文，吉林大学，2003年，第3页。

叠。自我只存在于我所称的'对话网络'中。"① 另一方面，这也说明了共和理论中的共同体并非是指所有个体自我所生存的那种具有不同善的理念的自然共同体，而是指具有共同善的政治共同体。比如，亚里士多德就主张理想的政治社群不应当赋予农、工、商人以公民资格。他对奴隶制度的拥护自然也说明这种政治社群是把奴隶排除在外的。事实上，共和理论所认可的政治共同体是一个能够免于外部或内部支配的自由共同体，在这个共同体内行动的个体自我也是自由人。这些个体自我是由于对该政治共同体的价值和目标表示认同，因而他们才愿意共同生活在一起的。在阿伦特看来，对政治共同体的这种认同是个体自我通过言行方式建立起来的，其维系就在于个体之间的多样性。她认为，在政治共同体内，"我是谁"就是说出个体自我的独特性，揭示出某人是谁暗含于这个人的言论和行动中，言行"只有在人们的相处（彼此既不赞成也不反对）中表现出来，即在人的纯粹的群体中表现出来"，"人们在言行中表明他们是谁，积极的展现其个性，从而使自己出现在人类世界中"②。因此，我们可以看到，在共和理论中，具有主观能动性的个体自我，由于追求公共善而组成了政治共同体。这与社群主义所讲的那种自然共同体中的自我显然是不一样的，他们积极追求共同体生活以及他们自身免于支配和奴役的状态。这样的个体自我对于政治共同体来说是有一定的范围限制的，即他们必须都是具有公民资格与身份的自由人。

2. 共和主义的公民资格观念

20世纪90年代以来，对公民问题的兴趣高涨使得公民共和主义受到了广泛的关注。1978年，有人认为公民身份概念在政治思想中已经过时了。然而，到了90年代，公民身份又成了在持各种政治立场的政治思想家中流行的专业术语了。之所以如此，原因是多方面的。就理论层面来说，这是政治话语的自然演进。在20世纪70年代与80年代的西方政治哲学话语中，正义与共同体成员资格是最核心的概念。公民身份一方面与个人权利观念紧密相连，另一方面又与对特定共同体的隶属观念密切相

① ［加拿大］查尔斯·泰勒：《自我的根源——现代认同的形成》，韩震等译，译林出版社2001年版，第50—51页。

② ［美］汉娜·阿伦特：《人的条件》，竺乾威等译，上海人民出版社1999年版，第182页。

关。因此，公民身份概念的复兴就有助于澄清自由主义者与社群主义者所争论的焦点问题。① 持不同政治立场的政治思想家虽然都在谈论公民身份问题，但由于他们对个体自我的概念理解不同，所以，公民身份问题在他们的理论中所体现的地位和作用也就呈现出迥异之态。

自由主义强调个人自主性或自由权利的优先性，是基于这样一种个体自我的观念：每一个个体自我都是理性的独立的个人，社会由他们组成，而且每一个人都有其独特的价值理想；他们不依赖于任何外在的目的或权威，相反，一切外在的目的或权威都是由自我创造的。依据罗尔斯的主张，要使这些具有不同价值理想和生活方式的人共同生活在一个必须相互合作的社会中，就必须制定一些大家都能遵守的公共规范，这种公共规范是所有社会成员都处于公平的立场经过自由选择的结果。通过这种契约论式的纯粹程序正义的设计，罗尔斯的社会正义理论认为最合理的正义原则是自由、平等、理性存在者在公平处境下的选择。桑德尔指出，自由主义的这种自我观念，使得自我与其社会及文化相隔离，不会对其社会产生任何高度的忠诚和承诺，也不可能与他人形成深刻的情感和归属。这样，自由主义的自我与其公民身份认同之间的隔离，就使得这种身份认同仅仅具有一种从属性，仅仅在保护具有优先性的自我时才能存在。然而，南希·罗森布勒姆显然是反对这种观点的。她说："私人生活就是意味着公民社会中的生活，而不是意味着前社会状态的或反社会条件下的孤立和超然……私人自由允许人们脱离官方的监督和干涉，大大增加了私人联合和合作的可能性……远非鼓励冷漠，私人自由被认为会鼓励公共讨论和促进群体形成，这使得个体能够更广泛地进入社会和政府。"②

与社群一样，成员资格也是构成社群主义价值的重要基石。社群主义者普遍认为，生活在现实世界中的个人都是这个或那个社群的成员，没有任何人能够游离于社群之外，这种成员资格就是个人自己的内在价值，它形成了个人对此社群的自我认同。戴维·米勒认为，在个人每参加一个社

---

① ［加拿大］威尔·吉姆利卡、［加拿大］威尼·诺曼：《公民的回归——公民理论近作综述》，毛兴贵译，载《共和、社群与公民》，江苏人民出版社 2004 年版，第 235—236 页。

② Nancy Rosenblum, "Another Lieralism: Romanticism and the Reconstruction of Liberal Thought"，转引自［加拿大］威尔·金里卡《当代政治哲学》下册，刘莘译，生活·读书·新知三联书店 2004 年版，第 533—534 页。

群时都将获得一种成员资格。但在所有获得的成员资格中，公民资格是个人最重要的社会政治地位，它从根本上体现了人与人之间的平等。公民资格与国民性的结合构成了个人认同的主要来源。公民资格既为个人利益的按需分配提供了道德基础，又为实现这一理想提供了现实手段。可见，在社群主义理论中，基于权利来加以界定的公民资格，只是其成员资格的一种情形，尽管是一种最重要的资格。这就说明，人们的成员资格是依其参加某一自然的共同体即社群后自然而然地具备的。所以，人们认同的主要是各种自然的共同体，而人为的政治共同体在其认同的对象中并不具有优先性。这样，在社群主义的共同体中，政治生活的价值与地位与其他领域生活的价值和地位就是平等的。

　　与自由主义和社群主义不同，公民资格问题在共和主义理论中具有极其重要的地位。共和主义者强调政治参与对参与者本人所具有的内在的价值，这种参与是"多数人所渴望的人类共存的最高形式"①。"它将人类个体看作一个认知的、主动的、道德的、社会的、思想的、政治的存在。对亚里士多德来说，（认知的、主动的、目的性的）人仍不算是完整意义上的人，除非他能自己统治自己。"② 也就是说，在亚里士多德看来，所谓公民就是指那些同时统治和被统治的人。公民一起做出决策，每个决策者都尊重其他人的权威，所有参加者都服从他们已做出的决策。公民身份并不只是获得自由的一个手段，它本身就是通向自由的道路。因此，在这种观点看来，政治生活高于家庭、邻里和职业生活中纯粹私人的乐趣，因而应该成为人们生活的中心。对于亚里士多德来说，作为一个公民，他"必须将家庭完全抛在脑后，由奴隶和女人来维持家庭但不进一步参与公民所关心的事。公民从不梦想彼此谈论各自的家庭事务，……他们在集会中讨论和决定的并非家庭的事务，而是城邦的事务：即城市与其他城市之间的战争事务和商业事务，在公民之间的杰出与效仿、权威和美德的诸事项。……重要的是参与公共决策的自由，而不是决策的内容"③。这就是

---

① Adrian Oldfield, *Citizenship and Community*: *Civic Republicanism and the Modern World*, London: Routledge, 1990, p. 6.

② ［英］J. G. A. 波考克：《古典时期以降的公民理想》，载《共和、社群与公民》，江苏人民出版社 2004 年版，第 35 页。

③ 同上书，第 33—34 页。

说，一方面，只有具备一定资格和身份的个体才能参与特定的共同体，并在其中行动。在亚里士多德那里，公民必须是也只能是那些有知名家族背景的男人、族长、战士及奴隶主，而奴隶和女人是被排除在公民范围之外的。因此，在共和理论中，公民资格与身份认同在其政治共同体内具有优先的地位和价值。另一方面，共同体内的个体之间是平等而又自由的，他们并不依附于这个政治共同体。正如阿伦特所说的那样，每一个公民个体都是独特的和不可替代的。公民资格的身份意味着他们关注的是对共同体目标和价值的认可和承诺。于是，通过自由地交谈，他们实现了对共同体的政治参与。

正是由于自由主义、社群主义与共和主义在公民资格问题上的观点存在分歧，导致了它们对公民与政治生活之间关系的看法不一致。对于自由主义者来说，政治生活只是私人生活的一种手段，它只对于保证政府尊重并支持公民去追求个人自身目标和自由才是必要的；个人是否参与政治是个人的自由选择，积极动员个人参与政治的结果可能是对个人自由的限制；个体自我主要是在其家庭、工作或闲暇中而不是在政治中得到幸福感与自由感。对于社群主义者来说，公民积极的政治参与是实现其自我价值的重要途径之一。在他们看来，国家的政治活动关系到最大多数人的利益，是最重要的公共活动。只有通过积极的政治参与，个人的权利才能得到最充分的实现，并且，它还是防止专制集权的根本途径。然而，对于共和主义者来说，公民的自由必须通过参与政治生活的方式才能得到实现。他们把公民资格与其身份认同作为其理论的核心要素，就说明了这一点。正如桑德尔所说："对于他们来说，共同体描述的，不只是他们作为公民拥有什么，而且还有他们是什么；不是他们所选择的一种关系（如同在一个志愿组织中），而是他们发现的依附；不只是一种属性，而且还是他们身份的构成成分。"① 因此，共和理论主张个体自我通过积极参与政治生活，来保持其自由，丰富其个性。针对现代人对政治参与的冷漠，共和主义者认为原因在于今天的政治生活与古希腊时期积极公民条件下的政治生活相比已经贫瘠了。政治争论已经不再有意义，同时，公民也缺乏有效

---

① ［美］迈克尔·丁·桑德尔：《自由主义与正义的局限》，万俊人等译，译林出版社 2001年版，第 181—182 页。

参政的渠道。但实际上，现代人的私人生活与社会生活比起古希腊人来说要丰富得多，所以，现代人主要不是从政治中获得幸福。盖尔斯敦指出，那些把私人生活贬低为单调乏味与自我陶醉的共和主义者对真正的人类共同体并不感兴趣，事实上，他们鄙视日常生活。[①]

二　共和主义的自由观

1. 历史语境主义的研究方法

以斯金纳为代表的"剑桥学派"的兴起是共和主义理论在当代发展过程中的重要事件。正如芬兰学者帕罗内所指出的那样，斯金纳等人是通过改变传统政治思想史的研究方法而带来了一场政治思想研究中的"斯金纳式革命"。[②] 简单说来，在斯金纳看来，传统的政治思想史研究是把一些主要的经典文本作为其唯一的研究对象，这种方法是非历史的，完全抹杀了思想演进中的变化与偶然。于是，斯金纳开始把注意力从只关注经典文本的研究方法转移到了历史的研究方法上，在历史的语境中考察那些观念和信仰。斯金纳运用这种研究方法，1978 年在《近代政治思想的基础》一书中研究了近代"国家"概念的形成；1998 年在《自由主义之前的自由》一书中，着重考察了 17 世纪英国革命期间新罗马理论家对"自由"概念的理解；2001 年在为纪念伯林而发表的演讲《第三种自由概念》以及 2003 年在《国家和公民自由》一文中进一步考察了"自由"概念的变化。正是在这样一种运用"历史语境主义"研究方法的过程中，斯金纳提出了第三种自由概念，即免于奴役和支配的消极自由概念，从而对伯林几十年来占据主导地位的自由概念形成了挑战，并成为被学术界广为引用的新观点。

在写于 1984 年的《消极自由观的哲学与历史透视》一文中，斯金纳提出了研究社会政治概念的方法问题。他指出："由于在研究社会政治概念的最佳方法问题上存在着某些广为流行的假定，这就很容易、而且是顺理成章地使人认为，可以按照一种陌生的方式一以贯之地使用一个概念，

---

① Wilkiam A. Galston，"Goods，Virtues，and Diversity in the Liberal State"，转引自 W. 吉姆利卡、W. 诺曼《公民的回归》，生活·读书·新知三联书店 2004 年版，第 252 页。

② 载［芬兰］凯瑞·帕罗内《昆廷·斯金纳思想研究——历史·政治·修辞》，李宏图、胡传胜译，华东师范大学出版社 2005 年版，第 3 页。

而不仅仅是指出它已经被投入了陌生但一以贯之的用法。我所说的这些假定的性质，可以轻而易举地在论述自由概念的当代文献中找到说明。就我所知，所有作者都抱有这样的基本假设：要想诠释诸如社会自由之类的概念，就要对表达这种概念的惯用术语的含义做出说明。人们还进一步认为，理解了这种术语的含义，就是理解了它们的正确用法，就会立刻明白，以此为据，什么样的说法做法可行，什么样的不可行。"① 斯金纳认为，这就是现代人在研究诸如自由概念等社会政治概念时所使用的研究方法。按照这种方法，对于自由概念问题，我们应当尽量贴近日常语言，也就是要指出在使用"自由"这一术语时，我们常说的意思是什么。这样做的结果是什么呢？斯金纳指出，人们会发现，关于政治自由的两个悖论出现了，即我们日常语言中的"自由"概念与两种关于政治自由的主张之间是不相容的。对于这两种关于政治自由的主张②，人们（比如伯林）会认为，那些人谈论的自由肯定是一种不同的概念。帕伦特就坚决认为，把自由的概念同高尚的或理性的自制联系在一起，根本无法表达，甚至无法联想到使用"自由"这一术语时"我们所常说的意思"，所以，任何制造这种联系的企图只能是导致对相关概念的乱哄哄的曲解。③ 为了防止在进行有关"自由"概念的讨论之前就陷入这种词不达意的境地，斯金纳决定避开这种形而上学的概念分析，将视线投向历史，在历史中寻找自由的定义。但他警告说，如果历史上的自由含义对今天流行的自由观念是质疑而非支持时，我们就需要重新考虑今天的自由概念的真理性。因此，斯金纳就宣布："为了研究出现在现代欧洲政治哲学中关于社会自由的全部争论，我们必须超然地看待目前关于积极自由与消极自由的争论；而且这个问题将给我们指出一条对消极自由的论证路线，它在目前的争论中已经难得一见，但却有助于对争论本身的言说方式提出某种疑问。"④

---

① ［英］昆廷·斯金纳：《消极自由观的哲学与历史透视》，载达巍、王琛、宋念申编《消极自由有什么错》，文化艺术出版社 2001 年版，第 97 页。

② （1）把自由与自治联系起来，因而也就把个人自由观念与公共服务的观念联系起来；（2）我们也许不得不被强迫自由，从而将个人自由观念与强制和强迫观念联系起来。参见昆廷·斯金纳《政治自由的悖论》，载《第三种自由》，东方出版社 2006 年版，第 111—112 页。

③ W. Parent, "Some recent work on the concept of liberty", 转引自昆廷·斯金纳《消极自由观的哲学与历史透视》，文化艺术出版社 2001 年版，第 98 页。

④ 同上书，第 102 页。

2. 强制因素阙如的自由主义消极自由概念

斯金纳指出，在当前关于自由概念的争论中，有一个结论得到了极为广泛的认同，即政治自由在本质上是一个消极的概念。也就是说，自由的存在是以其他事物的阙如为标志的，尤其是一些强制因素的阙如，这些强制因素阻碍了行为主体，使之不能追求其所选定的目标，不能追求不同的选择，或者至少说不能在两种可能性之间进行选择。① 此外，在斯金纳看来，还有一种关于自由概念的被广泛接受的主张，即罗尔斯及德沃金等人所提出的基本假设：公民最大程度地扩大和保证他们的个人自由的最佳途径就是把社会义务的召唤视作"干涉"，这种"干涉"对他们产生的要求要最小化。② 这实际上就是关于自由与共同善的关系问题。对于这些主张的真理性，斯金纳诉诸历史来寻求其真谛。

针对伯林所提出的这样一个问题，即作为不干涉的自由的观念是什么时候首次被提出，又是什么因素促使它赢得了目前的霸权性地位，③ 斯金纳回答说："要想在任何早于霍布斯的《利维坦》的文献中发现对于这种理论的明确表达是十分困难的，而促使他阐发这种理论则是因为他感到有必要回应他所谓'民主绅士'，他们已经运用完全不同的理论促进议会反对王权的斗争并把处死查理一世合法化。"④

当代关于自由概念的争议在很大程度上是由霍布斯开启的。在列奥·施特劳斯看来，正如柏拉图与亚里士多德是古代政治哲学的奠基者一样，霍布斯则是近代政治哲学的奠基人。正是从他开始，古典共和主义关于公民权的理想被自然权利的概念所取代，从而使个人权利成为近代政治哲学的核心问题。因此，"霍布斯的政治哲学（包括他的道德哲学），就是通过这个作为道德原则和政治原则的'权利'观念，而最明确无误地显示

① 载［英］凯瑞·帕罗内《昆廷·斯金纳思想研究——历史·政治·修辞》，李宏图、胡传胜译，华东师范大学出版社2005年版，第110页。

② ［英］昆廷·斯金纳：《论正义、共同善与自由的优先性》，载《消极自由有什么错》，文化艺术出版社2001年版，第131页。

③ ［英］以赛亚·伯林：《自由论》，胡传胜译，译林出版社2003年版，第37页。

④ ［英］昆廷·斯金纳：《第三种自由概念》，载应奇、刘训练编《第三种自由》，东方出版社2006年版，第145页。

它的首创性的"①。霍布斯的机械唯物主义哲学把社会看成是由个人所组成的简单的集合体，因而他从个人权利的角度提出了对自由的近代政治哲学的理解，认为唯有自我保全的权利才是无条件的或绝对的。然而，与此相反，"共和主义理论家没有论述过自由的最大化要求我们必须把我们的权利视作最重要的，他们甚至根本没有提到过权利这一概念。相反，他们认为，如果我们想要使我们的自由最大化，我们就应该全身心地投入到公共服务的生涯中，应该把共同善的理想置于所有关于个人好处的考虑之前"②。这一观念显然被自霍布斯以来的那些相信自然权利的自由主义者视为极其荒谬的东西。当霍布斯把自由理解为个体自我"不受阻碍"的状态时，个人权利在他那里就成了一切的出发点和归宿。在他的契约论思想中，国家是个人为了保全其自由和权利而产生的。因此，"政治的最高的目的，'政府的目标'，就是保证安全；安全又反过来使自由成为可能，而'自由'一词被用来指一种发生在政治领域之外的活动的本质"③。就是在这里，斯金纳显示出了他的历史语境主义研究方法的独到之处。他在指出霍布斯如此来理解自由与自由人的概念的历史背景的同时，提出了他的"第三种自由"概念。

3. 免于奴役与支配的共和主义消极自由概念

在《自由主义之前的自由》一书中，斯金纳考察了新罗马法公民和自由国家理论如何被以没有强制妨碍措辞的消极自由的自由主义分析所遮蔽，并随着自由主义上升为当代政治哲学的主导地位而消失在人们视野之外，从而使自由主义的分析被广泛地视作思考上述概念的唯一的逻辑形式的。他特别提到了伯林在这方面所起到的重要作用。伯林认为自己在《两种自由概念》一文中阐明了自由概念的基本内容，从而有助于避免人们在使用"自由"这一术语时造成混乱，因为人们总是要把自由与平等、

---

① 〔美〕列奥·施特劳斯：《霍布斯的政治哲学——基础与起源》，申彤译，译林出版社2001年版，前言第2页。

② 〔英〕昆廷·斯金纳：《论正义、共同善与自由的优先性》，李宏图译，上海生活·读书·新知三联书店2003年版，第132—133页。

③ 〔美〕汉娜·阿伦特：《什么是自由》，转引自贺照田主编《西方现代性的曲折与展开》下册，吉林人民出版社2011年版，第355页。

独立等概念混淆在一起，而这种混淆根本无助于真理。① 于是，伯林的两种自由概念就成为"在我们时代已经发表的对这一问题唯一最重要的阐释"②。

斯金纳对此提出了强烈的质疑："什么是真理？难道是伯林所提出的两种自由的概念？伯林坚持'更真实和更人文的理念'是要明示这样的一种结论，只要'别人不干涉我所想做的'就是享有自由。因此，自由基本上必然是与强制相对应的，强制指'在我希望去行动的领域中受到了别人的故意干涉'。只要记住这一点，关于自由的一系列混乱将一下子被消除，每个人都不再会受到迷惑。这些混乱之一是由那些要求从政治或社会依从状态下解放出来的人而人为制造的，他们错误地把这些要求称为社会自由，因为他们所要求的远远不只是结束强制性干涉。更进一步的混乱还来自于他们相信，只有在自治政府的国家里个人才能享有自由。一旦把自由更恰当地理解为免于干涉，我们便能看到，保有自由并不依赖于谁行使权威，也不依赖于何人拥有着多大的权威。这表明，消极自由'并不是与某种专制，或至少与缺乏自治政府不能共存'。'在个人自由和民主统治之间有着必然的联系'是一种错误的假设。……很清楚，至少可以说，他（指伯林——引者注）的分析恰恰与古典自由主义理论家走着相同的路径，他们早已就在拼命质疑新罗马法的自由国家理论。"③ 在此基础上，斯金纳不无深刻地指出，伯林的消极自由概念并非就是绝对真理，它也只是可供选择的众多自由概念之一而已，现在该是第三种自由概念取而代之的时候了。④

在斯金纳看来，第三种自由概念实质上也是一种"消极自由"，但这种新的消极自由概念与霍布斯以降的自由主义传统所理解的消极自由概念之间是一种"对抗的和不可公度的"⑤ 关系。对于这两种消极自由概念之

---

① ［英］以赛亚·伯林：《自由论》，胡传胜译，译林出版社 2003 年版，第 230—231 页。

② ［英］昆廷·斯金纳：《自由主义之前的自由》，李宏图译，上海生活·读书·新知三联书店 2003 年版，第 79 页。

③ 同上书，第 79—81 页。

④ 同上书，第 83 页。

⑤ ［英］昆廷·斯金纳：《第三种自由概念》，载应奇、刘训练编《第三种自由》，东方出版社 2006 年版，第 161 页。

间的区别或者说是分歧，斯金纳有过两种说法，就其实质而言，这两种说法实际上是一致的。其一，它们对于"自律"概念的理解不同：自由主义者认为，只要人的意志没有受到威胁和强制，则意志就是自律的；新罗马法理论家则认为，除非摆脱对任何其他人的意志的依赖，则意志才能是自律的。[①] 其二，古典自由主义者主张，暴力或强制威胁是侵犯个人自由的唯一强制形式；新罗马法理论家认为，生活在依从状态下本身就是强制的源泉和一种形式，这种状态本身就会限制人运用他的一系列公民权利。[②] 这就是说，如何区分这两种消极自由，其关键就在于如何理解"强制"这一根本性的观念。

斯金纳的第三种自由概念是通过追溯 17 世纪英国资产阶级革命前后所发生的关于共和制与君主制的斗争，进而研究古希腊城邦国家、文艺复兴初期及马基雅维里的共和主义思想后提出来的。在这场共和制与君主制的斗争中，霍布斯站在保王党人菲尔麦等人一边，而曼哈芒德·尼德汉姆与詹姆斯·哈林顿等人则为议会党人。当伯林认为他自己的消极自由观就是古典英国政治哲学家们（特别是霍布斯）的自由观时，他并没有提出或者根本就没有看到霍布斯当时提出这种主张时的强烈论战性。

霍布斯消极自由概念的论战性表现在两个密切联系着的方面，而恰恰就是这两方面构成了古典自由主义与古典共和主义之间的分歧。一方面，霍布斯要反击关于"强制"的另一种观念，即免于奴役和支配的观念；另一方面，霍布斯是为了推翻和取代另一种与之相反的思想传统，即把公民自由的概念与国家自由（城邦自由）或自由国家的古典理念联系在一起的古典共和主义的思想传统。

霍布斯根据他的不干涉意义上的消极自由概念，推导出了两个关于臣民自由的结论：臣民的自由程度基本上依赖于"法律的沉默"；只要不存在臣民必须遵守的法律，则此臣民就保有了他的全部自由。如果从对消极自由所作的形式占有和实质占有的区分来看的话，这就是说，只要实质上臣民既没有被外力也没有被法律所强制，则此臣民就保有了自由。在霍布

---

① ［英］昆廷·斯金纳：《第三种自由概念》，载应奇、刘训练编《第三种自由》，东方出版社 2006 年版，第 162—163 页。

② ［英］昆廷·斯金纳：《自由主义之前的自由》，李宏图译，上海生活·读书·新知三联书店 2003 年版，第 58—59 页。

斯看来，对个人自由来说，最要紧的不是法律由谁来定，而是它的程度。所以，"不论一个国家是君主国还是民主国，自由总是一样"①。正如前文中斯金纳在质疑伯林的所谓"真理"时所指出的那样，伯林也同样认为，在个人自由和民主统治之间没有什么必然的联系，个人自由与君主专制可以并存。

与此观点相反，17 世纪英国新罗马法理论家们在共和主义思想传统的影响下，提出了另一种意义上的消极自由概念，即免于奴役和支配的状态。他们对奴役的理解，归根到底是根植于罗马法的《学说汇纂》一书。在该书中，自由的概念始终是与奴役的状态相对应，认为一些人缺少自由源自这样的事实：他们是某些人权力的附属，并常常是在另一个人的权力支配下。② 在这种意义上，共和主义者常常用奴隶处于奴役状态的情况来说明他们的观点。在奴隶的生活中，即使他们能够随意行动，享有广泛的不受干涉的生活，但他们在任何时候都是处于其主人反复无常的意志与权力支配下，无法求助于法律来保护自己。如果要说奴隶是自由的，则这种自由将完全依赖于其主人的善良意志，但实际上这种自由是随时都可以被收回去的，所以，奴隶仍然是处于不自由的状态中。因此，在共和主义看来，奴隶及缺少自由的基本含义就是指受别人权力的支配和各种对他人的依附关系。不过，在这里，正如斯金纳指出的那样，新罗马法理论家们并不否认强制会导致不自由的结果，但他们认为，仅仅指出这一点是不够的，因为所谓的不自由还应该包括依从的状态。对于这一点，新罗马法理论家们有许多类似的论述。阿尔杰农·西德尼说："作为自由仅仅存在于不依从于任何人的意志，没有什么比依从于别人的意志更意味着是种奴役状态。如果在一个王国，除了一个国王的意志外没有任何法律，那么，也就不存在叫做自由的这样东西。"无论谁说"国王和专制暴君有责任去保护他们的臣民的土地、商品和生命，以及保证臣民的基本生活，法律没有他们的喜好更重要。那么，这些人是在寻求用这些废话来蒙骗整个世

① ［英］霍布斯：《利维坦》，黎思复、黎廷弼译，商务印书馆 1985 年版，第 167 页。
② ［英］昆廷·斯金纳：《自由主义之前的自由》，李宏图译，上海生活·读书·新知三联书店 2003 年版，第 27—29 页。

界"①。佩迪特也认为，共和主义传统的自由观是一种无支配的自由观：
"自由是根据自由和奴役、公民和奴隶的对立来定义的。自由的条件可以
通过一个人的这样一种身份来说明：与奴隶不同，他不会服从于其他人专
断的权力，也就是说，他没有受到其他人的支配。因此，自由的条件可以
通过这样一种方式来说明：即使事实上没有受到任何干涉，自由也可能丧
失；无干涉的奴役和支配是可能的，比如没有实施干预的主人。"②"无支
配与纯粹的无干涉之间最关键的区别恰恰就在于没有哪个人可以拥有这种
干预你的权力。……因此，当你不受他人支配时，你不仅可以在现实世界
中，而且可以在可能的世界中……免除专断权力的干涉。"③

　　斯金纳将免于奴役和支配的自由与古典自由主义免于干涉的消极自由
区别开来，称之为"第三种自由"，但又把它称作另一种的消极自由。对
此，我们应当如何来理解呢？我们认为，这实际上体现了共和主义与自由
主义在理解"强制"和"干涉"意义的彻底程度上有所不同。就两者都
主张自由必须免于强制和干涉这一点来说，本质上它们都主张一种消极自
由，这是两者的相同之处。两者的不同之处在于，对于共和主义者来说，
免除了强制和干涉，支配和奴役照样可以存在；反之，如果免除了支配和
奴役，则强制自然就不存在了。在此意义上，斯金纳将共和主义的自由观
看作是有别于伯林两种自由概念之外的第三种自由概念。我们认为，第三
种自由概念实际上是把强制和干涉分为两种情况：外在的与内在的强制和
干涉，或者说是看得见的与看不见的强制和干涉。这也就是说，所谓内在
的或看不见的强制和干涉就是指奴役和支配。其中，免于外在的或看得见
的强制和干涉的自由就是自由主义意义上的消极自由，而免于内在的或看
不见的强制和干涉的自由就是共和主义意义上的第三种自由。这种自由观
念的提出，表明共和主义者比自由主义者更为彻底，他们力图消除一切
（包括潜在的）有碍自由实现的强制和干涉。

　　斯金纳在免于强制和干涉的意义上，进一步将自由规定为免于奴役、

---

①　阿尔杰农·西德尼：《论政府》，转引自［英］昆廷·斯金纳《自由主义之前的自由》，
李宏图译，上海生活·读书·新知三联书店 2003 年版，第 60—61 页。

②　［澳］菲利普·佩迪特：《共和主义——一种关于自由与政府的理论》，刘训练译，江苏
人民出版社 2006 年版，第 40 页。

③　同上书，第 31 页。

支配和依附，认为仅仅是知道我们生活在对他人的善意依赖当中仍然会侵害和削弱自由。① 这种观点在本质上不是批判了而是进一步扩展了自由主义消极自由观的内涵。这是因为，自由主义认为，在仁慈的君主统治之下，只要他不采取任意的强制和干涉行为，则个人自由与君主专制可以并存。但在新罗马法理论家们看来，仅仅是免于外部的强制和干涉是远远不够的，因为"生活在另一个人的摆布中或处于另一个人的绝对权力的淫威下就等于是生活在奴隶制中"②。因此，他们主张依赖本身就损害了自由。据此，第三种自由概念主张只有在一个不存在任何专断权力的国家中，才会消除对自由的所谓依赖性损害，因而个人自由与君主专制之间水火不相容。

　　这里涉及了关于公民自由与国家政体之间关系的问题。从最一般的意义上来说，人们的自由就在于不受妨碍地追求他们可能为自己所确定的任何目标。对于这一点，自由主义与共和主义不会有什么分歧。他们的分歧在于：究竟什么样的政体能够使我们得到追求既定目标的最大自由？

　　对于自由主义者来说，一个行为主体自由的充分条件就是他能够不受任何强制地进行自己的选择。因此，如果照伯林所说的那样，个人自由与君主专制政体能够并存的话，那么对于自由主义者来说，则个人自由与特定政体之间就没有任何必然联系了，而仅与个人是否会受到外部的强制和干涉相关。在查尔斯·泰勒看来，自由于是就变成了一个纯粹的机会概念：只要我拥有行动的机会——不管我是否以及能否利用了这个机会——我都是自由的。③ 对于伯林所极力反对的积极自由的主张（自由是实现自己目标的能力，能实现的目标越重要，自由程度就越大），泰勒是持肯定态度的。但与自由主义者不同的是，他认为，自由是否"只有在某种社会形式中才能实现或者完全实现"，以及它"是否就必然导致以自由的名义为过度的极权压迫辩护"，这一点恰恰"才是我们现在应该专注的问

---

① ［英］昆廷·斯金纳：《自由主义之前的自由》，李宏图译，上海生活·读书·新知三联书店 2003 年版，第 58 页以下。

② ［英］昆廷·斯金纳：《第三种自由概念》，载应奇、刘训练编《第三种自由》，东方出版社 2006 年版，第 151 页。

③ ［加拿大］查尔斯·泰勒：《消极自由有什么错？》，载《消极自由有什么错》，文化艺术出版社 2001 年版，第 70—71 页。

题"。因此，泰勒认为以霍布斯式的消极自由定义来回避和否定积极自由问题的做法太草率。①

与自由主义者的观点相反，共和主义者认为，只有在一个自由的国家里才可能有个人的自由。按照这种自由理论，我们在前文中所提到的两个关于政治自由的所谓"悖论"，在历史和现实中的存在就具有了真理性。

新罗马法理论家们认为，要想理解一个个体公民保有或丧失其自由的含义是什么，必须把它放在一个公民联合体是自由的这一表述意味着什么的解释之中。他们以政治机体的比喻来形容共和体制中由个体公民所组成的政治共同体。同自然机体一样，一个政治机体当且仅当其不受一切奴役和支配时，才能够被认为是自由的。共和主义理论家们认为，来自共同体内部的少数个人对权力的野心是对自由国家的威胁。这些人的野心会从两个方面来破坏共同体的自由：其一，对外征服和统治邻邦。其结果不论是征服还是被征服，总是对自由政体的破坏；其二，以其个人意志来代替共同体的意志。如此，则整个共同体就被奴役了。那么，如何才能避免共同体被奴役，从而确保共同体及个体公民的自由呢？共和主义理论家们的回答是通过培养公民的美德来达到这个目的。所谓公民美德，就是指作为个体公民最需要拥有的一系列能力，这些能力能够使公民自觉地服务于公共利益，从而自觉地捍卫共同体的自由，并最终确保共同体的强大和公民个人的自由。② 这些美德具体说来就是：拥有保卫共同体不受外敌征服和奴役的勇气和决心；通过不断地监督和参与共同体的政治进程来防止共同体的治理权落入野心家或利己集团手中。为此，共和主义理论家主张通过法律的强制作用来培养公民的美德。正如亚里士多德所认为的那样，一个共同体要实现其共同的计划和获得共同的利益，就需要对有利于此的行为给予奖励，有害于此的行为加以处罚。这些善恶的规定都是在此共同体内进行的。共和主义的自由观告诉我们，政治共同体内的个体自我，只有通过积极参与政治活动，才能够在促进共同体自由、繁荣和强大的同时，使自

---

① ［加拿大］查尔斯·泰勒：《消极自由有什么错？》，载《消极自由有什么错》，文化艺术出版社 2001 年版，第91 页。

② ［英］昆廷·斯金纳：《共和主义的政治自由理想》，载《公民共和主义》，东方出版社 2006 年版，第 72 页。

己的价值得到提升和获得自由。

那么，斯金纳对伯林自由观的挑战和超越成功了吗？我们的观点是：既成功又不成功。斯金纳的最大成功之处在于他打破了现代西方政治哲学在过去几十年中所存在的伯林自由观一家独大现象，从而拓展了人们在自由观问题上的视域。他成功的利器就是其"历史语境主义"的研究方法。在人们早已习惯于把自由主义作为主流意识形态来理解西方政治哲学传统的语境下，斯金纳通过研究共和主义自由观，使自由主义之前曾经存在过的真实的自由观史广为人知，从而打破了自由主义自由观天经地义、不证自明的"真理"神话。

如果我们以共和主义的自由观来对照自由主义的自由观时，我们将发现，今天有许多曾经非常熟悉的所谓"真理"性观点，其实也只是一定历史阶段的产物而已。除了前面已经分析过的消极自由概念之外，至少还有以下几种这样的"真理"性观点：第一，关于罗尔斯等人所质疑的个人自由与共同善之间的关系。自由主义者把社会义务对个人的召唤视作"干涉"。但在共和主义者看来，若没有共同体的自由和强大——个体自我是具有公民资格的共同体的一个成员，他的自由的保障和自我的发展离不开共同体的自由和发展——则个人的一切也就不存在了。因此，在这里，个人自由的观念与公共服务的观念就理所当然地联系起来了。第二，关于自由与法律的关系。自由主义者对待法律的态度是矛盾的，一方面他们认为这两者之间是对立关系，它们的活动范围和程度是一种反比关系；但另一方面，他们又认为，自由是一种天赋，必须在法律的保护下才能获得保障，所以，法律之于自由只是一种外在的暂时手段而已，它不属于自由的定义，是一种为了防止更坏的干涉而对自由进行干涉的方式。但在共和主义者看来，个人的解放不是由反抗法律，而是通过法律来实现。自由是由法律建构的。① 自由的属性是在一种法治状态下实现的，这是因为政治共同体中成员资格及其公民身份均是由法律来加以保障的。因此，法律本质上内含于自由概念之中。此外，正如斯金纳所指出的，古罗马人利用其宗教法，让利己的个人发誓不惜任何代价来保卫国家，如果他们临阵逃

①　[比利时] 范·德·普特：《共和主义自由观对自由主义自由观》，载赵敦华编《欧美哲学与宗教讲演录》，北京大学出版社 2000 年版，第 86 页。

脱，将会触怒神而招致不幸。这样，他们的法律就强迫他们走向了自由。① 第三，关于权利问题。自由主义者坚持权利对任何社会义务要求的优先性。但在共和主义者那里，这必将走向腐化，因为它将个人利益置于共同体利益之上。只有克服了这一点，才是实现个体自我自由最大化的必要条件。这就"意味着优先使特殊利益服从于共同的善"②。

正是由于直接挑战了作为自由主义理论核心的自由概念，所以，在百年来针对自由主义所进行的各种挑战声中，斯金纳的"第三种自由"概念独树一帜。然而，"成也萧何，败也萧何"。由于斯金纳将其"第三种自由"概念最终归结为消极自由，因此，它就不是一种反自由主义的自由观，没有摆脱自由主义的基调，从而也就没有超出伯林自由观的范围。既然第三种自由观仍然建立在消极自由的基础之上，仍然局限于伯林两种自由概念的视域之中，仍然局限于资本主义的价值观领域，这就直接导致了第三种自由观在挑战和试图超越伯林自由观时遭到了不可避免的失败。

对于第三种自由概念，我们说，当斯金纳强调它与霍布斯—伯林传统的消极自由的差别时，这种自由概念所体现的是对自然权利理论的超越；当斯金纳仍然把它归于消极自由时，他所表达的是对古代共和政治、共同善政治与德性政治的警惕。③

对于伯林来说，他对共同体生活方式为何要排斥？为何认为它必然会剥夺个人自由？为何只有伯林、罗尔斯、德沃金的那种逃避社会义务召唤的生活方式才是唯一值得选择的？为何社会主义国家的理想教育就一定剥夺了公民的自我选择权利？如果这种理想的确就是人类历史上曾经存在过的一种生活方式，如果它的确就是世界上一部分人的自我选择，那么，根据伯林的价值多元论，我们为什么要排斥它？为什么伯林在这里就不能对他们表示理解呢？这难道不是一元论的思维方式吗？因此，借用泰勒的话来说，这样做就"太草率了"。

总之，不管斯金纳所得出的具体结论正确与否，他的"历史语境主

---

① ［英］昆廷·斯金纳：《政治自由的悖论》，载《第三种自由》，东方出版社 2006 年版，第 126 页。

② ［比利时］范·德·普特：《共和主义自由观对自由主义自由观》，载赵敦华编《欧美哲学与宗教讲演录》，北京大学出版社 2000 年版，第 87 页。

③ 应奇：《论第三种自由概念》，《哲学研究》2004 年第 5 期。

义"研究方法值得我们提倡。正是这种方法使他能够突破以往政治哲学家们仅仅局限于研究经典文本的纯哲学层面的研究方式，从而才能对霍布斯—伯林传统的消极自由概念的权威地位提出强有力的挑战。这种方法使"我们将能够看到我们至今一直援用的概念在最初是如何被定义的，它被用于什么目的，又如何支持强化着我们对公共权力的什么观念。这反过来能使我们对现在我们仍未认识和在某种程度上还不甚理解的一系列概念有着清晰的理解"①。

---

① ［英］昆廷·斯金纳：《自由主义之前的自由》，李宏图译，上海生活·读书·新知三联书店 2003 年版，第 77 页。

第六章 超越伯林的自由理论（下）：
当代中国自由主义探讨

众所周知，当今世界上存在着两种主要的社会思想体系，即马克思主义与自由主义。前者是社会主义国家的指导思想，后者是资本主义世界的主流思想。改革开放三十多年来，社会主义中国发生了举世瞩目的变化。与此同时，自由主义思潮一直是中国社会思潮的一项重要内容。从 20 世纪 90 年代中后期以来，自由主义理论在中国国内思想理论界成为显学。在中国国内的自由主义思想研究过程中，伯林的思想日益引起了自由主义者与学界同仁的关注。那么，究竟什么样的社会才是值得我们追求的？真正的和谐社会在哪里？这是我们每个人都需要认真思考的一个重大的理论和现实问题。

第一节 自由主义在中国[①]

20 世纪 90 年代以来，自由主义在我国的兴起是有其历史背景的。如果说，在 20 世纪 80 年代的那场资产阶级自由化思潮中，某些人还能以政治多元化、思想多元化为幌子来掩盖其真实目的的话，那么，现在一些人则公开举起自由主义的旗号，要求以之取代马克思主义的指导地位和社会主义制度，这一点是毫无疑问的。

我们从以下一些言论当中完全可以得出这个结论。比如，在他们看

---

① 本书仅准备就此问题进行一番简略的历史梳理与理论论证，其原因有二：一是限于本书主旨不在于此，二是本书之所以要涉及此问题，只是为了进一步论证在今日中国应当如何对待自由主义。

来，"自由主义可以是一种政治学说，可以是一种经济思想，也可以是一种社会哲学，它更是一种社会政治制度，也是一种生活态度。只有全社会多数人基本上都具备了这样的生活态度，也就是正确的公民意识，这个社会才可以算是一个现代化的社会，这个国家才可以成为一个法治国家"①。也就是说，他们认为，中国只有实行自由主义制度才能成为一个现代化的法治国家。如果再说得详细一些，则自由主义"首先是一种学理，然后是一种现实要求。它的哲学观是经验主义，与先验主义相对而立；它的历史观是试错演进理论，与各种形式的历史决定论相对而立；它的变革观是渐进主义的扩展演化，与激进主义的人为建构相对而立。它在经济上要求市场机制，与计划体制相对而立；它在政治上要求代议制民主和宪政法治，既反对个人或少数人专制，也反对多数人以'公意'的名义实行群众专政；在伦理上它要求保障个人价值，认为各种价值化约到最后，个人不能化约、不能被牺牲为任何抽象目的的工具"②。由此，他们得出了一个结论："世界经过工业化以来两三百年的比较和选择，中国尤其经过了一百多年来的人类史上规模最大的试验，已经有足够的理由证明，自由主义是最好的、最具普遍性的价值。……自由主义传统在今天的复兴，一定会把一个自由的中国带入一个全球化的世界，而且为世界造福争光！"③既然"自由主义是最好的"，也只有自由主义才能使"自由的中国"进入"全球化的世界"，那么，当然就"需要"用自由主义来替代社会主义了。还有人说："从1919年的五四运动以来，今天真正具有生命力的思想力量，不是来自陈独秀、李大钊，甚至不是鲁迅，而是胡适，尽管他的思想从来没有被公开和广泛地宣扬过。"④ 在中国当代自由主义者的心目中，胡适是中国第一代自由主义知识分子的代表，是自由、科学与理性的象征。因此，近年来国内掀起了一股"胡适研究热"。更有甚者，还有人

　　① 李慎之：《弘扬北大的自由主义传统》，载刘军宁主编《北大传统与近代中国——自由主义的先声》，中国人事出版社1998年版，第4页。

　　② 朱学勤：《1998，自由主义的言说》，《南方周末》1998年12月25日第16版。

　　③ 李慎之：《弘扬北大的自由主义传统》，载刘军宁主编《北大传统与近代中国——自由主义的先声》，中国人事出版社1998年版，第4页。

　　④ 谢泳：《逝去的年代——中国自由知识分子的命运》，文化艺术出版社1999年版，第383页。

说:"在 20 世纪的末叶,当曾经在中国社会变动中夺取了政权的某种思想力量日益没落和为人遗弃的时候,自由主义知识分子的理想追求和价值取向,成了中国新一代知识分子的思想源泉,从这个意义上说,自由主义知识分子是思想力量的最后胜利者,因为他们代表的是人类文明共同的追求目标。"① 很明显,所谓"日益没落和为人遗弃"的"思想力量"就是指毛泽东思想!

一 中国自由主义思潮的历史进程

要想正确地理解和对待中国的自由主义思潮,我们必须首先对其在中国的历史进程进行认真的研究。只有在此基础上,才能确定在当代中国社会进行自由主义研究之方略。

对于中国自由主义思潮的历史分期问题,我国学术界对此是有分歧的。② 这主要是体现在如何看待中国自由主义思潮的发端问题。有的人认为应该从维新运动时期开始,而有的人则认为应该从"五四"新文化运动时期开始。但若是从自由主义开始传入中国时算起,则中国自由主义思潮的历史被分为以下若干阶段是没有分歧的。

第一阶段是维新运动时期。变革图强是当时中国人的共识。维新派在政治和文化领域内同时出击,介绍和引进了包括自由主义在内的西方近代思潮。在中国近代史上,严复是第一个从价值观念上对西方文化予以高度肯定,并对中国传统思想加以否定的人物。他认为西方文化在物质文明与精神文明上都远胜于中国。严复介绍和引进的主要是西方近代古典自由主义思想理论,就其思想的深度和广度来说,他堪称中国自由主义之父。③若从 1903 年严复译介密尔的《论自由》,并以《群己权界论》为书名出版时算起,则自由主义在中国已经有了上百年的历史。康有为的《大同书》表达了追求个人自由的理想。谭嗣同抨击旧传统的理论中也包括西方的自由主义学说。梁启超把自由视为天下之公理。可以说,自由主义作

---

① 谢泳:《逝去的年代——中国自由知识分子的命运》,文化艺术出版社 1999 年版,第 257 页。

② 俞祖华、赵慧峰:《近代中国自由主义思潮研究综述》,《烟台大学学报》2005 年第 1 期。

③ 胡伟希:《中国自由主义之父——严复》,《甘肃社会科学》1994 年第 2 期。

为一种价值观念被维新派思想家传播到中国，从而为中国自由主义的政治运动提供了可能性。

第二阶段是"五四"新文化运动时期。作为一个思想流派，自由主义兴起于"五四"运动时期，以胡适、张东荪、罗隆基等人为代表。"五四"精神之一就是用自由、民主反对封建专制与等级特权。因此，"五四"运动掀起了人本主义与个性解放的大潮，西方文艺复兴时期以来的自由主义学说得到了最广泛的传播。这是近代中国自由主义思潮传播与发展的重要时期。

第三阶段是 20 世纪 20 至 30 年代。[①] 中国自由主义在这一时期有两大重要事件：其一是 1928—1931 年，以胡适、罗隆基、梁实秋为代表的"新月社"成员，以《新月》杂志为阵地，发表了大量以自由主义理论为指导的政论文章。他们以当下中国倍受关注的政治问题为中心，深入地探讨了人权、民主与宪政等概念的理论内涵，以及中西政治制度的发展沿革和建设现代政治制度的技术手段等内容，抨击国民党的"训政体制"，发动了著名的"人权运动"。这些文章于 1930 年 1 月结集出版，名为《人权论集》。这是中国自由主义者第一部有关人权法治的论文集，系统地表达了中国自由主义者的人权法治理想；其二是 1933—1937 年，以胡适、丁文江、蒋廷黻为代表的《独立评论》杂志社成员之间所发生的关于"民主与独裁"的论战。这是近代中国自由主义思潮发生逆转和自由主义知识分子群体发生变异的一个显著标志。这次大论战爆发于 1933 年底发生的"福建事变"之后。在此之前，多数"独立评论派"成员的思想与"新月派"几乎相同，都是要求宪政民主人权，抨击国民党的专制腐败统治。但在福建事变之后，其成员分化为两派：丁文江、蒋廷黻等"新专制主义者"坚持"新式独裁"的主张，并主动进入国民党的政权体制内，拥护国民党的"党治"与"训政"，主张由国民党中央当局通过武力手段实现国内的统一；而胡适等"民治派"则继续坚持早期的民主宪政主张，

---

① 张连国：《中国自由主义迟到的人权宣言——1929—1931 年人权运动简评》，《南京社会科学》1999 年第 4 期；张连国：《主义与时势的两难——从民主与独裁的论战透视中国自由主义的困境》，《山东理工大学学报》2003 年第 1 期；董国强：《论 1910—1930 年代中国自由主义知识分子的发展流变——以〈新青年〉同人群体、"新月派"和"独立评论派"的结构分析为视角》，《民国档案》2003 年第 2 期。

但他们在这场争论的后期已表现出了种种妥协倾向。

第四阶段是 20 世纪 40 年代。[①] 这一阶段的自由主义思潮比二三十年代的中国自由主义思潮的影响更大，其范围遍及整个知识阶层，而且公开打出了自由主义的旗号。此时的自由主义者所争取的自由涉及言论、出版、教育、学术、政治、经济等各方面，其重点是言论出版方面的自由。在当时中国正处于国共两党生死大决战的特定情势下，自由主义者既批评国民党的独裁内战政策，又不赞成中共的新民主主义路线，主张走"第三条道路"。然而，1946 年政治协商会议决议的被撕毁、国共内战的全面爆发及 1947 年 10 月中国民主同盟的被迫解散，标志着中国自由主义"第三条道路"的彻底失败，证明了自由主义解决不了当时中国的问题。后来，以民盟为代表的民主党派通过与中国共产党的携手合作获得了新生。

第五阶段是 20 世纪 50 年代至今。[②] 新中国成立后，伴随着知识分子思想改造运动和意识形态领域的批判斗争，到 60—70 年代，自由主义在中国失去了市场和存在的空间。改革开放以来，各种社会思潮纷纷出现，自由主义思潮就是其中的热点之一。这一时期自由主义在中国的传播和影响大致经历了三个阶段[③]：一是从 20 世纪 70 年代末到 80 年代末，这是自由主义与社会主义意识形态和国家政权激烈对抗的时期，具有浓厚的激进主义色彩；二是从 80 年代末到 90 年代末，自由主义在总体上淡化了其激进色彩而转向保守的同时，把对现实的批判转化为以法制分权、经济自由为内容的制度设计，在某种程度上找到了与国家政权的契合点；三是 90 年代末以来，自由主义开始从理论上进行系统的阐述和宣传，这是真正意义上的现代中国自由主义的开始。

---

① 林建华：《自由主义与中国社会的异质疏远性——兼论 20 世纪 40 年代中国自由主义政治思潮》，《求是学刊》2004 年第 2 期。

② 关于中国自由主义在这一阶段情况的较为详细的阐述，参见梅荣政、张晓红《新自由主义思潮》，高等教育出版社 2004 年版，第 84—98 页。

③ 余科杰：《当代中国自由主义思潮的历史演变及其基本特征》，《毛泽东邓小平理论研究》2004 年第 11 期。

二　中国当代自由主义思潮兴起的原因

中国当代自由主义之所以能够在现在浮出水面，具体说来，主要有以下几方面的原因：第一，中国社会政治气氛的宽松。由于中国封建主义的长期性、新中国成立后国内外形势的复杂性与计划经济体制的长期实行，新中国成立几十年来，在我国的社会生活中存在着权力过分集中与家长制主义等现象。这种情况自然是不利于个人自由与人的个性的发展。改革开放以来，随着中国政府在社会主义建设模式上日益摆脱教条主义而走向成熟，中国的政治领域也日益走向开放，从而使中国社会生活趋向多元化。在这种情况下，自由知识分子自然就有了表达他们意愿的机会。第二，中国经济体制的改革，即从过去的计划经济体制转变为社会主义市场经济体制。过去，人们总是把计划经济与社会主义连在一起，而把市场经济当作资本主义的专利，这当然是有其众所周知的原因的。作为自由主义的一个重要组成部分，经济自由主义的核心内涵是对经济与财产权利的强调。它强调经济个人主义与自由企业制度，坚持个人应该有生产与消费的权利，有缔结契约关系的权利，有通过市场经济购买或售卖的权利，有支配自己的财产与劳动的权利。它的基石是私有财产、市场经济以及国家较少对经济的干预与控制。正是由于市场经济与经济自由主义之间具有如此密切的关系，所以，当中国开始实行社会主义市场经济体制时，中国的自由主义者感到机会来了。他们信心十足地说："我们正在转向市场经济。市场经济必须发展经济的自由主义，而经济的自由主义正是其他各种自由主义的基础。历史证明，凡是经济最自由的国家，其绩效总是最好的。……我们现在正处在全球化的时代。经济市场化已成为全球性的潮流，自由和自由主义也越来越成为一种全球性的价值。"[①]"在西方，自由主义是市场经济的伴生物；在中国，当市场经济成为必然的选择时，自由主义也就早晚要成为中国的一位'不速之客'。

既然通向市场经济的大门已经打开，通向自由主义的大门就再也关不上了。"①

第二节　当代中国自由主义的研究方略

在基本理清了中国自由主义思潮的发展历程之后，我们下一步需要做的事情，首先就是要进一步探寻中国自由主义思潮在中国遭到失败的原因，然后要明晰在当代中国如何给自由主义思潮予以恰当的定位，从而指明理想的和谐社会之真谛究竟何在。

一　中国自由主义思潮失败的原因

新中国成立后，自由主义思潮在改革开放之前的几十年内在中国大陆基本上销声匿迹了。对此，如果我们认为是作为占统治地位的马克思主义与自由主义是两种对立的社会思潮而导致的话，那么，在新中国成立之前，为什么自由主义思潮也没有能够确立它在中国的统治地位呢？其原因主要有以下几方面：

首先，自由主义的价值观念与中国传统文化价值观念相左。西方自由主义是一种基于价值理性意义之上的、以个人主义为基本特征的社会价值观念及与之相适应的社会政治思想。自由主义的基础与出发点是个人主义。它强调作为原子式的个人先于社会而存在，认为个人的独立与价值不是基于任何功利性的考虑，而在于它本身就具有终极性价值。因此，西方自由主义主张所有的政治手段首先要从对个人价值的态度来作出判断，社会中的个人自由本身就是终极价值，国家存在的根本目的就是保障个人的自由和权利。与此相反，中国的传统价值则高扬建立在血缘情感基础上的集体主义观念，坚决排斥以个人本位为价值取向的伦理原则。可以说，中国古代的氏族宗法血亲传统所具有的强固力量及其长期的延续，在很大程度上影响和决定了中国社会及其意识形态所具有的特征。比如，在中国传统的家族观念中，包含有强调家族中利益一致，提倡父慈子孝、敬老爱幼

---

① 刘军宁：《自由主义——九十年代的"不速之客"》，载《共和·民主·宪政》，生活·读书·新知三联书店1998年版，第3页。

与推己及人的道德伦理思想。传统儒家文化的一元论心态及思想模式也与提倡思想多元和思想宽容、价值多样化的自由主义思想之间格格不入，尤其是近代中国的救国诉求本质在于重群体，它超过了对于个体独立人格的追求。近代以来，西方列强给中国所带来的民族屈辱感造就了中国人民强烈的民族主义情绪，从而使得捍卫民族的生存和独立成为压倒一切的考虑，自由主义者也不例外。中国民盟主席张澜1945年8月3日在外国记者招待会上说过："我们同盟的立场，不但一向是以国家民族为立场，也将永远以国家民族为立场。"① 事实上，"近代中国的自由主义者一般都认为，自由主义在中国的最大效用是纠正家族、宗法社会下个性被泯灭的可悲现实，从振奋人心入手，进而振兴中国。在这里，个人的幸福是附属于国家民族的利益之内的次要价值"②。这就表明了中国自由主义者在自由民主和民族生存的两难中所做的立场选择。"这种现实困境的产生，与其说由于他们错误地选择了自由主义，不如说在于他们错误地选择了实现自由主义的时机。而更正确的说，是中国近代的客观情势根本没有为他们提供自由主义可以付诸实现的机会。"③ 可见，中国传统文化的特质与西方自由主义思想在价值取向上的巨大反差，导致了西方自由主义思潮在中国近代社会的生根遇到了困难。

其次，自由主义倡导渐进、改良的理念，一般不主张用暴力手段来解决社会问题。这是因为，在自由主义看来，个人具有充分的理智和自治能力，只要在多样化的现实世界中得到选择的自由，个人就能随意发展自己的个性、决定自己的命运、获得自己的利益。因此，它要求给予个人自行其是的权利，反对一切形式的干预和强制。与此相反，从中国的历史和文化传统来看，通过暴力手段来进行财产和权力的分配已成为一种常态。中国长达两千多年的封建王朝的更替从来都是由武力决定的。20世纪上半叶的中国历史同样是一部由实力来决定一切的历史。在这一时期，中国社

---

① 中国民主同盟中央文史资料委员会编：《中国民主同盟历史文献，1941—1949》，文史资料出版社1983年版，第53页。

② 何晓明：《近代中国自由主义——不结果实的精神之花》，载郑大华、邹小站主编《中国近代史上的自由主义》，社会科学文献出版社2008年版，第22页。

③ 胡伟希：《理性与乌托邦——二十世纪中国的自由主义思潮》，载许纪霖编《二十世纪中国思想史论》下卷，东方出版中心2000年版，第25页。

会主要有三种政治力量：国民党、共产党与自由主义。其中，由于自由主义的社会基础仅仅是数量极少的精英知识分子，而本应该成为他们坚实靠山的中产阶级，由于官僚资本相对于民间资本所处的压倒性地位而无法发展壮大。因此，中国自由主义的力量极其弱小，根本无力与国共两党相抗衡。这一点在抗战结束后中国面临前途与出路之选择的关键时刻就更是如此。此时的中国自由主义者主张走"第三条道路"。胡适居然给毛泽东写了这样一封信，希望"中共领袖诸公""痛下决心，放弃武力，准备为中国建立一个不靠武装的第二大政党。……万不可以小不忍而自致毁灭"①。1945 年秋，民盟一大提出了"拿苏联的经济民主来充实英美的政治民主"② 的"中间路线"方案。凡此种种，最终都被历史证明是行不通的。

一般说来，以社会改良为宗旨的自由主义，总要以法制健全、社会秩序正常化及社会的稳定为先决条件。但中国自晚清以来，伴随着自由主义思想的传入，整个社会面临着剧烈的社会转型动荡。由于中国自由主义者更多地关注工具层面的各种社会改革措施，而缺乏对自由主义学理上的深入探讨，对自由主义的一些基本原则体会不深。因此，一旦到了时局的紧要关头或者面临错综复杂的局面时，他们要么鼓吹"新式独裁"而成为新保守主义者，要么放弃理性立场，而倒向激进的民粹主义。美国学者格里德是这样来评论中国自由主义的悲剧的："自由主义在中国的失败并不是因为自由主义者本身没有抓住为他们提供了的机会，而是因为他们不能创造他们所需要的机会。自由主义之所以失败，是因为中国那时正处在混乱之中，而自由主义所需要的是秩序。自由主义的失败是因为，自由主义所假定应当存在的共同价值标准在中国却不存在，而自由主义又不能提供任何可以产生这类价值准则的手段。它的失败是因为中国人的生活是由武力来塑造的，而自由主义的要求是，人应靠理性来生活。简言之，自由主义之所以在中国失败，乃因为中国人的生活是淹没在暴力和革命之中的，

---

① 胡适：《致王世杰》（电稿），载欧阳哲生、耿云志编《胡适书信集》中册，北京大学出版社 1996 年版，第 1047—1048 页。

② 中国民主同盟中央文史资料委员会编：《中国民主同盟历史文献，1941—1949》，文史资料出版社 1983 年版，第 77 页。

而自由主义则不能为暴力与革命的重大问题提供什么答案。"① 在这样一种社会普遍失范的情势下，中国自由主义者所提出的"调和国共、兼亲苏美、政治民主、经济平等、学术自由"等社会改良计划与方案就自然无法实现了。

再次，经济自由是西方自由主义立足的根基，是一切自由的保障。与此相反，中国的自由主义者只是重视自由主义的政治与文化功能，而排斥其经济层面的私有制度和市场经济体制。因此，正是经济自由主义的缺席导致现代中国自由主义的思想根基相当脆弱。中国自由主义之所以在经济上普遍排斥私有财产权和市场机制，其原因是多方面的。具体说来，主要包括以下几方面：一是中国传统价值体系中道德至上倾向和对经济生活的陌生与鄙视、政治全能主义、大同思想等深刻地制约了中国自由主义的价值偏好；二是知识分子对社会转型的不适应和对扭曲的市场经济的抗议，产生了超越市场经济的道德幻想；三是同一时期世界性的左翼思潮及对统制经济的迷信，也影响了近代中国自由主义者的选择。② 比如，胡适在政治文化理念上是自由主义者，但在经济上却不是经济自由主义者。他从实用主义的哲学立场出发，主张"多研究问题，少谈点主义"，因而他就自觉地同各种打着"主义"旗号的思潮保持距离。这样，他一方面难以对当时的统制经济思潮提出有力的批判，另一方面也就搁置了经济自由主义。③ 事实上，"除清末梁启超在同革命派论战时曾论述过土地私有与自由之间的关系外，整个近代的知识界都表现了对自由经济的隔膜和排斥，中国的自由主义也全部发生于政治与文化领域，鼓吹者们没能够把握住经济、政治与文化三大自由之间的关联"④。这种局面一直到 20 世纪 50 年代才由大陆赴台的自由主义知识分子进行了根本的修正。当时，在台湾最有影响的自由主义刊物"《自由中国》作者群在现实经济上，都力主当局

① ［美］格里德：《胡适与中国的文艺复兴——中国革命中的自由主义（1917—1937）》，鲁奇译，江苏人民出版社 1996 年版，第 377—378 页。

② 陈樯、杨勇：《近代中国自由主义的思想偏差及其原因分析》，《南京社会科学》2003 年第 8 期。

③ 张连国：《20 世纪 30 年代中国统制经济思潮与自由主义者的反应》，《史学研究》2006 年第 2 期。

④ 陈樯、杨勇：《近代中国自由主义的思想偏差及其原因分析》，《南京社会科学》2003 年第 8 期。

实施充分私有化、干预最小化的政策，以落实经济自由，并通过经济自由
保障政治和思想文化上的'自由''人权'"①。

最后，中国自由主义远离大众，未能反映当时民众的呼声。中国自由
主义者最关心的往往是政治自由问题，而对社会底层尤其是农村和农民更
关注的社会公正和经济平等问题则熟视无睹。在西方，自由主义是与中产
阶级的产生而相伴生的一种思想。中产阶级最关心的是个人权利与私有财
产的保障，而中国的劳苦大众最关心的则是"饥饿问题"、"民主问题"
等。于是，一方面，由于中国中产阶级的弱小，使得中国自由主义缺乏赖
以存在的阶级基础；另一方面，中国自由主义者的政治主张也无法解决广
大人民所迫切要解决的问题，即民族独立和国家富强的问题。因此，"自
由主义在近代中国终究只能在部分知识分子中流行，却无法成为激励社会
各阶层，尤其是广大劳苦大众为争取自身解放的思想旗帜"②。因此，中
国自由主义者的失败就是不可避免的。

然而，与自由主义在中国不可避免的失败命运形成了鲜明对比的，则
是中国共产党所领导的新民主主义革命的成功。后者之所以能够成功，从
根本上来说恰恰就是因为它采取了与前者的失败原因相反的观念、主张和
行动，即中国共产党在政治、经济、文化等领域所采取的措施能够顺应当
时的时代发展潮流，它能够成为广大人民群众利益的代表者。鉴于本书的
主旨不在于此以及关于此论的著作汗牛充栋，所以，就不进一步赘述了。

二　和谐社会的真谛

20 世纪 40 年代末，自由主义在中国失败了；然而，马克思主义却成
功了。20 世纪 70 年代末以来，中国大陆自由主义思潮频频发出声音，直
至 90 年代末正式出场。这就给我们提出了一个非常现实的问题：一个和
谐的社会究竟如何可能？

首先，我们需要明辨马克思主义与自由主义之间的关键分歧点，
即自由观。马克思主义从来不反对自由主义对人类自由本性的肯定，

---

① 何卓恩：《大陆赴台自由知识分子 1950 年代对平等观的调整》，载《中国近代史上的自
由主义》，社会科学文献出版社 2008 年版，第 336 页。

② 许纪霖编：《二十世纪中国思想史论》下卷，东方出版中心 2000 年版，第 1 页。

主张实现人的自由而全面的发展。但这两种自由观之间存在着根本的区别。

其一，自由主义最核心的原则就是自由。因此，人们就把自由主义称为一种关于自由的学说。在这种学说看来，自由在人类所有价值中处于绝对的、至高无上的地位，只要阻碍了个体当下的自由，就是错误的。由于自由主义把理性视为人的本质，把人的自由与人的本性联系起来考虑，加之其理论基础和出发点是个人主义，所以，它的基本社会观点就是以抽象的具有永恒本性的"个人"作为立足点。因为理性的人是自由的，完全可以凭自己的意志来选择一切，任何他人以及所谓的客观规律、必然性与任何形式的决定论观点，都不能也无权来干涉个人自我所做出的任何选择行为。因此，自由主义坚决反对形形色色的决定论，高扬人的自主选择的自由权利。但是，这种人本主义的自由观所强调的"个人"，既不存在于人类的社会关系中，也不存在于人类历史的发展进程中，而是一种纯粹抽象的"个人"。于是，只要不存在自由主义所恐惧的各种外界障碍，则"人"的自由及其能力就是始终如一的。正是由于自由主义思想家与马克思以前的所有思想家一样，都是离开具体的社会历史条件和社会物质关系来谈论人性、人的本质，用抽象的人性与人的本质来解释历史，并把它们当作推动社会历史发展的动力，所以，自由主义所主张的这种"个人自由"就只能是一种抽象的、绝对的自由。

与此相反，马克思主义所主张的人的自由，是一种强调历史性与社会性的自由。马克思曾经精辟地说道："只有在现实的世界中并使用现实的手段才能实现真正的解放；没有蒸汽机和珍妮走锭精纺机就不能消灭奴隶制；没有改良的农业就不能消灭农奴制；当人们还不能使自己的吃喝住穿在质和量方面得到充分供应的时候，人民就根本不能获得解放。'解放'是一种历史活动，而不是思想活动，'解放'是由历史的关系，是由工业状况、商业状况、农业状况、交往关系的状况促成的。"① 因此，自由"必然是历史发展的产物"②。可见，马克思不是以抽象的人性和人的本质来解释人的自由问题和人类历史，而是从现实的人出发，来研究人性、人

---

① 《马克思恩格斯全集》第 42 卷，人民出版社 1979 年版，第 368 页。

② 《马克思恩格斯选集》第 3 卷，人民出版社 1995 年版，第 456 页。

的本质，认为必须以现实的人及其历史发展的科学来代替对抽象人的崇拜，现实的人是在一定的历史条件和社会关系中从事活动的人，是以他们从事的实际活动和物质生活条件为基础的人。这也就是说，马克思是以具体的社会物质关系和生活条件来解释人的自由问题以及人类历史和社会发展的历史动力问题的。马克思主义认为，生产总是指社会个人的生产，因而人是社会的动物，并且只有在社会中才能成为独立的动物。人既然是社会动物，则"人的本质不是单个人所固有的抽象物，在其现实性上，它是一切社会关系的总和"①。因此，不能离开人的社会关系来抽象地谈论人性，也不能离开人所生活的社会条件而寻找人类的共同性。

其二，由于马克思主义与自由主义对于人性与人的本质具有如此迥异的理解，这就导致了它们之间在个人与社会关系问题上产生了分歧。当自由主义谈论自由的时候，它所指向的始终都是个人自由；而对于社会自由问题，他们则予以否定和排斥。这样一来，我们就能够得出这样一个结论：由于自由主义把个人与社会的分野完全抹杀，以个人取代了社会与集体，随之而来的必然就是它与马克思主义之间在个人自由与社会自由问题上的歧见。正如本书前面所指出的那样，伯林对待消极自由与积极自由的态度，表明了他是要以个人自由来否认和取代社会自由。然而，共和主义自由观关于个人自由与共同善相互关联理念的存在，则使我们进一步清楚地看到，自由主义所宣扬的个人主义自由观并非一以贯之的历史常态，而是历史发展到资本主义时代的产物，从而说明了自由主义自由观的理所当然并非不证自明。

马克思关于人的自由全面发展的"三形态说"清楚地揭示了个人自由与社会自由、个人发展与社会发展之间的关系。如果说"五形态说"的理论着眼点是人们的财产所有制关系，从而能够最好地说明为什么社会主义必然要取代资本主义的问题，那么，"三形态说"则是着眼于人们能力的发展以及人对环境控制和个性发展的自由度，从而能够有力地说明为什么任何国家都不可超越商品经济这一历史阶段。

马克思是这样来阐述其"三形态说"的："人的依赖关系（起初完全是自然发生的），是最初的社会形态，在这种形态下，人的生产能力只是

---

① 《马克思恩格斯选集》第 1 卷，人民出版社 1995 年版，第 56 页。

在狭窄的范围内和孤立的地点上发展着。以物的依赖性为基础的人的独立性，是第二大形态，在这种形态下，才形成普遍的社会物质变换，全面的关系，多方面的需求以及全面的能力的体系。建立在个人全面发展和他们共同的社会生产能力成为他们的社会财富这一基础上的自由个性，是第三个阶段。"① 其中，第一阶段是人的依赖性占主导地位的阶段。该阶段对应于"五形态说"中的前资本主义社会的一切社会形态，即原始社会、奴隶社会与封建社会。由于社会生产力不发达，此阶段的经济形式主要表现为自然经济，所以分配成为主要流通形式。这一时期，人们通过劳动不断地征服和改造自然，获得了相对于动物的自由。与此同时，人与人之间的联系只是以自然血缘关系和统治服从关系为基础的地方性联系，人们普遍地依附于家庭、氏族、公社、城邦和国家等血缘共同体和地域共同体，从而使"无论个人还是社会，都不能想象会有自由而充分的发展，因为这样的发展是同［个人和社会之间的］原始关系相矛盾的"②。第二阶段是人对人的依附关系解除，而以物的依赖性为基础的人的独立性阶段。这一阶段以资本主义社会为典型代表。此时商品经济占主导地位，私人交换成为主要流通形式。人对人依附关系的解除标志着人类在争取自由的历程上又前进了一步，但却进入了另一种不自由，即人对物的依赖。"物的依赖关系无非是与外表上独立的个人相对立的独立的社会关系，也就是与这些个人本身相对立而独立化的、他们互相间的生产关系。"③ 这种物的依赖关系实质为人的依赖关系的普遍化，它使人的社会关系和能力分别转化为物的社会关系和能力。它具有双重作用，"在产生出个人同自己和同别人的普遍异化的同时，也产生出个人关系和个人能力的普遍性和全面性"④。这样一来，就为人的进一步发展创造了必要的主客观条件。第三阶段是人对物的依附关系解除，而以人的个性的内在联系为基础的人的自由个性阶段。该阶段对应于"五形态说"中的共产主义社会。该社会是"一个更高级的、以每个人的全面而自由的发展为基本原则的社会形

① 《马克思恩格斯全集》第46卷上册，人民出版社1979年版，第104页。

② 同上书，第485页。

③ 同上书，第111页。

④ 同上书，第109页。

式"①，即人的个性与能力的自由发展成为了目的本身。此时，人们已经把社会关系置于自己的控制之下，人们将在自觉、丰富、全面的社会关系中实现自由而全面的发展，从而成为具有自由个性的人。

其三，马克思犀利地分析和批判了资产阶级的自由观，阐述了马克思主义的自由观。马克思认为，资本主义制度在消除了封建特权后，又建立起了资本对自由的特权，从而使得资产阶级所宣扬的普遍绝对的自由与现实中广大人民的相对自由形成了鲜明的对照。马克思认为，资产阶级对于自由的理解，充其量只能像法国的《人权和公民权宣言》那样，把它理解为从事一切对别人没有害处的活动的权利，并把它界定在法律所允许的范围内，即所谓"每个人所能进行的对别人没有害处的活动的界限是由法律规定的，正像地界是由界标确定的一样"②。这意味着一个人的行为，只要无害于他人和社会，或者说，只要不触犯法律，他人和社会就不能干预。这样，个人与个人之间、个人与社会之间就可以各行其是，互不侵犯。但是，所谓"不损害他人"以及保障个人独立性要求的规定，实际上等于为个人自由设定了一个严格的防范界限，他人的利益和权利正由于是个人所不能损害的东西而成为对个人自由的限制。于是，马克思指出："这种自由使每个人不是把别人看作自己自由的实现，而是看作自己自由的限制。"他又说："自由这项人权并不是建立在人与人结合起来的基础上，而是建立在人与人分离的基础上。这项权利就是分离的权利，是狭隘的、封闭在自身的个人的权利。"③

马克思还分别从"财产"、"平等"和"安全"等权利方面，进一步揭示了资产阶级自由观的实质。马克思指出，所谓"财产权"是指每个公民可以"'任意使用和处理自己的财产、自己的收入即自己的劳动和经营的果实'的人权"，是一种强调人具有"任意地、和别人无关地、不受社会束缚地使用和处理自己财产的权利"④。这种权利的实质是肯定个人对其财产的独立支配权，从而就否定了他人和社会对这种财产权的侵犯，因而也就包含着对这种侵犯的防范。所谓"平等"和"安全"，马克思认

---

① 《马克思恩格斯全集》第 23 卷，人民出版社 1972 年版，第 649 页。
② 《马克思恩格斯全集》第 1 卷，人民出版社 1956 年版，第 438 页。
③ 同上。
④ 同上。

为，"从非政治的意义上看来，平等无非是上述自由的平等，即每个人都同样被看作孤独的单子"①；"安全"是个人对于国家的一种要求，是国家作为公共事务管理者对于个人的一种承诺，其内容是国家"保证它的每个成员的人身、权利和财产不受侵犯"②，因此，安全的概念本身就是一个防范性的概念。基于上述对自由、财产、平等和安全等人权的这种理解，马克思的结论是："任何一种所谓人权都没有超出利己主义的人，没有超出作为市民社会的成员的人，即作为封闭于自身、私人利益、私人任性、同时脱离社会整体的个人的人。在这些权利中，人绝不是类存在物，相反地，类生活本身即社会却是个人的外部局限，却是他们原有的独立性的限制。"③

资产阶级之所以在理论上宣布每个人都被赋予了不可剥夺的平等人权，而在实际上这种权利却很少真正被社会成员所平等地拥有，其根本原因就在于资产阶级所宣扬的自由观是建立在对人性和人的本质抽象化理解以及把私有制神圣化、永恒化的基础之上的。马克思认为，人不是抽象的人，在阶级社会里，人都是作为一定阶级的人，生活在一定的经济和社会条件之中，从而就要受到人与人之间的社会关系的制约。他说："个人力量（关系）由于分工转化为物的力量这一现象，不能靠从头脑里抛开关于这一现象的一般观念的办法来消灭，而只能靠个人重新驾驭这些物的力量并消灭分工的办法来消灭。没有集体，这是不可能实现的。只有在集体中，个人才能获得全面发展其才能的手段，也就是说，只有在集体中才可能有个人自由。在过去的种种冒充的集体中，如在国家等等中，个人自由只是对那些在统治阶级范围内发展的个人来说是存在的，他们之所以有个人自由，只是因为他们是这一阶级的个人。从前，各个个人所结成的那种虚构的集体，总是作为某种独立的东西而使自己与各个个人对立起来；由于这种集体是一个阶级反对另一个阶级的联合，因此对于被支配的阶级来说，它不仅是完全虚幻的集体，而且是新的桎梏。在真实的集体的条件下，各个个人在自己的联合中并通过这种联合获得自由。"④ 这就是说，

---

① 《马克思恩格斯全集》第 1 卷，人民出版社 1956 年版，第 439 页。
② 同上。
③ 同上。
④ 《马克思恩格斯全集》第 3 卷，人民出版社 1960 年版，第 84 页。

普遍抽象的个人自由是无法实现的，个人自由只有在真实的集体中才能实现。这个真实的集体是容纳了个人利益的集体，而不是彼此利益相抵触的虚假集体。

其次，在一元论与多元论的关系问题上，传统观点认为，自由主义从其核心原则即个人自由出发，主张多元论，反对一元论；马克思主义从历史决定论出发，主张一元论，反对多元论。这种观点在一定意义上看到了自由主义与马克思主义的显性特征，但并不全面。事实上，无论是自由主义还是马克思主义，它们都是坚持一元论与多元论的统一，都是主张以一元化的意识形态来统帅多元化的社会思潮。

自由主义者反对灌输理论，认为任何社会目标与思想教育形式的存在都是对人性的践踏与"洗脑"行为。然而，资本主义社会是否真的就不存在思想教育行为，而是任由人们绝对自由地选择自己的信仰呢？答案当然是否定的。灌输教育本身是一种客观存在的社会历史现象。在阶级社会，统治阶级是社会上占统治地位的物质力量与精神力量。为了维护和加强自己的统治，他们都十分重视对意识形态领域的占领，必然要以其意识形态对广大民众进行思想教育。具体来说，就是要把某些与其阶级统治相适应的政治准则和道德意识灌输给社会成员，使其转化成为全社会所普遍接受的居于统治地位的上层建筑。正如美国资产阶级学者所指出的那样："任何社会，为了能存在下去，……必须紧密地围绕保持其制度完整这个中心，成功地把思想方式灌输进每个社会成员的脑子里。"① 在这一点上，任何社会制度下的统治阶级莫不如此。社会主义国家如此，资本主义国家同样如此。

新加坡政府把思想政治教育作为国家教育的三大基础之一（另外两个基础是能力教育和双语教育），使之具有战略地位。20 世纪 90 年代，英国教育部颁发了《道德教育大纲》，要求学校向学生传授道德价值观。其他国家如韩国、德国等也都把思想政治教育列在了十分重要的地位。②

美国从争取独立到现在成为世界头号资本主义强国，资产阶级一直都在抓政治教育，其导向明确，旗帜鲜明，措施得力。美国的思想政治教育

---

① ［美］安东尼·奥罗姆：《政治社会学——主体政治的社会剖析》，张华青、孙嘉明等译，上海人民出版社 1989 年版，第 317 页。

② 李望舒：《当代国外思想政治教育之比较及对我国的启示》，《思想政治课教学》2004 年第 6 期。

从一开始就具有强烈的阶级性和政治功能。美国的政治教育和价值观教育有两个主旋律：一是把美国的宪法和《独立宣言》作为最高经典进行传播和灌输；二是宣扬美国的三权分立政治制度和民主、自由、平等、博爱的价值观念。具体说来，其核心内容包括：资本主义及其优越性的教育、反共产主义教育、公民权利和义务的教育、国民精神的教育。美国政府对待政治教育、道德教育及宗教教育的政策是不同的。总的说来，对后二者的政策比较宽松，但在政治教育方面却采取了许多"硬性"的行政措施。比如对学校教学计划中政治科目的规定，比如对教师、校长和督学按一定的政治道德要求进行严格的筛选，等等。可以说，美国在政治教育方面的虚伪性要比它在道德教育方面的虚伪性少得多。① 因此，拜伦、马西亚拉斯等教育家承认："在美国虽然要求教师们以学者式态度和客观精神去对待象共产主义这样有争论的问题，但是，即使是在具有民主传统和声称西方民主之冠的国家，也必然要进行政治灌输和禁止异说。这是很实际的问题。"②

可见，灌输教育作为一种实践活动是客观存在的，它并不是社会主义国家所独有的，它遍布古今中外各种历史形态和社会发展的各个阶段，它不受阶级更换的影响，也不因时代的变化而消失。③ 因此，我们不难得出这样一个结论：在意识形态方面，自由主义与马克思主义都坚持一元论的

---

① 陈立思：《关于美国思想政治教育的几个问题》，《中国青年政治学院学报》1997年第1期。

② ［美］卡扎米亚斯、马西亚拉斯：《教育的传统与变革》，福建师范大学教育系等译，文化教育出版社1981年版，第195页。

③ 关于国外（尤其是美国）思想政治教育方面的情况，还可以参阅以下资料：郭春环：《美国思想教育的特点及其实质》，《教学与研究》1996年第2期；陈立思：《当代世界各地思想政治教育的组织管理》，《中国青年政治学院学报》1999年第1期；谢丹：《美国·日本·中国香港·中国思想政治教育比较》，《中学政治教学参考》2000年第1期；陈立思：《当代世界思想政治教育的理论研究述评》，《教学与研究》2000年第11期；鲁凤、孙秀霞：《灌输理论及其现实问题研究》，《学术交流》2003年第1期；肖浩：《当代国外思想政治教育的特点及对我们的启示》，《探索》2003年第4期；薛晓燕、王学义：《管窥美国"思想政治教育"》，《新疆社科论坛》2004年第4期；郭耀红、张磊：《当代国外思想政治教育的发展及启示》，《前进》2005年第4期；吴锦旗：《美国思想政治教育解析》，《思想理论教育》2006年第1期；岑仰匡：《美国的思想政治教育》，《江西行政学院学报》2006年第2期；吴锦旗等：《论美国思想政治教育的整体形态》，《理论探讨》2006年第6期；袁建生、江晓萍：《中美思想政治教育比较》，《前沿》2007年第6期；朱前星等：《国外与新中国思想政治教育课的历史考察》，《中国科教创新导刊》2007年第13期；余惠琼、游敏惠：《美国高校学生思想政治教育或道德教育研究综述》，《黑龙江高教研究》2008年第3期。

主张，即都是在毫不含糊地宣扬自己的社会制度的优越性，并采取各种得力措施予以确保。在此一元论基础之上，一方面，自由主义多元论主张社会生活的多样化是提高创造力的一个重要因素，认为一个合理的社会应该容忍各种生活方式以及不同的宗教和道德价值观的存在；另一方面，随着改革开放与世界经济全球化进程的不断深入，中国在政治经济体制、社会结构和人们的生产生活方式上都发生了巨大的变革，从而使中国社会走进了价值多元的时代。这就是说，资本主义国家绝非像其所标榜的那样，是绝对自由与民主的国家，它亦有其占主导地位的意识形态的统治。只有以此为前提，自由主义的多元论才能有其市场；而社会主义中国也绝非单一主流意识形态统治下的社会，随着时代的发展与执政党治国理念的不断进步和完善，中国也进入了多元选择的时期。但这种"多元"不是指中国自由主义者所主张的那种"政治多元化"或"意识形态多元化"。正如布热津斯基在其所写的《大失败——二十世纪共产主义的兴亡》一书中所指出的那样，"政治多元化"的真正意图就是使持不同政见者逐渐成为真正的政治反对派。当时机成熟时，这些人就会要求进行和平移交权力的谈判，要求建立一个多元化的独立的民主社会。"政治多元化"理论的实施就是多党制，其要害与实质是否定和取消共产党的领导，而这就等于是否定了社会主义。这一点正是资本主义国家不遗余力地支持社会主义国家内的所谓"民主派"政治诉求的根本原因之所在。可见，西方资产阶级的"政治多元化"理论极其虚伪。①

再次，和谐社会的建立，要求我们在坚持马克思主义基本原则的同时，也要注意积极吸收包括自由主义在内的诸多人类优秀文化成果中有利于人类进步的价值观。我们认为，自由主义的某些重要主张对于今天正在建设的和谐社会来说，具有一定的参考价值。

其一，自由主义的核心原则是个人自由与个人主义，它体现了自由主义对个人的权利、利益和价值的重视。这一主张正是我国传统政治文化中所缺乏的。这并不是说我国传统文化不重视人。在中国传统社会中，作为

---

① 关于对中国自由主义者宣扬"政治多元化"或"意识形态多元化"观点的具体而详尽的分析，参见梅荣政、张晓红《新自由主义思潮》，高等教育出版社 2004 年版，第 158—161、186—196 页。

主流的意识形态，儒家学说从政治学的角度所主张的个人利益和集体利益的一致性，最终落实在个体道德意识观念的提高上，亦即落实到了仁的内在自觉上。因此，中国传统在道德意识观念的层面表现出的是一种群体本位取向，其伦理思想是围绕人类整体和人的社会价值展开的。这是因为，儒家学说所重视的是义理之人、人伦关系之人、"类"之人。因此，它轻视人的个体存在，重视的是人的集体价值及其意义，个体之人成为依附型、利他型、义务承担型的道德主体。同样，在传统的计划经济体制下，人们受以社会、集体为本位（群体本位）的价值观教育，呈现出服从集体和国家需要的特征，强调对他人、对集体和对社会的责任，而忽视个人利益，集体利益即是个人利益。于是，在向社会主义市场经济和现代社会转型的过程中，塑造出适应社会现实需要的新的自主性人格是我们的当务之急。这种自主性人格应该既具有个体独立意识和自觉能动意识，又具有为集体、社会、国家与民族积极奉献的团体意识。

其二，自由主义民主主张在国家政权问题上实行宪政。民主与自由是处理国家与社会、个人之间关系的两种不同的政治技术。在日常生活中，人们之所以总是把自由和民主混为一谈，是因为现代民主是建立在自由基础之上的，它在一定程度上包含着个人自由，但民主和自由之间的张力并没有因为现代民主包含着自由而消除。按照自由主义民主观的说法，如果对民主选举出来的政府不加限制的话，专制同样有可能发生，个人自由同样会遭到侵害。因此，民主并不能独自保护自由。现代自由要依赖宪政来予以保障。"宪政是以宪法为前提、以民主政治为核心、以法治为基石、以保障人权为根本目的的政治形态或政治过程，是一种旨在实现民主、法治、公平的法治国家模式。"① 可见，宪政的本意就是强调在政治生活中遵从宪法的基本精神，其核心含义是用宪法来制约绝对权力，以保障个人自由的制度。宪政提出了法律的等级观，即法上有法，即使民选政府也不得违背保障个人自由的宪法。这就是说，任何权力都不应当是专断的，一切权力都应当为更高级的法律所限制，这就对纯粹的民主原则构成了某种限制和约束。因此，民主必须是宪政的。自由主义的宪政民主观对我国的民主政治实践具有极其重要的参考价值。由于宪政的核心是尊重宪法、依

---

① 何士青：《宪政基础研究》，华中科技大学出版社 2009 年版，第 2 页。

法治国，强调对国家权力和政府职能进行合理地限制和规范，所以，利用之有利于我国的政治生活由传统的人治转向法治，也有利于人们在较自由的环境下更好地发展与充实自我。对此，我们党是坚定不移的，我国的法制建设也是努力朝此方向发展的。

　　然而，在这里，有一个问题需要引起我们的警觉，即我国目前社会上出现的宪政潮背后所隐藏的政治动机。在主张宪政的人看来，宪政只属于资本主义，而与社会主义无法兼容。因此，他们的宪政主张是直接挑战中国共产党的领导地位和中国社会主义的发展方向，是对中国几十年革命历史和社会主义建设历史的根本否定。换句话说，其观点的实质就是要求在当代中国照搬西方的政治制度，这是确定无疑的事实。综观世界历史，我们可以看到，宪政是历史的产物，其本身并不具有普世的模式。既然宪政的实质就是依法治国，那么，对于当代中国来说，所谓的坚持宪政首先就是要承认中国共产党作为执政党的执政地位和社会主义事业的领导核心，以及承认我国的社会主义制度，因为这是我国宪法早已明确宣示的内容。在此基础上，我们党和政府需要不断地加强国家的政治文明建设，坚定不移地走依法治国之路。

　　其三，自由主义人权观是西方资产阶级对中世纪神权专断和封建专制的反叛和否定，是对人的价值独立和行为自由的张扬。因此，人权是作为宗教神权和封建特权的直接对立面而产生的。由于天然地把反特权与反专制作为自己的理论根基，所以，古典自由主义人权的自由平等理念就自觉地充当了资本主义生产方式的思想先导。从我国的历史和现状来看，专制主义、等级思想、特权思想、官本位思想等始终存在。当前腐败问题突出就与此有着密切的关系。从这个意义上来说，在我国社会主义市场经济建设和政治体制改革过程中，非常有必要借鉴自由主义反特权的思想，以培育人们的民主意识、民权意识等，只有这样才有可能建立起一个自由平等的社会主义的和谐社会。

　　最后，社会主义和谐社会的基本价值取向是自由与公正。和谐社会历来是人类所追求的理想社会状态。从人的全面发展这一角度来看，所谓和谐社会就表现为人与自然、人与社会、人与人、人与自身之间的和谐。构建和谐社会的主体是人，只有人的全面发展，才能表征和谐社会的基本特征。同时，也只有在和谐社会中，人才能实现全面发展。因此，和谐社会的核心价值观就是要以人为本。为了实现和谐社会以人为本的思想，就必须建立起一个自由而公正的社会。这是因为自由与公正是社会主义和谐社会的应有之义，自由和公正是社会正义的两个基本含义。

何为自由？何为公正？在这些问题上，如果我们不能突破自由主义的狭隘视野，就不能树立起相应的科学社会主义观念。对于自由主义来说，自由是指个人的自由，是一种优胜劣汰的自由、自由至上的自由。这种自由是少数人的自由，它不以所有人的自由为目标。在资本主义的生产关系范围内，所谓自由就是自由贸易、自由买卖。自由主义赋予"自由"以绝对而至上的地位，实际上就是把"自由"价值当作了唯一价值，从而在事实上排除了其他价值的存在。对于马克思主义来说，自由要提倡，但绝非自由至上主义，个人自由与社会自由不可分。自由并不是人类所追求的唯一价值，除此之外，人类尚有对公正等价值的需求。自由原则是公正原则的前提和必要条件，也是实现社会公正的保障。社会公正意味着机会公平、规则公平以及一定程度上的结果公平。当社会成员普遍相信社会的基本结构，主要的政治、法律制度能够满足为公众普遍接受的"社会公正"理念的要求，当社会成员能够理解并在行动上遵从和应用公众所承认的社会公正理念和原则，这个社会就是一个和谐社会。反之，丧失了社会公正的社会，就必然是一个不和谐的社会。

马克思主义经典作家对不公正的资本主义社会的批判是众所周知的。那么，今天的资本主义社会又有着怎样的现实呢？美国作为资本主义世界的头号强国，一向以自由、民主、人权的典范自居。然而，始自 2011 年 9 月 17 日的"占领华尔街"运动揭开了其真面目：这是一场"99% 反对 1%"的运动。成千上万的美国人走上街头，呼喊着"我们代表 99%"、"华尔街需为一切危机负责"、"将金钱踢出选举"、"要工作，不要战争"、"现在就革命"、"重塑美国"等口号。示威者将不满的怒火喷向深陷贫富悬殊、金权交易、党派恶斗、战争泥淖的美国政治经济制度和社会体系。他们坦言，"组织这些抗议活动就是要告诉民众，美国目前的体制已经行不通了"；而活动的发起者则将其与"中东北非革命"相提并论，并明确表示："跟我们在埃及、希腊、西班牙和冰岛的兄弟姐妹一样，我们计划使用群众占领这一革命战术，恢复美国的民主。"可见，参加这场游行抗议运动的社会组织和民众的政治诉求是十分明确的，那就是要反对美国政治的权钱交易、两党政争以及社会的不公正，要求改变美国不公平不合理的政治经济制度，美国人民已无法忍受长期被资本操控的命运。①从 2008 年全球金融危机爆发至今已经过去了几年，西方各国经济不仅复苏乏力，而且深陷困境，目前根本找不到解决问题、走出困境的办法和出路。这一切都说明西方资本主义世界并非天堂。

马克思和恩格斯所创立的科学社会主义，从根本上说就是人类最终实现和谐社会的科学理论体系。他们关于"自由人联合体"和"人的全面自由发展"的表述，是他们关于未来和谐的理想社会的核心思想，是和谐社会的最高境界。这一美好愿景正是社会主义中国的奋斗目标。但是，作为一个发展中国家，要想实现这一目标，中国毫无疑问将面临许多困难。这一方面需要我们在思想上做好艰苦奋斗的准备，另一方面也需要我们在实践上能够脚踏实地，不急于求成。正如罗马不是一夜建成的一样，由于我们现在仍然处于社会主义初级阶段，所以理想和谐社会的建设要分阶段、分步骤地有序进行，国家各项政策的推出和实施也需要依据不同时期面临的不同情境来进行。因此，我们在评价相关理论和政策优劣时，不能简单地以各时代人们自身的主观感受来评价，尽管这在一定程度上也是必要的和必须的。我们要以唯物史观为指导，以辩证的、发展的和历史的眼光来看待一切。只要是利于长远的理想和谐社会的实现，哪怕是在当代社会具有一定的负面效应，我们也不能简单地予以棒杀。

因此，在改造社会的现实活动中，只要我们能够以人的自由而全面的发展为出发点，始终坚持以人为本，一切着眼于人们现实的需要，来处理人与社会、自然之间的关系，使人们的物质生活水平不断提高，政治民主不断进步，文化生活更加丰富多彩，思想道德水平和科技文化素质不断提高，则社会主义和谐社会的到来也就水到渠成了。

---

① 甄言、晓刚：《美国媒体为何对"占领华尔街"失声失焦》，《北京日报》2011 年 10 月 11 日第 3 版。

参考文献

一 伯林的主要著作

《自由四论》，陈晓林译，台湾联经出版事业公司1988年版。

《俄国思想家》，彭淮栋译，台湾联经出版事业公司1987年版；译林出版社2001年版。

《卡尔·马克思：他的生平与环境》，又名《马克思传》，赵干城、鲍世奋译，台湾时报文化出版企业有限公司1990年版。

《启蒙的时代：十八世纪哲学家》，孙尚扬、杨深译，光明日报出版社1989年版。

《反潮流：观念史论文集》，冯克利译，译林出版社2002年版。

《自由论》，胡传胜译，译林出版社2003年版。

《现实感：观念及其历史研究》，潘荣荣、林茂译，译林出版社2004年版。

《自由及其背叛》，赵国新译，译林出版社2005年版。

《扭曲的人性之材》，岳秀坤译，译林出版社2009年版。

《浪漫主义的根源》，吕梁、洪丽娟、孙易译，译林出版社2011年版。

《哲学引论：与艾赛亚·伯林的对话》，载布莱恩·麦基编《思想家：当代哲学的创造者们》，周穗明、翁寒松译，生活·读书·新知三联书店1987年版。

Concepts and Categories: *Philosophical Essays*, Henry Hardy, ed., Oxford: University of Oxford, 1980. 其中，《政治理论还存在吗?》一文的中译文见詹姆斯·A. 古尔德和文森特·V. 瑟斯比编《现代政治思想：关于领域、价值和趋向的问题》，杨淮生等译，商务印书馆1985年版。

Isaiah Berlin and Ramin Jahanbegloo, *Conversations with Isaiah Berlin*, New York: Charles Scribner's Sons, 1991。此书有两个中译本：《以撒·伯林对话录：思想的瀚海》，杨孝明译，台北正中书局 1994 年版；《伯林谈话录》，杨祯钦译，译林出版社 2002 年版。

Personal Impressions, Henry Hardy, ed., London: The Hogarth Press, 1980.

Vico and Herder: Two Studies in the History of Ideas, New York: The Viking Press, 1976.

The Magus of the North: J. G. Harmann and the Origins of Modern Irrationalism, Henry Hardy, ed., London: Fontana Press, 1994.

The Power of Ideas, Henry Hardy, ed., Princeton: Princeton University Press, 2000.

The Proper Study of Mankind, Henry Hardy & Roger Hausheere, eds., London: Chatto & Windus, 1997.

Three Critics of the Enlightenment: Vico, Hamann, Herder, Henry Hardy, ed., Princeton: Princeton University Press, 2000.

二　关于伯林的研究著作

甘阳：《自由的敌人：真善美的统一》，《读书》1988 年第 6 期。

陈少明：《作为狐狸的刺猬：伯林思想性格的启示》，《南方周末》1997 年 11 月 28 日第 16 版。

郝立新：《伊赛尔·伯林与当代西方政治哲学》，《哲学动态》1998 年第 1 期。

钱永祥：《"我总是活在表层上"》，《读书》1999 年第 4 期。

吴玉章：《论自由主义权利观》，中国人民公安大学出版社 1997 年版。

约翰·格雷：《伯林》，马俊峰等译，昆仑出版社 1999 年版。

俞吾金：《自由概念两题议》，《开放时代》2000 年第 7 期。

马德普：《价值多元论与普遍主义的困境：伯林的自由思想对自由主义政治哲学的挑战》，《天津师范大学学报》2001 年第 6 期。

应奇：《两种自由的分与合：一个观念史的考察》，《哲学研究》1999

年第 11 期。

应奇:《论第三种自由概念》,《哲学研究》2004 年第 5 期。

董新春:《价值多元化过程中的自由主义嬗变:现代自由主义与传统自由主义的差异探析》,《内蒙古社会科学》2006 年第 6 期。

萨尔沃·马斯泰罗内:《当代欧洲政治思想,1945—1989》,黄华光译,社会科学文献出版社 1998 年版。

石元康:《当代西方自由主义理论》,上海生活·读书·新知三联书店 2000 年版。

达巍等编:《消极自由有什么错》,文化艺术出版社 2001 年版。

米切尔·伊格纳季耶夫:《伯林传》,罗妍莉译,译林出版社 2001 年版。

迈克尔·H. 莱斯诺夫:《二十世纪的政治哲学家》,冯克利译,商务印书馆 2001 年版。

胡传胜:《自由的幻像——伯林思想研究》,南京大学出版社 2001 年版。

昆廷·斯金纳:《自由主义之前的自由》,李宏图译,上海生活·读书·新知三联书店 2003 年版。

威廉·A. 盖尔斯敦:《自由多元主义》,佟德志、庞金友译,江苏人民出版社 2005 年版。

凯瑞·帕罗内:《昆廷·斯金纳思想研究:历史·政治·修辞》,李宏图、胡传胜译,华东师范大学出版社 2005 年版。

应奇、刘训练编:《第三种自由》,东方出版社 2006 年版。

应奇、刘训练编:《公民共和主义》,东方出版社 2006 年版。

菲利普·佩迪特:《共和主义:一种关于自由与政府的理论》,刘训练译,江苏人民出版社 2006 年版。

Barraclough, "The Crisis of Historicism", *The Listener*, 2, February 1956.

S. N. Hampshire, "Philosophy and Madness", *The Listener*, 7, September 1967.

H. P. Rickman, "The Horizons of History", *The Hibbert Journal*, January 1958.

J. A. Passmore, "History, the Individual, and Inevitability", *Philosophical Review*, Vol. 68, January 1959.

A. K. Sen, "Determinism and Historical Predictions", *Inquiry*, No. 2, New Delhi, 1959.

A. S. Kaufman, "Professor Berlin on 'Negative Freedom'", *Mind*, Vol. 71, April 1962.

Ernest Nagel, "Determinism in History", *Philosophy and Phenomenological Research*, Vol. 20, No. 3, March 1960.

Marshall Cohen, "Berlin and the Liberal Tradition", *Philosophical Quarterly*, Vol. 10, 1960.

David Nicholls, "Positive Liberty, 1880—1914", *American Political Science Review*, Vol. 56, March 1962.

David Spitz, "The Nature and Limits of Freedom", *Dissent*, Vol. 8, No. 1, Winter 1961.

Alan Ryan, "Freedom", *Philosophy*, Vol. 40, April 1965.

L. J. MacFarlane, "On Two Concepts of Liberty", *Political Studies*, Vol. 14, February 1966.

Gerald C. MacCallum, Jr., "Negative and Positive Freedom", *Philosophical Review*, Vol. 76, 1967.

J. P. Day, "On Liberty and Real Will", *Philosophy*, 95, 1970.

S. I. Benn and W. L. Weinstein, "Being Free to Act and Being A Free Man", *Mind*, 80, 1971.

William A. Parent, "Some Recent Work on the Concept of Liberty", *American Philosophical Quarterly*, 11, 1974.

Hillel Steiner, "Individual Liberty", *Proceedings of the Aristotelian Society*, 75, 1974—5.

J. P. Day, "Threats, Offers, Law, Opinion and Liberty", *American Philosophical Quarterly*, 14, 1977.

Robert Kocis, "Reason, Development, and the Conflicts of Human Ends: Sir Isaiah Berlin's Vision of Politics", *American Political Science Review*, 74, 1980

Beata Polanowska—Sygulska, "One Voice More on Berlin's Doctrine of Liberty", *Political Studies*, 37, 1989.

Alan Ryan, ed., *The Idea of Freedom: Essays in Honour of Isaiah Berlin*, Oxford: Oxford University Press, 1979.

Robert Kocis, *A Critical Appraisal of Sir Isaiah Berlin's Political Philosophy*, Lewiston, N.. : Edwin Mellen Press, 1989.

Edna and Avishai Margalit, eds., *Isaiah Berlin: A Celebration*, London: The Hogarth Press, 1991.

John Gray, *Post—Liberalism: Studies in Political Thought*, London: Routledge, 1993.

Claude J. Galipeau, *Isaiah Berlin's Liberalism*, Oxford: Clarendon Press, 1994:

三　其他著作

《马克思恩格斯全集》第 1、3、4、12、23、25、29、37、38、42、46 卷，人民出版社第一版。

《马克思恩格斯选集》第 1、2、3、4 卷，人民出版社 1995 年版。

孙伯鍨、侯惠勤：《试论资产阶级自由化的哲学基础》，《高校理论战线》1991 年第 5 期。

侯惠勤：《试论当代自由主义思潮》，《南京大学学报》1992 年第 1、2 期。

孙伯鍨：《马克思的实践概念：纪念〈关于费尔巴哈的提纲〉写作 150 周年》，《哲学研究》1995 年第 12 期。

侯惠勤：《历史反思中的一大误区：关于"政治屠杀"的神话及"忏悔"透析》，《南京社会科学》2001 年第 4 期。

孙伯鍨：《探索者道路的探索》，安徽人民出版社 1985 年版。

孙伯鍨、侯惠勤主编：《马克思主义哲学的历史和现状》第 1 卷，南京大学出版社 1988 年版。

孙伯鍨、张一兵主编：《走进马克思》，江苏人民出版社 2001 年版。

李宏图：《语境·概念·修辞：昆廷·斯金纳与思想史研究》，《世界历史》2005 年第 4 期。

朱光潜：《悲剧心理学》，人民文学出版社 1983 年版。

程孟辉：《西方悲剧学说史》，中国人民大学出版社 1994 年版。

《阵地》杂志编辑部编：《人权民主自由纵横谈》，中国人民公安大学出版社 1991 年版。

邹铁军编：《自由的历史建构》，人民出版社 1994 年版。

林剑：《人的自由的哲学思索》，中国人民大学出版社 1996 年版。

陈刚：《马克思的自由观》，河南人民出版社 1996 年版。

应克复等：《西方民主史》，中国社会科学出版社 1997 年版。

陈中立等：《反映论新论：马克思主义反映论及其在现时代的发展》，中国社会科学出版社 1997 年版。

李强：《自由主义》，中国社会科学出版社 1998 年版。

刘军宁：《共和·民主·宪政：自由主义思想研究》，生活·读书·新知三联书店 1998 年版。

俞可平：《社群主义》，中国社会科学出版社 1998 年版。

韩震：《重建理性主义信念》，北京出版社 1998 年版。

吴琼：《西方美学史》，上海人民出版社 2000 年版。

应奇：《从自由主义到后自由主义》，生活·读书·新知三联书店 2003 年版。

孙哲：《权威政治》，复旦大学出版社 2004 年版。

张旭春：《政治的审美化与审美的政治化》，人民出版社 2004 年版。

黄基泉：《西方宪政思想史略》，山东人民出版社 2004 年版。

许纪霖主编：《共和、社群与公民》，江苏人民出版社 2004 年版。

许纪霖主编：《公共性与公民观》，江苏人民出版社 2006 年版。

马德普：《普遍主义的贫困：自由主义政治哲学批判》，人民出版社 2005 年版。

约翰·密尔：《论自由》，程崇华译，商务印书馆 1959 年版。

爱德华·H.卡尔：《历史是什么?》，吴柱存译，商务印书馆 1981 年版。

藤井一行：《社会主义与自由》，大洪译，黑龙江人民出版社 1982 年版。

里夫希茨：《马克思论艺术和社会理想》，人民文学出版社 1983

年版。

G. H. 萨拜因：《政治学说史》上、下册，刘山等译，商务印书馆 1986 年版。

欧内斯特·巴克：《英国政治思想：从赫伯特·斯宾塞到现代》，黄维新等译，商务印书馆 1987 年版。

麦克斯韦·约翰·查尔斯沃斯：《哲学的还原：哲学与语言分析》，田晓春译，四川人民出版社 1987 年版。

埃里希·弗罗姆：《对自由的恐惧》，许合平等译，国际文化出版公司 1988 年版。

利里安·弗斯特：《浪漫主义》，李今译，昆仑出版社 1989 年版。

诺齐克：《无政府、国家与乌托邦》，何怀宏等译，中国社会科学出版社 1991 年版。

洛克：《政府论》下篇，叶启芳、瞿菊农译，商务印书馆 1996 年版。

霍布斯：《利维坦》，黎思复等译，商务印书馆 1996 年版。

麦金太尔：《谁之正义？何种合理性？》，当代中国出版社 1996 年版。

卢梭：《论人类不平等的起源和基础》，李常山译，商务印书馆 1996 年版。

卢梭：《社会契约论》，何兆武译，商务印书馆 1997 年版。

L. 施特劳斯等编：《政治哲学史》上下册，李天然等译，河北斯多噶主义人民出版社 1998 年版。

R. 德沃金：《认真对待权利》，信春鹰、吴玉章译，中国大百科全书出版社 1998 年版。

约翰·罗尔斯：《正义论》，何怀宏等译，中国社会科学出版社 1988 年版。

约翰·罗尔斯：《政治自由主义》，万俊人译，译林出版社 2000 年版。

圭多·德·拉吉罗：《欧洲自由主义史》，杨军译，吉林人民出版社 2001 年版。

卡尔·波普尔：《历史主义贫困论》，何林、赵平译，中国社会科学出版社 1998 年版。

卡尔·波普尔：《开放社会及其敌人》，杜汝楫、戴雅民译，山西高校联合出版社 1992 年版。

卡尔·波普尔：《无尽的探索：卡尔·波普尔自传》，邱仁宗译，江苏人民出版社 2000 年版。

贡斯当：《古代人的自由与现代人的自由：贡斯当政治论文选》，阎克文等译，商务印书馆 1999 年版。

F. A. 哈耶克：《自由秩序原理》上、下册，邓正来译，生活·读书·新知三联书店 1997 年版。

F. A. 哈耶克：《通往奴役之路》，王明毅等译，中国社会科学出版社 1997 年版。

F. A. 哈耶克：《致命的自负》，冯克利等译，中国社会科学出版社 2000 年版。

汉娜·阿伦特：《人的条件》，竺乾威等译，上海人民出版社 1999 年版。

查尔斯·泰勒：《自我的根源：现代认同的形成》，韩震等译，译林出版社 2001 年版。

卡尔·曼海姆：《保守主义》，李朝晖、牟建君译，译林出版社 2002 年版。

埃里克·方纳：《美国自由的故事》，王希译，商务印书馆 2002 年版。

约翰·凯克斯：《反对自由主义》，应奇、顾爱彬、李瑞华译，江苏人民出版社 2003 年版。

欧文·白璧德：《卢梭与浪漫主义》，孙宜学译，河北教育出版社 2003 年版。

乔治·H. 米德：《十九世纪的思想运动》，陈虎平、刘芳念译，中国城市出版社 2003 年版。

约翰·格雷：《自由主义的两张面孔》，顾爱彬、李瑞华译，江苏人民出版社 2002 年版。

约翰·格雷：《自由主义》，曹海军、刘训练译，吉林人民出版社 2005 年版。

卡尔·施米特：《政治的浪漫派》，冯克利、刘锋译，上海人民出版社 2004 年版。

伯特兰·罗素：《西方的智慧》，亚北译，中国妇女出版社 2004 年版。

G. 希尔贝克、N. 伊耶：《西方哲学史：从古希腊到二十世纪》，童世骏等译，上海译文出版社 2004 年版。

罗兰·斯特龙伯格：《西方现代思想史》，刘北成、赵国新译，中央编译出版社 2005 年版。

迈克尔·帕伦蒂：《少数人的民主》，张萌译，北京大学出版社 2009 年版。

韦农·波格丹诺、邓正来编：《布莱克维尔政治制度百科全书》，中国政法大学出版社 2011 年版。

戴维·米勒、邓正来编：《布莱克维尔政治思想百科全书》，中国政法大学出版社 2011 年版。

四 学位论文

陈玮：《伯林政治哲学述评：以两种自由概念为核心》，硕士学位论文，中国人民大学，2001 年。

王洪波：《社群主义评析：对个人与社会关系的哲学思考》，硕士学位论文，南开大学，2002 年。

吴晓明：《社群主义述评》，硕士学位论文，南京大学，2002 年。

彭斌：《自由的概念：一种共和主义的阐释》，硕士学位论文，吉林大学，2003 年。

李岳：《超越单一理性 倡导多元价值：伯林价值多元论述评》，硕士学位论文，北京师范大学，2003 年。

谷疆：《从一元到多元：由以撒亚·伯林的俄罗斯思想探究其多元价值观意涵》，硕士学位论文，中山大学，2003 年。

后　记

本书曾作为 2002 年广东省高校人文社科青年项目《伯林与马克思自由理论比较研究》（后更名为《以赛亚·伯林自由理论研究》）受到了广东省教育厅的资助，后来又得到了 2011 年度湛江师范学院学术著作出版基金的资助。在此，我要特别感谢广东省教育厅和湛江师范学院对我的大力支持。

本书是在我的博士毕业论文和博士后出站报告的基础上进一步修改充实的结果。此时此刻，我感慨万千：往事如烟，却又历历在目。我愿借此方寸之地，记录下一路伴我走来的那些难忘的点点滴滴。

南京大学时期。本书能够得以顺利出版，首先需要感谢我的导师侯惠勤教授对我的谆谆教诲。在南京大学攻读博士学位的三年时光中，我最大的收获是真正确立了自己今后的学术研究方向（西方政治哲学），这完全得益于侯老师的学术研究方向之一（当代意识形态理论）。能够进入拥有厚重的历史底蕴的南京大学求学，有机会感受南京大学"诚朴雄伟，励学敦行"的校训的浸润；能够成为侯老师的弟子，有机会聆听侯老师的教诲，这一切都将成为我一生中的闪耀荣光。侯老师深厚的马克思主义理论功底、坚定的共产主义信念、对社会现实问题的高度关注以及他那惊人的记忆力、炉火纯青的讲课艺术都将使我终身受益。与侯老师在一起的日子里，闲聊时，侯老师谈笑风生，风趣幽默，此时的我非常放松、无拘无束；但到了探讨学术问题时，基础薄弱的我面对滔滔不绝的侯老师，有时真恨不得找个地缝逃之天天，以免轮到自己发言时丢人现眼。这种窘况迫使自己不得不加倍努力，刻苦研读，甚至有时两三个月不敢去见侯老师。南京大学的三年，过程是痛苦的，但结果是幸福的。此外，还有一件与侯老师有关的事，也将成为我永远无法忘却的温馨一幕：侯老师曾与原南京大学哲学系的吴爱华老师一道帮我解决了当时迫在眉睫的学费问题。其次，我要感谢南京大学哲学系的刘林元教授、张异宾教授、林德宏教授和已故的孙伯鍨教授，他们以各自独特的治学风格和高尚的人格魅力，深深地影响着我。再次，我要感谢江苏省社会科学院的胡传胜博士，他热心而无私地向我提供了许多伯林的著作及相关的研究资料，并曾就我的博士毕业论文的写作提出了许多宝贵而中肯的意见。胡博士的鼎力相助是我的博士毕业论文能够如期完成的重要保证。复次，我要感谢我的几位师兄弟，尤其是郝清杰博士、周宏博士与姜迎春博士，我的博士论文的顺利完成离不开他们对我的鼓励和帮助。还有一幕是我永远也无法忘怀的：在我博士毕业、即将返回原工作单位前，我的几位师弟们曾专门为我举行了一场告别宴会，这让我无比感动。最后，我要感谢中央编译局的张忠耀先生及其他几位友人，他们都曾在百忙中帮我查找了许多资料。

中国社会科学院时期。2003 年 8 月，随着肆虐中国的"非典"刚刚成为过去，我有幸来到了中国社会科学院哲学研究所西方哲学研究室从事博士后研究工作。本书能够顺利出版，离不开哲学所对我的培养。在哲学所近三年的博士后研究工作期间，我最大的收获是在西方政治哲学领域的学术素养得到了较大的提高。为此，我首先要感谢我的导师谢地坤研究员。谢老师为人谦逊、坦诚、豪爽、平易近人。2004 年 9 月，谢老师送给我一本他刚刚出版的译著《自然法权基础》，在签名留念时，他居然写我是他的"学友"，令我当时大吃一惊。记得我每次去谢老师家请教学问时，总觉得时间过得特别快，不知不觉中两三个小时就过去了，但换来的却是知识的丰富与人情世故的豁达。我在申请进站时所提交的研究项目名称是《多数人与少数人之权利辨》。进站后，谢老师认真研究了我所提交的研究工作计划，又仔细阅读了我的博士毕业论文，认为我原先提交的研究项目难度和工作量比较大，他建议我可以在博士论文的基础上继续深入地研究伯林的思想。正好这时我以我的博士论文为基础，已经申请到了一项 2002 年广东省高校人文社科青年项目的科研课题。正是得益于谢老师的这个建议，使我避免了同时展开两个课题研究的被动局面，从而为本书的最终完成创造了一个极为有利的条件。在我的研究工作进展中的痛苦阶段，谢老师时时注意给我减压和启发，使我终于顺利地完成了博士后出站报告的撰写。其次，我要感谢哲学所西方哲学研究室的叶秀山研究员、周晓亮研究员、黄裕生研究员、杨深研究员、张慎研究员，他们深厚的学养使我的学术研究工作受益颇多。再次，我要感谢哲学所原人事处的许秀婷处长和陈刚老师几年来所给予我的很多帮助。最后，我要再一次地感谢侯惠勤老师。2005年10月侯老师由南京大学调入中国社会科学院马克思主义研究院工作。半年后（2006年4月27日），侯老师作为答辩委员之一，参加了我的博士后出站答辩会。本书最后两章的中心是"超越伯林的自由理论"，这一画龙点睛之语就是侯老师在这次答辩会上提出来的。

我在我的博士后出站答辩会上自述时，曾经说过这样一段话："我对两位导师齐聚中国社科院感到荣幸之至。我能有今日，先有侯老师，后有谢老师；先有南大哲学系，后有社科院哲学所。"今天我仍然认为，这段话最能够恰如其分地表达出南京大学时期与中国社会科学院时期的求学经历在我人生中的重要作用和地位以及永埋我心中的那种无限感激和荣幸之情！

我的成长同样离不开亲人的帮助。我感谢我的父母亲对我的养育之恩。尤其让我感动的是，2005年8月，二老不远千里地从北方来到我工作的南方城市，以照顾我当时尚且年幼的小女，从而解除了我的后顾之忧。我感谢我的兄长刘明智多年来在物质上和精神上所给予我的巨大的帮助。我感谢我的妻子蔡翠盟女士多年来的任劳任怨，她几乎承担了全部繁重的家务劳动。若没有她无私的奉献和默默的支持，我不可能顺利地走到今天。本书正式出版之时，正是小女欣睿小学即将毕业之时。十一年来，我和妻子为她倾注了不少的心血，希望她能够懂得和珍惜这一切，健康成长，努力成才。

在这里，还有一人是我必须要着重地提到的，她就是我那已过世达27年之久的祖母。我前十岁随祖母在老家山西生活，是她老人家把我从小抚养成人的。后来，我又与祖母一起来到父母的身边生活，一直到她老人家去世为止。我的祖母持家有方，勤劳，善良，正直。正是她老人家教会了我自强自立。我永远怀念我的祖母！

我的成长也离不开亲戚的帮助。我在南京大学读书时，南京的舅父全家人三载对我的关爱，使我远在他乡也直接感受到了亲人的温暖。尤其是我的舅妈，她对我很是疼爱，总是从物质上和精神上给予我尽可能多的支持和帮助。表兄刘振和的家几乎成了我每个周末去改善生活的地方。表弟刘振洪也从多方面给我提供了许多帮助。感谢舅父舅妈全家人！

我还要感谢我的许多朋友和同事，尤其是舒晓昀博士、雷冬文博士与袁铎博士，他们从不同的方面对我提供了很多帮助。

本书能够得以顺利出版，还与中国社会科学出版社的冯春凤老师的辛勤劳动是分不开的。几年来，由于各种原因使本书的出版一再延迟，这无形之中就给冯老师的工作增添了许多麻烦。每当此时，冯老师总是以理解和体谅给予我宽慰，使我深受感动。在此我要对她深表谢意。

最后，我再次感谢所有关心过我、帮助过我的人。谨将此书献给我的恩师、好友和亲人！

刘明贤

2014 年 2 月 28 日于湛江师范学院燕岭区寓所